국제토셀위원회

TOSEL
심화문제집

JUNIOR

국제토셀위원회 공식교재
최신 기출 경향 반영 실전모의고사 수록
정답률 분석을 통한 심화문제 유형 및 만점전략 제시

KB148898

CONTENTS

정답 및 해설 별책

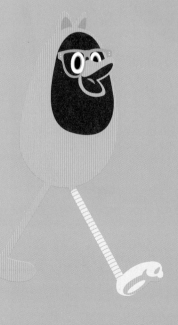

About this book

① Actual Test

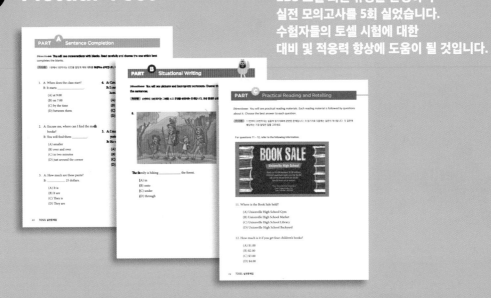

EBS 토셀 최신 유형을 반영하여
실전 모의고사를 5회 실었습니다.
수험자들의 토셀 시험에 대한
대비 및 적응력 향상에 도움이 될 것입니다.

② Appendix

필수 어휘를 포함한 모의고사에 나온
빈도 수 높은 어휘를 제공함으로써
평소 어휘 정리뿐 아니라 시험 직전 대비용으로
활용 가능합니다.

③ Answer

자세한 해설과 문제 풀이로
오답 확인 및 시험 대비를 위한 정리가 가능합니다.

4 심화문제 유형 및 만점전략

각 Actual Test에서 응시생들이
가장 많이 틀린 문제 유형을 확인하고,
이런 유형의 문제 공략법을 공부합니다.

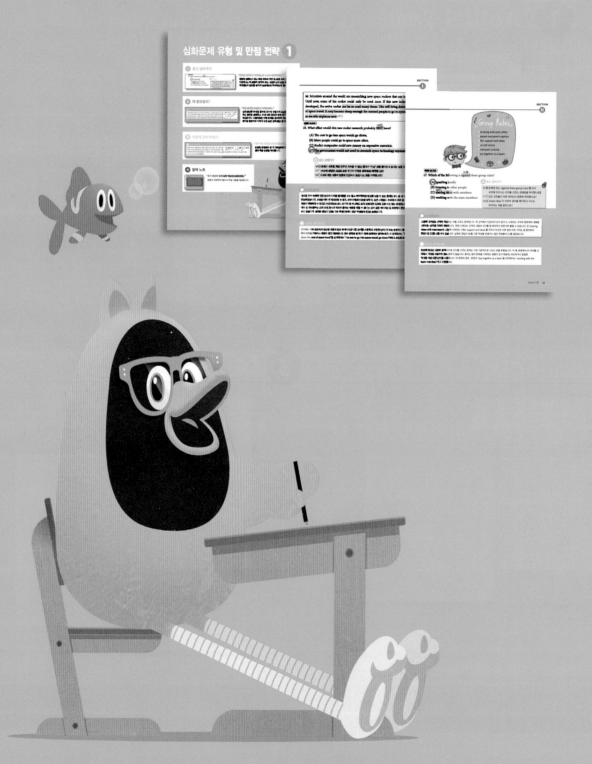

TOSEL® Level Chart TOSEL 단계표

COCOON

아이들이 접할 수 있는 공식 인증 시험의 첫 단계로써, 아이들의 부담을 줄이고
즐겁게 흥미를 유발할 수 있도록 컬러풀한 색상과 디자인으로 시험지를 구성하였습니다.

Pre-STARTER

친숙한 주제에 대한 단어, 짧은 대화, 짧은 문장을 사용한 기본적인 문장표현 능력을 측정합니다.

STARTER

흔히 접할 수 있는 주제와 상황과 관련된 주제에 대한 짧은 대화 및 짧은 문장을 이해하고
일상생활 대화에 참여하며 실질적인 영어 기초 의사소통 능력을 측정합니다.

BASIC

개인 정보와 일상 활동, 미래 계획, 과거의 경험에 대해 구어와 문어의 형태로 의사소통을
할 수 있는 능력을 측정합니다.

JUNIOR

일반적인 주제와 상황을 다루는 회화와 짧은 단락, 실용문, 짧은 연설 등을 이해하고 간단한
일상 대화에 참여하는 능력을 측정합니다.

HIGH JUNIOR

넓은 범위의 사회적, 학문적 주제에서 영어를 유창하고 정확하게, 효과적으로 사용할 수 있는
능력 및 중문과 복잡한 문장을 포함한 다양한 문장구조의 사용 능력을 측정합니다.

ADVANCED

대학 및 대학원에서 요구되는 영어능력과 취업 또는 직업근무환경에 필요한 실용영어능력을
측정합니다.

ADVANCED
대학생,직장인

HIGH JUNIOR
고등학생

JUNIOR
중학생

BASIC
초등 5,6학년

STARTER
초등 3,4학년

Pre-STARTER
초등 1,2학년

COCOON
유치원생

영어의
첫 걸음 단계

영어를
시작하는 단계

영어의 밑바탕을
다지는 단계

영어의
도약 단계

영어의
실전 단계

영어의
고급화 단계

영어의
완성 단계

About TOSEL®

TOSEL은 각급 학교 교과과정과 연령별 인지단계를 고려하여 단계별 난이도와 문항으로
영어 숙달 정도를 측정하는 영어 사용자 중심의 맞춤식 영어능력인증 시험제도입니다.
평가유형에 따른 개인별 장점과 단점을 파악하고, 개인별 영어학습 방향을 제시하는 성적분석자료를 제공하여
영어능력 종합검진 서비스를 제공함으로써 영어 사용자인 소비자와
영어능력 평가를 토대로 영어교육을 담당하는 교사 및 기관 인사관리자인 공급자를
모두 만족시키는 영어능력인증 평가입니다.

TOSEL은 인지적-학문적 언어 사용의 유창성 (Cognitive-Academic Language Proficiency, CALP)과
기본적-개인적 의사소통능력 (Basic Interpersonal Communication Skill, BICS)을
엄밀히 구분하여 수험자의 언어능력을 가장 친밀하게 평가하는 시험입니다.

대상	목적	용도
유아, 초, 중, 고등학생, 대학생 및 직장인 등 성인	한국인의 영어구사능력 증진과 비영어권 국가의 영어 사용자의 영어구사능력 증진	실질적인 영어구사능력 평가 + 입학전형 및 인재선발 등에 활용 및 직무역량별 인재 배치

연혁

2002.02	국제토셀위원회 창설 (수능출제위원역임 전국대학 영어전공교수진 중심)
2004.09	TOSEL 고려대학교 국제어학원 공동인증시험 실시
2006.04	EBS 한국교육방송공사 주관기관 참여
2006.05	민족사관고등학교 입학전형에 반영
2008.12	고려대학교 편입학시험 TOSEL 유형으로 대체
2009.01	서울시 공무원 근무평정에 TOSEL 점수 가산점 부여
2009.01	전국 대부분 외고, 자사고 입학전형에 TOSEL 반영 (한영외국어고등학교, 한일고등학교, 고양외국어고등학교, 과천외국어고등학교, 김포외국어고등학교, 명지외국어고등학교, 부산국제외국어고등학교, 부일외국어 고등학교, 성남외국어고등학교, 인천외국어고등학교, 전북외국어고등학교, 대전외국어고등학교, 청주외국어고등학교, 강원외국어고등학교, 전남외국어고등학교)
2009.12	청심국제중 • 고등학교 입학전형 TOSEL 반영
2009.12	한국외국어교육학회, 팬코리아영어교육학회, 한국음성학회, 한국응용언어학회 TOSEL 인증
2010.03	고려대학교, TOSEL 출제기관 및 공동 인증기관으로 참여
2010.07	경찰청 공무원 임용 TOSEL 성적 가산점 부여
2014.04	전국 200개 초등학교 단체 응시 실시
2017.03	중앙일보 주관기관 참여
2018.11	관공서, 대기업 등 100여 개 기관에서 TOSEL 반영
2019.06	미얀마 TOSEL 도입 발족식 베트남 TOSEL 도입 협약식
2019.11	고려대학교 편입학전형 반영
2020.06	국토교통부 국가자격시험 TOSEL 반영
2021.07	소방청 간부후보생 선발시험 TOSEL 반영
2021.11	고려대학교 공과대학 기계학습 • 빅데이터 연구원 AI 연구 협약
2022.05	AI 영어학습 플랫폼 TOSEL Lab 공개
2023.11	고려대학교 경영대학 전국 고등학생 대상 정기캠퍼스 투어 프로그램 후원기관 참여
2024.01	제1회 TOSEL VOCA 올림피아드 실시
2024.03	고려대학교 미래교육원 TOSEL 전문가과정 개설

Evaluation ———— 평가

평가의 기본원칙

TOSEL은 PBT(Paper Based Test)를 통하여 간접평가와 직접평가를 모두 시행합니다.

TOSEL은 언어의 네 가지 요소인 읽기, 듣기, 말하기, 쓰기 영역을 모두 평가합니다.

문자언어   음성언어

읽기능력 + 듣기능력
쓰기능력   말하기능력

대한민국 대표 영어능력 인증 시험제도

TOSEL®

Reading 읽기	모든 레벨의 읽기 영역은 직접 평가 방식으로 측정합니다.
Listening 듣기	모든 레벨의 듣기 영역은 직접 평가 방식으로 측정합니다.
Speaking 말하기	모든 레벨의 말하기 영역은 간접 평가 방식으로 측정합니다.
Writing 쓰기	모든 레벨의 쓰기 영역은 간접 평가 방식으로 측정합니다.

TOSEL은 연령별 인지단계를 고려하여 아래와 같이 7단계로 나누어 평가합니다.

1 단계	TOSEL® COCOON	5~7세의 미취학 아동
2 단계	TOSEL® Pre-STARTER	초등학교 1~2학년
3 단계	TOSEL® STARTER	초등학교 3~4학년
4 단계	TOSEL® BASIC	초등학교 5~6학년
5 단계	TOSEL® JUNIOR	중학생
6 단계	TOSEL® HIGH JUNIOR	고등학생
7 단계	TOSEL® ADVANCED	대학생 및 성인

Grade Report ——————— 성적표 및 인증서

고도화 성적표: 응시자 개인별 최적화 AI 정밀진단

20여년간 축적된 약 100만명 이상의 엄선된 응시자 빅데이터를 TOSEL AI로 분석·진단한 개인별 성적자료

전국 단위 연령, 레벨 통계자료를 활용하여 보다 정밀한 성취 수준 판별
파트별 강/약점, 영역별 역량, 8가지 지능, 단어 수준 등을 비교 및 분석하여 폭넓은 학습 진단
오답 문항 유형별 심층 분석 자료 및 솔루션으로 학습 방향 제시, TOSEL과 수능 및 교과학습 성취기준과의 연계
모바일 기기 지원 - UX/UI 개선, 반응형 웹페이지로 구현되어 태블릿, 휴대폰, PC 등 다양한 기기 환경에서 접근 가능

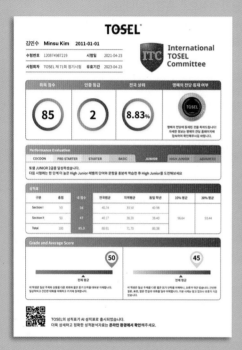

기본 제공 성적표

고도화 성적표 (일부 유료)

단체 성적 분석 자료

단체 및 기관 대상

- 레벨별 평균성적추이, 학생분포
  섹션 및 영역별 평균 점수, 표준편차

TOSEL Lab 지정교육기관 대상 추가 제공

- 원생 별 취약영역 분석 및 보강방안 제시
- TOSEL수험심리척도를 바탕으로 학생의 응답 특이성을
  파악하여 코칭 방안 제시
- 전국 및 지역 단위 종합적 비교분석
  (레벨/유형별 응시자 연령 및 규모, 최고득점 등)

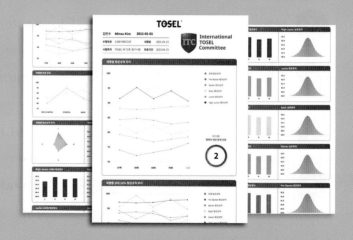

'토셀 명예의 전당' 등재

특별시, 광역시, 도 별 **1등 선발**
(7개시 9개도 **1등 선발**)

*홈페이지 로그인 - 시험결과 - 명예의 전당에서
 해당자 등재 증명서 출력 가능

'학업성취기록부'에 토셀 인증등급 기재

개인별 **'학업성취기록부' 평생 발급**
진학과 취업을 대비한 **필수 스펙관리**

인증서

대한민국 초,중,고등학생의 영어숙달능력 평가 결과 공식인증

고려대학교 인증획득 (2010. 03)

한국외국어교육학회 인증획득 (2009. 12)

한국음성학회 인증획득 (2009. 12)

한국응용언어학회 인증획득 (2009. 11)

팬코리아영어교육학회 인증획득 (2009. 10)

Actual Test 1

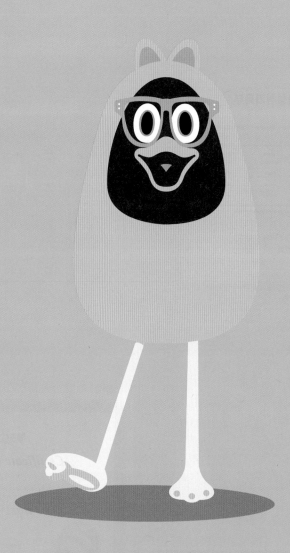

Section I

Listening and Speaking

Part *Listen and Respond*

10 Questions

Part *Listen and Retell*

15 Questions

Part *Listen and Speak*

5 Questions

Directions: You will hear English sentences and answer choices (A), (B), (C), and (D). The sentences and the choices will be spoken TWICE. Listen carefully and choose the most suitable answer.

지시사항 1번부터 10번까지는 영어문장을 듣고, 들은 말에 대한 가장 알맞은 대답을 고르는 문제입니다. 영어질문과 보기는 **두 번** 들려주며 (A), (B), (C), (D) 중에서 하나를 고르세요. **A**

1. Mark your answer on your answer sheet.

2. Mark your answer on your answer sheet.

3. Mark your answer on your answer sheet.

4. Mark your answer on your answer sheet.

5. Mark your answer on your answer sheet.

6. Mark your answer on your answer sheet.

7. Mark your answer on your answer sheet.

8. Mark your answer on your answer sheet.

9. Mark your answer on your answer sheet.

10. Mark your answer on your answer sheet.

PART **B** Listen and Retell

Directions: You will hear short talks or conversations. They will be spoken TWICE. Listen carefully, read each question and choose the best answer.

지시사항 11번부터 25번까지는 짧은 대화나 이야기를 **두 번** 듣고, 주어진 질문에 가장 알맞은 답을 고르는 문제입니다.

11. What does the boy suggest to do tonight?

    (A) watch TV

    (B) have dinner

    (C) go to a movie

    (D) study for an exam

12. How did the boy go to school yesterday?

    (A) by car

    (B) by bus

    (C) on foot

    (D) by bicycle

13. When is the girl leaving for Paris?

    (A) today

    (B) tomorrow

    (C) next month

    (D) the day after tomorrow

14. Who opened the door?

    (A) Tom

    (B) Jack

    (C) Jane

    (D) Pablo

15. Where is the tissue?

    (A) in the kitchen

    (B) in the bathroom

    (C) in the classroom

    (D) outside the school

16. Why does the girl NOT like the bus?

    (A) It's not safe.

    (B) It's too slow.

    (C) It's usually late.

    (D) It's too crowded.

17. Where does this conversation take place?

    (A) at school

    (B) at a bookstore

    (C) at a coffee shop

    (D) at a dentist's office

[18-19]

18. Who is probably speaking?

    (A) students
    (B) a teacher
    (C) a class leader
    (D) a school principal

19. What are students doing in the first class?

    (A) an exam
    (B) exciting activities
    (C) introducing themselves
    (D) working on student materials

[20-21]

20. Which plants or animals does the family raise?

    (A) dogs
    (B) tulips
    (C) chickens
    (D) tomatoes

21. What is NOT on the farm?

    (A) fruits
    (B) flowers
    (C) animals
    (D) vegetables

[22-23]

22. What types of rockets are scientists researching?

(A) rockets made from recycled materials

(B) rockets that can be re-used several times

(C) rockets that do not need to come back down

(D) airplanes that will replace rockets in space travel

23. What effect would this new rocket research probably NOT have?

(A) The cost to go into space would go down.

(B) More people could go to space more often.

(C) Rocket companies could save money on expensive materials.

(D) The government would not need to research space technology anymore.

[24-25]

24. If this were part of a speech, what would be a good title?

(A) "Shake It Up"

(B) "Take a Bow"

(C) "International Traveler"

(D) "Meeting and Greeting Overseas"

25. According to the passage, which statement is true?

(A) Some cultures in Asia bow to greet their guests.

(B) Americans usually shake feet the first time they meet.

(C) Many people in Europe touch noses when they say "hello".

(D) People in New Zealand do not touch when they see each other.

Directions: You will hear conversations in English. They will be spoken TWICE. After you listen to the conversations, read each question and choose the best response to what the last speaker says.

지시사항 26번부터 30번까지는 대화를 영어로 **두 번** 듣고, 대화의 마지막 질문이나 마지막 말 뒤에 이어질 가장 알맞은 응답을 주어진 질문에 맞게 고르는 문제입니다.

26. What's next?

(A) I think that's a good idea.

(B) Yes, I will be back tomorrow.

(C) He is working at the back office.

(D) I think you should see the doctor.

27. What's next?

(A) I should have.

(B) He wasn't coming.

(C) No, they were a secret.

(D) Yes, I went to the party yesterday.

28. What's next?

(A) It is your turn now.

(B) It's just past six o'clock.

(C) Please close the door for me.

(D) You'd better finish before you go.

29. What's next?

(A) He plays drums very well.

(B) I like the Beetles the best.

(C) My favorite book is comics.

(D) Yes, she is my music teacher.

30. What's next?

(A) That's expensive.

(B) It is near the park.

(C) She is arriving soon.

(D) Thank you for letting me know.

Section II

Reading and Writing

Part **A** *Sentence Completion*
5 Questions

Part **B** *Situational Writing*
5 Questions

Part **C** *Practical Reading and Retelling*
10 Questions

Part **D** *General Reading and Retelling*
10 Questions

Directions: You will see conversations with blanks. Read carefully and choose the one which best completes the blanks.

지시사항 1번에서 5번까지는 빈칸을 알맞게 채워 대화를 완성하는 문제입니다. 가장 알맞은 답을 고르세요.

1. A: _____ does the class start?
   B: It starts at 9:00.

   (A) Why
   (B) What
   (C) When
   (D) Where

2. A: Excuse me, where can I find the math books?
   B: You will find _____ just around the corner.

   (A) it
   (B) them
   (C) their
   (D) themselves

3. A: How much are these pants?
   B: _____ 25 dollars.

   (A) It is
   (B) It are
   (C) They is
   (D) They are

4. A: Could you come to the party at 2:00?
   B: I can _____ I finish my homework on time.

   (A) if
   (B) so
   (C) and
   (D) but

5. A: I met Robert in front of the bookstore yesterday.
   B: He was with his sister, _____?

   (A) isn't he
   (B) does he
   (C) doesn't he
   (D) wasn't he

PART Situational Writing

Directions: You will see pictures and incomplete sentences. Choose the one which best completes the sentences.

지시사항 6번부터 10번까지는 그림을 보고 문장을 완성하는 문제입니다. 가장 알맞은 답을 고르세요.

6.

The family is hiking _____ the forest.

    (A) in

    (B) onto

    (C) under

    (D) through

7.

The boy _____ from the bicycle.

    (A) will fall

    (B) does fall

    (C) is falling

    (D) has fallen

8.

The man is _____ the slope.

    (A) ascending

    (B) increasing

    (C) decreasing

    (D) descending

9.

The man is feeling _____.

    (A) excited

    (B) exhausted

    (C) examined

    (D) exercised

10.

Kids are walking _____.

    (A) in line

    (B) to line

    (C) on line

    (D) at line

Directions: You will see practical reading materials. Each reading material is followed by questions about it. Choose the best answer to each question.

지시사항 11번부터 20번까지는 실용적 읽기자료에 관련된 문제입니다. 각 읽기자료 다음에는 질문이 제시됩니다. 각 질문에 해당하는 가장 알맞은 답을 고르세요.

For questions 11 – 12, refer to the following information.

11. Where is the Book Sale held?

    (A) Unionville High School Gym

    (B) Unionville High School Market

    (C) Unionville High School Library

    (D) Unionville High School Backyard

12. How much is it if you get four children's books?

    (A) $1.00

    (B) $2.00

    (C) $3.00

    (D) $4.00

For questions 13 – 14, refer to the following calendar.

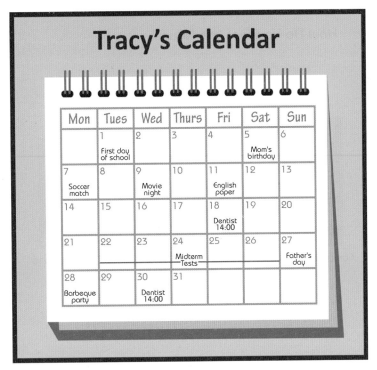

13. How many times does Tracy go to dentist this month?

    (A) once

    (B) twice

    (C) three times

    (D) four times

14. How many days are midterm tests?

    (A) two days

    (B) three days

    (C) four days

    (D) five days

For questions 15 – 16, refer to the following graph.

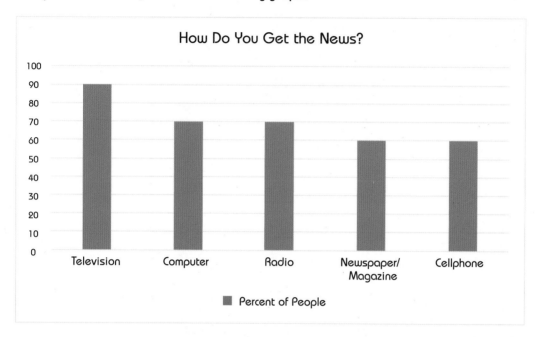

15. From what type of media do the least people get their news?

    (A) Radios

    (B) Computers

    (C) Televisions

    (D) Newspapers

16. From which types of media do the same percentage of people get their news?

    (A) magazines and radios

    (B) radios and computers

    (C) cellphones and televisions

    (D) computers and newspapers

For questions 17 – 18, refer to the following information.

Group Rules

Get along with each other
Respect everyone's opinion
Offer support and ideas
Use soft voices
Participate actively
Stay together as a team

17. Which of the following is against these group rules?

(A) speaking loudly

(B) listening to other people

(C) sharing ideas with members

(D) working with the team members

18. What are these rules for?

(A) home life

(B) group work

(C) police stations

(D) shopping centers

For questions 19 – 20, refer to the following information.

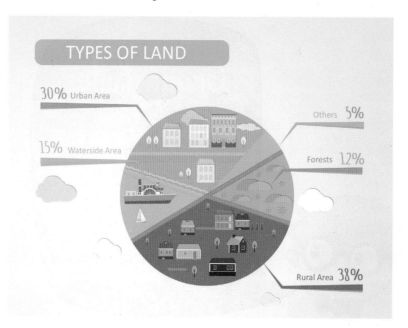

19. What type of area is the largest?

    (A) forests

    (B) rural areas

    (C) urban areas

    (D) waterside areas

20. What is the fourth largest type of area?

    (A) forests

    (B) rural areas

    (C) urban areas

    (D) waterside areas

PART D General Reading and Retelling

Directions: You will see various reading materials. Each reading material is followed by questions about it. Choose the best answer to each question.

지시사항 21번부터 30번까지는 다양한 읽기자료에 관련된 문제입니다. 각 읽기자료 다음에는 질문이 제시됩니다. 각 질문에 해당하는 가장 알맞은 답을 고르세요.

For questions 21 - 22, refer to the following passage.

> The Olympics is one of the most well-known sporting events in the world. Athletes come from almost every country in the world. It switches between summer and winter sports every two years. Some sports, like volleyball and basketball, are very popular and played in almost every country. However, some sports, like handball and cricket, are only common in a few countries. The Olympics has different sports so that all countries can watch sports they love.

21. How often are the Olympics held?

   (A) every year
   (B) every 2 years
   (C) every 5 years
   (D) every 10 years

22. According to the passage, what is an example of an uncommon sport?

   (A) archery
   (B) handball
   (C) volleyball
   (D) basketball

For questions 23 - 24, refer to the following passage.

How many times do you sleep in a day? Most people sleep only once at night. However, before the 1700s, many people slept two or more times in one night. In the past, people did not have light bulbs to stay up late. They would go to sleep soon after the sunset. Then, they would wake up for a few hours. Finally, they would go back to sleep before morning. Today, we go to bed later, so we do not have extra sleeping time. We have to get our sleep all at once and hope that it is enough!

23. When did people's sleep schedules start to change?

    (A) the 1700s
    (B) in one day
    (C) in one night
    (D) before morning

24. Why did people start sleeping only once a day?

    (A) The light bulb became common.
    (B) Children did not want to listen to their parents.
    (C) Night time was a lot of fun, so they were not sleepy.
    (D) Everyone started drinking coffee, so they could stay up later.

For questions 25 - 26, refer to the following passage.

Coloring is very common for children, but now even adults are coloring! Coloring is good for learning art, relaxing, and focusing. New coloring books have pictures for adults. They are not as simple as children's coloring books. Some are complicated shapes and others are famous places. The first successful adult coloring book came out in 2012, but now there are many to choose from.

25. According to the passage, what is NOT a benefit of coloring?

    (A) You can relax.

    (B) You can sell your art.

    (C) You can learn art skills.

    (D) You can increase your focus.

26. According to the passage, how are children's coloring books different from adult coloring books?

    (A) They are boring.

    (B) They are expensive.

    (C) They have fewer pictures.

    (D) They are less complicated.

For questions 27 – 28, refer to the following passage.

Where did coconuts come from? People around the world make delicious food with coconuts. However, the first coconut grew near India or Indonesia. Then, they traveled around the world. They have hard shells, but float in the ocean. Now coconuts grow even in Mexico! People use coconuts for food, fires, and cosmetics. They are used for many things, so are important in many countries.

27. Where are you LEAST likely to find trees growing coconuts?

    (A) India
    (B) Russia
    (C) Mexico
    (D) Indonesia

28. Why are coconuts important in many countries?

    (A) They look cute.
    (B) They float around the world.
    (C) They can be used for many things.
    (D) India gave them as a gift to Mexico.

For questions 29 – 30, refer to the following passage.

Do you want to become an actor or actress? Do you want to make movies? Acting used to be very difficult to begin, but now almost anyone can start! Many people make short videos and put them on the Internet. If a lot of people watch your video, you can earn money and become famous! Some are very simple but others look very professional. You do not even need a lot of equipment. With a smart phone/camera and a computer, you can record, cut, and upload your video easily.

29. What do you NOT need to record, cut, and upload your video to the Internet?

    (A) a camera
    (B) a computer
    (C) a DVD player
    (D) a smart phone

30. According to this passage, which statement is true?

    (A) Internet videos never look professional.
    (B) You need a lot of money to put videos on the Internet.
    (C) Even if a lot of people watch your video, you cannot make money.
    (D) It does not take a lot of equipment to upload a video to the Internet.

심화문제 유형 및 만점 전략 1

1 짚고 넘어가기

> **정답률 25.62%**
> 17. Which of the following is against these group rules?
> (A) speaking loudly
> (B) listening to other people
> (C) sharing ideas with members
> (D) working with the team members
>
> **짚고 넘어가기**
> ✔ ❶ 문제에 있는 'against these group rules'를 보고 규칙에 어긋나는 선지를 고르는 문제임을 파악했나요?
> ✔ ❷ 모든 규칙들이 어떤 의미인지 정확히 파악했나요?
> ✔ ❸ 'share ideas'가 서로의 생각을 얘기하고 나누는 의미라는 것을 알았나요?

"문항을 정확하게 이해했는지 스스로 점검하세요."

정답에 실마리가 되는 핵심 어휘와 표현 및 문장 구조, 정답을 도출해내는 데 결정적 증거가 되는 내용과 논리 등을 제대로 파악했는지 질문을 통하여 능동적으로 확인하도록 합니다.

2 왜 틀렸을까?

> ❓ **왜 틀렸을까?**
> 그림에 나와있는 규칙에 어긋나는 것을 고르는 문제입니다. 위 규칙에서 언급되어 있지 않거나, 나와있는 규칙과 정반대의 내용을 나타내는 선지를 고르면 정답입니다. 위에 나와있는 규칙의 내용과 선지를 잘 매치하지 못한다면 틀릴 수 있습니다. (C) sharing ideas with members는 그림에 나와있는 'offer support and ideas'를 의미가 비슷한 다른 말로 바꾼 거라는 걸 알아차리지 못한다면 (C)를 고를 수도 있습니다. 실제로 정답인 (A)를 고른 학생들 만큼이나 많은 학생들이 (C)를 골랐습니다.

"오답 원리를 확실하게 파악하세요."

실제 정답률 분석을 통하여 다수의 수험자가 오답을 고르게 된 핵심 원인을 설명하고, 이에 따른 올바른 문제 접근 방식을 제공합니다. 수험자들은 오답 원리를 공부하며 자신의 문제 풀이를 점검하고 더욱더 수준 높은 문제 접근 원리를 터득합니다.

3 이렇게 공부하세요!

> ❗ **이렇게 공부하세요!**
> 본문에 제시된 내용과 같거나 다른 선지를 고르는 문제는 가장 기본적으로 나오는 빈출 유형입니다. 이 때, 본문에서 쓴 단어를 선지에서 그대로 사용하지 않는 경우가 많습니다. 영어는 동어 반복을 기피하는 경향이 있기 때문에, 비슷하거나 동일한 의미를 가진 다른 단어를 사용합니다. 이 문제의 경우, 본문의 'stay together as a team'을 선지에서는 'working with the team members'라고 표현했네요.

"영어 학습 방향을 똑바로 잡으세요."

문항과 관련하여 좀 더 고차원적이고 심도 있는 영어 학습 방향을 제시합니다.

4 알짜 노트

"추가 정보와 함께 심화 학습을 완성하세요."

문항과 관련하여 별도의 학습 내용을 제공합니다.

M: Scientists around the world are researching new space rockets that can be reused. Until now, some of the rocket could only be used once. If this new technology is developed, the entire rocket can be re-used many times. This will bring down the cost of space travel. It may become cheap enough for normal people to go to space as often as we ride airplanes now. ✔❷

정답률 38.57%

23. What effect would this new rocket research probably NOT have? ✔❶

(A) The cost to go into space would go down.

(B) More people could go to space more often.

(C) Rocket companies could save money on expensive materials.

(D) The government would not need to research space technology anymore. ✔❸

 짚고 넘어가기

✔❶ 문제가 새로운 로켓 연구가 가져올 수 있는 결과가 '아닌' 것을 물어보고 있다는 것을 파악했나요?

✔❷ 본문에 설명된 새로운 로켓 연구가 가져올 결과들을 파악했나요?

✔❸ (D)에 대한 내용이 본문에 언급되지 않았다는 것을 파악했나요?

❓ 왜 틀렸을까?

새로운 우주 로켓에 대한 연구가 가져올 결과들을 모두 듣고 파악해야만 정답을 맞출 수 있는 문제입니다. 총 세 가지의 결과가 언급되었습니다. 로켓을 여러 번 재사용할 수 있고, 우주 여행의 비용을 낮추고, 일반 사람들도 우주에 더 자주 갈 수 있을만큼 비용이 저렴해질 수 있다고 언급되었습니다. 세 가지 중 하나라도 듣지 못했다면 오답을 고를 수도 있는 문제입니다. 또한, 로켓을 여러 번 재사용하는 것이 로켓 회사가 재료에 들이는 비용을 아낄 수 있다는 것과 같은 의미라는 걸 추론하지 못한다면 (C)를 고를 수도 있습니다. 실제로 정답인 (D)를 고른 학생만큼이나 많은 학생들이 (C)를 골랐답니다.

❗ 이렇게 공부하세요!

선지에는 주로 본문에서 언급된 내용과 같은 의미이지만 다른 단어를 사용해서 표현한 단어(구) 또는 문장이 나옵니다. 영어는 특히 반복을 피하는 경향이 있기 때문입니다. 영어 문제를 풀 때 이 점에 유의해서 풀어보세요. 지문의 'This will bring down the cost of space travel.'을 선지에서는 'The cost to go into space would go down.'이라고 표현했네요.

W: People say hello in different ways all around the world. In much of Europe and the Americas, it is common to shake hands. Some people may even kiss each other on the cheek. In parts of Asia, some cultures prefer to bow to one another. In New Zealand, Maori people touch their noses and foreheads together when they say "hello".

정답률 39.84%

25. According to the passage, which statement is true?

(A) Some cultures in Asia bow to greet their guests.

(B) Americans usually shake feet the first time they meet.

(C) Many people in Europe touch noses when they say "hello".

(D) People in New Zealand do not touch when they see each other.

 짚고 넘어가기

✔❶ 사실인 선지를 고르는 문제임을 파악했나요?

❓ 왜 틀렸을까?

본문에서는 각 나라별로 다른 인사법을 가지고 있다는 것을 설명하고, 해당 문항은 이를 잘 들었는지 확인하고 있습니다. 유럽과 아메리카 대륙에 있는 대부분의 나라들에서는 악수를 하거나 뺨에 키스하며 인사합니다. 아시아 몇몇 문화권에서는 서로 고개를 숙이며 인사하고, 뉴질랜드의 마오리족 사람들은 "안녕"이라고 말하면서 코와 이마를 만져 인사한다고 하였습니다. 각 나라의 인사법을 헷갈리거나 하나라도 듣지 못했다면 오답을 고를 수도 있는 문제입니다. 실제로 정답인 (A)를 고른 학생만큼이나 많은 학생들이 (C)를 골랐습니다. "안녕"이라고 말하며 코를 만지는 것은 유럽이 아니라 뉴질랜드 마오리족의 인사법입니다.

❗ 이렇게 공부하세요!

본문의 정보를 토대로 선지의 내용이 사실인지 아닌지를 파악하는 문제는 빈출 유형 중 하나입니다. 헷갈리거나 다 기억하지 못할 수도 있으니 문제를 들으면서 간단하게 메모하는 습관을 기르면 정답을 고르는데 도움이 됩니다.

정답률 19.88%

8.

The man is _____ the slope.

(A) ascending ✔②
(B) increasing ✔③
(C) decreasing ✔③
(D) descending ✔②

 짚고 넘어가기

✔① 남자가 스키를 타고 내려가고 있는 그림임을 파악했나요?

✔② 'ascend'가 '올라가다', 'descend'는 '내려가다'라는 뜻이라는 걸 알았나요?

✔③ 'increase'가 '증가하다', 'decrease'가 '감소하다'라는 뜻이라는 걸 알았나요?

? 왜 틀렸을까?

'decrease'와 'descend'의 의미는 얼핏 비슷해 보이지만 엄연히 다릅니다. 'decrease'는 수나 양이 감소할 때 사용하고, 'descend'는 높은 곳에서 낮은 곳으로 내려올 때 사용합니다. 'ascend'는 'descend'의 반의어, 'increase'는 'decrease'의 반의어입니다. 그림에서 남자가 경사면 높은 곳에서 낮은 곳으로 내려가고 있으므로 'descend'를 써야합니다. 이 차이를 알지 못하거나 헷갈렸다면 (B)나 (C)를 고를 수도 있습니다. 실제로 정답인 (D)를 고른 학생보다 (B)나 (C)를 고른 학생들이 더 많았습니다.

” 알짜 노트

'ascend'와 'descend' 뒤에 목적어가 나와서 당황하셨나요?
이 둘은 목적어가 없어도 되고 있어도 된답니다.

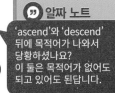 이렇게 공부하세요!

단어 학습을 할 때, 어떤 상황에서 쓰이는 단어인지 예문을 통해 파악하는 연습을 하면 기억에 더 오래 남을 수 있고, 단어끼리 헷갈리는 상황도 줄일 수 있습니다.

10.

Kids are walking _____.

(A) in line ❷
(B) to line
(C) on line
(D) at line

✅ 짚고 넘어가기

✔❶ 아이들이 일렬로 걷고 있는 그림인 것을 파악했나요?
✔❷ 'in line'이 '일렬로'라는 뜻이라는 걸 알았나요?

❓ 왜 틀렸을까?

만약 아이들이 바닥에 그어진 어떤 선을 향해 걷고 있다면 (B)가 답이 될 수도 있을 것이고, 바닥에 그어진 줄 위로 걷고 있다면 (B)나 (C)가 답이 될 수도 있을 것입니다. 그러나 아이들은 일렬로 줄을 서서 걷고 있습니다. 이를 가장 정확하게 표현하는 말은 'in line'이므로 (A)가 답이 됩니다.

❗ 이렇게 공부하세요!

단어와 같이 어울려서 쓰이는 전치사와 그에 따른 의미 변화를 학습합니다.

정답률 25.62%

17. Which of the following is against these group rules?

(A) speaking loudly
(B) listening to other people
(C) sharing ideas with members
(D) working with the team members

✅ 짚고 넘어가기

✔❶ 문제에 있는 'against these group rules'를 보고
규칙에 어긋나는 선지를 고르는 문제임을 파악했나요?

✔❷ 모든 규칙들이 어떤 의미인지 정확히 파악했나요?

✔❸ 'share ideas'가 서로의 생각을 얘기하고 나누는
의미라는 것을 알았나요?

? 왜 틀렸을까?

그림에 제시된 규칙에 어긋나는 것을 고르는 문제입니다. 따라서 위 규칙에서 언급되어 있지 않거나, 반대되는 내용을 나타내는
선지를 골라야 합니다. 제시된 규칙의 내용과 선지를 제대로 연결시키지 못한다면 틀릴 수 있습니다. (C) 'sharing ideas with
members'가 그림의 'offer support and ideas'를 의미가 비슷한 다른 말로 바꾼 것임을 알아채지 못한다면 (C)를 고를 수도
있습니다. 실제로 정답인 (A)를 고른 학생들 만큼이나 많은 학생들이 (C)를 골랐습니다.

! 이렇게 공부하세요!

본문에 제시된 내용과 같거나 다른 선지를 고르는 문제는 기본적인 빈출 유형입니다. 이 때, 본문에서 쓴 단어를 선지에서 그대로
사용하지 않는 경우가 많습니다. 영어는 동어 반복을 기피하는 경향이 있기 때문에, 비슷하거나 동일한 의미를 가진 다른 단어를
사용합니다. 이 문제의 경우, 본문의 'stay together as a team'을 선지에서는 'working with the team members'라고
표현했네요.

Actual Test 2

Section I

Listening and Speaking

Part *Listen and Respond*

10 Questions

Part *Listen and Retell*

15 Questions

Part *Listen and Speak*

5 Questions

Directions: You will hear English sentences and answer choices (A), (B), (C), and (D). The sentences and the choices will be spoken TWICE. Listen carefully and choose the most suitable answer.

지시사항 1번부터 10번까지는 영어문장을 듣고, 들은 말에 대한 가장 알맞은 대답을 고르는 문제입니다. 영어질문과 보기는 **두 번** 들려주며 (A), (B), (C), (D) 중에서 하나를 고르세요. Ⓐ

1. Mark your answer on your answer sheet.

2. Mark your answer on your answer sheet.

3. Mark your answer on your answer sheet.

4. Mark your answer on your answer sheet.

5. Mark your answer on your answer sheet.

6. Mark your answer on your answer sheet.

7. Mark your answer on your answer sheet.

8. Mark your answer on your answer sheet.

9. Mark your answer on your answer sheet.

10. Mark your answer on your answer sheet.

Directions: You will hear short talks or conversations. They will be spoken TWICE. Listen carefully, read each question and choose the best answer.

지시사항   11번부터 25번까지는 짧은 대화나 이야기를 **두 번** 듣고, 주어진 질문에 가장 알맞은 답을 고르는 문제입니다.

11. What is the boy asking the woman to do?

   (A) be a student
   (B) read a book
   (C) play together
   (D) come to school

12. What is the boy going to do?

   (A) write a report
   (B) clean his room
   (C) meet with Mike
   (D) talk with a teacher

13. Why does the girl NOT want Chinese food?

   (A) She is not Chinese.
   (B) She had it yesterday.
   (C) She already had pasta.
   (D) She prefers Japanese food.

14. What are they looking at?

    (A) a lost cat

    (B) Jack's pet

    (C) a famous painter

    (D) a picture of a cat

15. Who is the cake for?

    (A) Mom

    (B) Dad

    (C) Jamie

    (D) Grandma

16. Why will the boy be late?

    (A) He is very busy.

    (B) He left his home late.

    (C) There is a traffic jam.

    (D) He cannot catch the taxi.

17. Why did the woman eat nothing?

    (A) She was busy.

    (B) She was not hungry.

    (C) She is trying to lose weight.

    (D) She was waiting for the man.

[18-19]

18. Where do marine mammals get water in the sea?

    (A) from fish

    (B) from pipes

    (C) from salt water

    (D) from fresh water

19. Why can mammals NOT drink seawater?

    (A) It is too salty to drink.

    (B) It contains a lot of fish.

    (C) The water is not cool enough.

    (D) It goes through a process called osmosis.

[20-21]

20. What are 'Harvard Computers'?

    (A) Harvard students

    (B) Harvard professors

    (C) Harvard high-tech equipment

    (D) women working at Harvard Observatory

21. Why could Pickering hire more women staff?

    (A) They refused to get paid.

    (B) There were more women.

    (C) They were Pickering's family.

    (D) Their wages were lower than men's.

[22-23]

22. According to the passage, what is a benefit to teaching someone when studying?

(A) You can feel great.

(B) You can earn money.

(C) You can remember better.

(D) You cannot understand easily.

23. According to the passage, what happens during the teaching process?

(A) The information gets mixed up.

(B) Your knowledge develops a structure.

(C) Understanding feelings becomes important.

(D) Remembering names becomes more difficult.

[24-25]

24. What is another name for the western lowland gorilla?

(A) African gorilla

(B) silverback gorilla

(C) lightweight gorilla

(D) gorilla gorilla gorilla

25. What is NOT true about western lowland gorillas?

(A) The leader is a female.

(B) They are mostly found in Africa.

(C) About 6 members are under the same leader.

(D) They are light compared to other gorilla species.

Directions: You will hear conversations in English. They will be spoken TWICE. After you listen to the conversations, read each question and choose the best response to what the last speaker says.

지시사항 26번부터 30번까지는 대화를 영어로 **두 번** 듣고, 대화의 마지막 질문이나 마지막 말 뒤에 이어질 가장 알맞은 응답을 주어진 질문에 맞게 고르는 문제입니다.

26. What's next?

   (A) Sally has left London.
   (B) I'll be studying there.
   (C) I've been to London 3 times.
   (D) I used to study when I lived there.

27. What's next?

   (A) Don't step on my dress.
   (B) It's hard to make a dress.
   (C) Not really. It was on sale.
   (D) It costs a lot of money to fix it.

28. What's next?

   (A) I appreciate you.
   (B) Of course, I won't.
   (C) I will buy a silver pen.
   (D) That's what you said yesterday.

29. What's next?

    (A) Good night to you too!

    (B) I'm taking violin lessons.

    (C) Look. It's raining outside.

    (D) My neighbor had a party.

30. What's next?

    (A) Alright. I'll go and get it.

    (B) Are we drinking orange juice?

    (C) I heard the store sells nice oranges.

    (D) I went to the grocery store an hour ago.

Section II

Reading and Writing

Part **A** *Sentence Completion*
5 Questions

Part **B** *Situational Writing*
5 Questions

Part **C** *Practical Reading and Retelling*
10 Questions

Part **D** *General Reading and Retelling*
10 Questions

Directions: You will see conversations with blanks. Read carefully and choose the one which best completes the blanks.

지시사항 1번에서 5번까지는 빈칸을 알맞게 채워 대화를 완성하는 문제입니다. 가장 알맞은 답을 고르세요.

1. A: Did you check your email?

    B: I _____ had the chance yet.

    (A) didn't
    (B) haven't
    (C) wouldn't
    (D) shouldn't

2. A: Give me my phone, _____?

    B: Here you go.

    (A) do you
    (B) will you
    (C) didn't you
    (D) should you

3. A: Don't forget _____ the door.

    B: Okay, I will lock the door.

    (A) lock
    (B) to lock
    (C) locking
    (D) to locking

4. A: How about going to Europe?

    B: I can't afford it. I don't have _____ money.

    (A) few
    (B) little
    (C) many
    (D) much

5. A: _____ do you spell psychology?

    B: I'll check the dictionary.

    (A) Why
    (B) What
    (C) How
    (D) While

Directions: You will see pictures and incomplete sentences. Choose the one which best completes the sentences.

지시사항 6번부터 10번까지는 그림을 보고 문장을 완성하는 문제입니다. 가장 알맞은 답을 고르세요.

6.

The woman is _____ her tea time.

(A) looking

(B) working

(C) drinking

(D) enjoying

7.

They are _____ a tree.

    (A) tucking

    (B) pushing

    (C) planting

    (D) bumping

8.

The boy is _____ three cats.

    (A) teasing

    (B) petting

    (C) hugging

    (D) carrying

9.

The girl is _____ the boy.

(A) laughing at

(B) laughing to

(C) laughing in

(D) laughing on

10.

The children are _____ their bed.

(A) making

(B) working

(C) scraping

(D) sweeping

Directions: You will see practical reading materials. Each reading material is followed by questions about it. Choose the best answer to each question.

지시사항 11번부터 20번까지는 실용적 읽기자료에 관련된 문제입니다. 각 읽기자료 다음에는 질문이 제시됩니다. 각 질문에 해당하는 가장 알맞은 답을 고르세요.

For questions 11 - 12, refer to the following information.

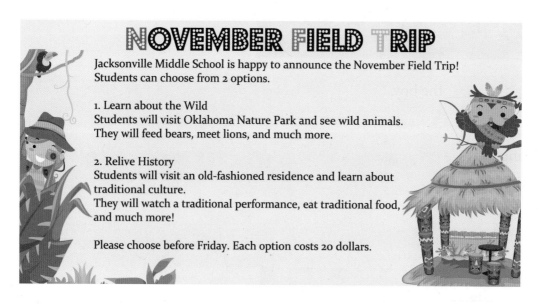

NOVEMBER FIELD TRIP

Jacksonville Middle School is happy to announce the November Field Trip! Students can choose from 2 options.

1. Learn about the Wild
Students will visit Oklahoma Nature Park and see wild animals. They will feed bears, meet lions, and much more.

2. Relive History
Students will visit an old-fashioned residence and learn about traditional culture.
They will watch a traditional performance, eat traditional food, and much more!

Please choose before Friday. Each option costs 20 dollars.

11. What can you NOT do at Oklahoma Nature Park?

(A) feed bears

(B) meet lions

(C) view wild animals

(D) watch animal performances

12. How much does the field trip cost?

(A) $ 2

(B) $ 12

(C) $ 20

(D) $ 200

For questions 13 - 14, refer to the following information.

Valentine's Day mini bags for classmates

Each bag contains:

1. Three chocolate bars
2. Two heart chocolates
3. A small pack of gummies
4. A notebook

Cost:

1 chocolate bar - 2 dollars
1 heart chocolate - 1 dollar
1 pack of gummies - 50 cents
1 notebook - 1 dollar

13. What is NOT in the Valentine's mini bag?

(A) soda

(B) gummies

(C) chocolate

(D) a notebook

14. How much does each bag cost to make?

(A) $8.50

(B) $9.00

(C) $9.50

(D) $10.00

For questions 15 – 16, refer to the following information.

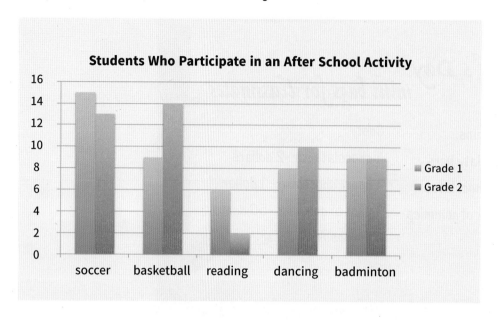

15. What activity do the most grade 2 students prefer?

    (A) soccer

    (B) dancing

    (C) basketball

    (D) badminton

16. Which sport has the same number of grade 1 and 2 participants?

    (A) soccer

    (B) reading

    (C) dancing

    (D) badminton

For questions 17 – 18, refer to the following information.

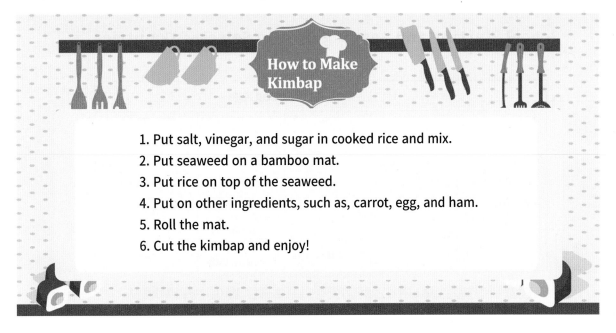

How to Make Kimbap

1. Put salt, vinegar, and sugar in cooked rice and mix.
2. Put seaweed on a bamboo mat.
3. Put rice on top of the seaweed.
4. Put on other ingredients, such as, carrot, egg, and ham.
5. Roll the mat.
6. Cut the kimbap and enjoy!

17. When should you put the rice on?

    (A) after rolling the mat
    (B) before adding vinegar
    (C) before placing the seaweed down
    (D) after putting the seaweed on a mat

18. What is NOT suggested to place on the rice?

    (A) egg
    (B) ham
    (C) carrot
    (D) potato

For questions 19 – 20, refer to the following information.

School Starting and Leaving Ages in Selected Countries

		School Starting Age			
		4	5	6	7
Minimum School Leaving Age	14			Turkey	
	15			Austria	Bulgaria
	16	Northern Ireland	England	Denmark, France, Norway, Spain	Finland, Sweden
	17		The Netherlands	Belgium, Germany, Italy	Poland

19. At what age do children from the most countries in this table begin school?

(A) 4

(B) 5

(C) 6

(D) 7

20. In which of the following countries do children go to school for the least number of years?

(A) Turkey

(B) Poland

(C) the Netherlands

(D) Northern Ireland

Directions: You will see various reading materials. Each reading material is followed by questions about it. Choose the best answer to each question.

For questions 21 - 22, refer to the following passage.

Billions of adults around the world drink coffee to wake up in the morning. However, recent research suggests that a simple apple may be just as effective. It is thought that fructose, a sugar found in apples, is responsible. Compared to the caffeine of coffee, this natural sugar in apples is absorbed more slowly for longer-lasting energy. Replacing coffee with an apple might help prevent the energy slump people feel when the effects of caffeine run out.

21. According to the passage, why might an apple be better than coffee to wake you up?

(A) It tastes better than coffee.
(B) It smells better than coffee.
(C) It fills a person up more than coffee.
(D) It gives energy for longer than coffee.

22. According to the passage, what about apples may give people energy?

(A) flavor
(B) fructose
(C) research
(D) caffeine

Most people think of dinosaurs as giant, lizard-like creatures covered in scales. However, scientists are finding more and more evidence that at least some species may have been covered in feathers. While *paleontologists* have suspected this for many years, evidence was finally found in 2016. A group of scientists found a piece of dinosaur tail sealed inside semi-clear rock. On the tail are small but clearly visible feathers. This and other discoveries continue to change our understanding of what dinosaurs looked like and how they lived.

23. According to the passage, which of the following sentences is true?

(A) Dinosaurs all looked like giant lizards with scales.

(B) Humans will never find out what dinosaurs really ate.

(C) Certain species of dinosaurs might have had feathers.

(D) Scientists have not made new discoveries about dinosaurs in the past few years.

24 Based on context from the passage, what is a *paleontologist*?

(A) a dinosaurs with feathers

(B) a giant lizard with scales

(C) an ancient semi-clear rock

(D) a scientist that studies fossils

For questions 25 - 26, refer to the following passage.

We all know that the British speak English, and the French speak French, but did you know French was the official language of England for more than 600 years? When the French conquered the British in 1066 A.D., the British were taught in French at schools. This continued for more than 600 years. Because of this period, there are many English words that are similar to French. For instance, the word 'beef' is from the word 'boeuf', which means 'cow' in French.

25. What does the word 'boeuf' originally mean?

(A) cow
(B) school
(C) French
(D) British

26. Why was French the official language in England?

(A) England was ruled by the French.
(B) The French sold beef to the British.
(C) The British taught English to the French.
(D) All the teachers in the England were French.

For questions 27 – 28, refer to the following passage.

According to research done in universities in Turkey and England, dogs and cats are typically left- or right-handed. However, it is not easy to determine as they do not write or eat with one hand like humans. Owners must test them many times by throwing toys forward them or asking them to give their hands. Then, they must see which paw their pet uses. Surprisingly, female dogs and cats tend to be right-handed and males the opposite.

27. How can owners determine if their pet is right-handed or left-handed?

    (A) ask them
    (B) give them food
    (C) hold each of their hands
    (D) throw toys forward them

28. What is a characteristic of pets' left- or right-handedness?

    (A) All cats tend to be left-handed.
    (B) All dogs tend to be right-handed.
    (C) Male dogs or cats tend to be left-handed.
    (D) Female dogs or cats tend to be left-handed.

For questions 29 – 30, refer to the following passage.

Jane wanted to change her doorknob to a glass one. She thought it would make her white door fancier. However, her mother said it could cause a house fire. She told Jane a story she had heard. In London, a glass doorknob bent a ray of sunlight and set clothes near the door on fire. The September sunlight was not particularly strong, but it set a huge part of the house on fire!

29. How did the glass doorknob cause a fire?

(A) It fell off and caused a fire.

(B) It bent sunlight and set clothes on fire.

(C) It became hot after getting sunlight and caused a fire.

(D) Burning leaves came in through the window and caused a fire.

30. What kind of sunlight was it?

(A) weak sunlight

(B) strong sunlight

(C) intense sunlight

(D) artificial sunlight

심화문제 유형 및 만점 전략 2

1 짚고 넘어가기

"문항을 정확하게 이해했는지 스스로 점검하세요."

정답에 실마리가 되는 핵심 어휘와 표현 및 문장 구조, 정답을 도출해내는 데 결정적 증거가 되는 내용과 논리 등을 제대로 파악했는지 질문을 통하여 능동적으로 확인하도록 합니다.

2 왜 틀렸을까?

"오답 원리를 확실하게 파악하세요."

실제 정답률 분석을 통하여 다수의 수험자가 오답을 고르게 된 핵심 원인을 설명하고, 이에 따른 올바른 문제 접근 방식을 제공합니다. 수험자들은 오답 원리를 공부하며 자신의 문제 풀이를 점검하고 더욱더 수준 높은 문제 접근 원리를 터득합니다.

3 이렇게 공부하세요!

"영어 학습 방향을 똑바로 잡으세요."

문항과 관련하여 좀 더 고차원적이고 심도 있는 영어 학습 방향을 제시합니다.

4 알짜 노트

"추가 정보와 함께 심화 학습을 완성하세요."

문항과 관련하여 별도의 학습 내용을 제공합니다.

정답률 36.92%

3. B: That chicken was really spicy. ✔❶

　 W: ＿＿＿＿＿＿＿＿＿＿＿＿＿＿＿

　　　(A) I tried to do it. ✔❸

　　　(B) You love eating eggs.

　　　(C) I actually found them sweet. ✔❹ ✔❺

　　　(D) Yes, we should try that chicken. ✔❸

✅ 짚고 넘어가기

✔❶ 'spicy'가 '매운'을 뜻한다는 걸 알았나요?

✔❷ 소년이 이미 치킨을 먹은 상태임을 파악했나요?

✔❸ 'try'는 '맛을 보다', 'try to'는 '~하려고 노력하다'라는 뜻의
차이를 알고있나요?

✔❹ 'find A B'(A를 B라고 여기다) 표현이 'find them sweet'에서
쓰였다는 걸 파악했나요?

✔❺ 'find'에는 '찾다'라는 뜻뿐만 아니라 '알다'라는 뜻도 있다는 걸
알았나요?

❓ 왜 틀렸을까?

치킨이 정말 매웠다는 소년의 말에서 소년이 이미 치킨을 먹었음을 파악해야 정답을 맞힐 수 있는 문항입니다. 과거형 'was'가
쓰인 것에 주의해야 합니다. 많은 학생이 이 부분을 간과하여 (D)를 골랐습니다. 이미 치킨을 먹었는데 치킨을 먹자고 제안하는 건
매우 어색한 대답이겠지요? 그렇다면 정답은 무엇이었을까요? 치킨이 매웠다는 소년의 말에 자신은 달콤했다며 다른 의견을
말하는 (C)였습니다. 역시나 'find'가 과거형으로 쓰인 것에 주목하기 바랍니다. 맛이 어땠는지 이야기를 나누는 걸 보니 두 사람
모두 이미 치킨을 먹은 상태이겠네요.

❗ 이렇게 공부하세요!

치킨이 정말 매웠다는 말에 적절한 대답을 찾는 문제로, 과거형 'was'를 썼다는 것에 주의해야 합니다. 또한 'try'와 'try to'의 의미
차이도 알고 있어야만 풀 수 있는 문제입니다. 만일 (A)를 '내가 한 번 맛보겠다.'라는 뜻으로 알아들었다면 (A)를 고를지도
모릅니다. (D)의 경우는 'we'라고 해서 틀린 선지입니다. 이미 소년은 치킨을 먹어봤고 치킨이 맵다고 말한 상황에서, 소년과
여자가 치킨을 먹어봐야 한다고 대답하는 것은 어색합니다. 'I'라고 말한다면 답이 될 수 있습니다. 실제로 정답인 (C)를 고른
학생들 만큼이나 많은 학생들이 (D)를 골랐습니다.

B: Let's go to the hamburger house.

G: I can't. I'm saving up to buy a new computer.

B: You can save starting tomorrow. ✔❶

정답률 31.67%

28. What's next?

    (A) I appreciate you. ✔❷

    (B) Of course, I won't.

    (C) I will buy a silver pen.

    (D) That's what you said yesterday.

✅ 짚고 넘어가기

    ✔❶ 대화에서 소년의 말 'You can save starting tomorrow.'가 저축은 내일부터 하고 지금은 햄버거집에 가자고 설득하는 의도임을 파악했나요?

    ✔❷ 'appreciate'가 '감사하다'라는 뜻이라는 걸 파악했나요?

❓ 왜 틀렸을까?

여자가 돈을 저축해야 하기 때문에 햄버거집에 가지 못한다고 대답하자 소년이 내일부터 저축하고 지금은 햄버거 집에 가자고 설득하고 있습니다. 그 다음에 여자가 할 수 있는 말을 고르는 문제입니다. 그런데 정답인 (D)를 고른 학생들보다 많은 학생들이 (B)를 골랐습니다. 아마도 '햄버거 집에 가지 않을거야.'라는 뜻으로 생각하고 답으로 고른 듯합니다. 하지만 소년이 내일부터 저축을 시작할 수 있다고 말한 다음에 'Of course, I won't'라고 대답하면 당연히 저축을 시작하지 않을 거라는 의미가 되므로 자연스럽지 않습니다.

❗ 이렇게 공부하세요!

'I won't.'와 같이 조동사 뒤에 본동사가 생략된 문장은 뒤에 어떤 동사가 생략된 것인지 정확하게 해석하는 연습을 해야합니다. 주로 바로 앞 문장에 나와있는 경우가 많습니다.

정답률 9.95%

1. A: Did you check your email?

   B: I _____ had the chance yet.

   (A) didn't
   (B) haven't ✔❸
   (C) wouldn't
   (D) shouldn't

✅ 짚고 넘어가기

✔❶ 빈칸 다음에 'had'라는 과거분사형이 나와있다는 걸 알았나요?

✔❷ 'did'를 사용한 과거형 질문에 대한 대답이라는 걸 파악했나요?

✔❸ 'have'가 현재완료 시제를 표현할 때 사용하는 조동사라는 걸 알았나요?

❓ 왜 틀렸을까?

질문에 대한 대답에 빈칸이 있고, 주어인 'I' 다음 자리이므로 적절한 동사를 고르는 문제임을 알아야 합니다. 매우 많은 학생들이 질문에서 'did'만 보고 바로 (A)를 골랐습니다. 'did'로 질문하면 대답도 역시 'did'로 대답해야 한다고 배웠기 때문이겠지요. 하지만 빈칸 다음에 'had'가 나왔다는 것에 유의해야 합니다. 'didn't'가 답이 되려면 뒤에 'had'가 아니라 동사원형 'have'가 나와야 합니다. (A), (C), (D) 모두 뒤에 동사원형이 나와야 하기 때문에 오답입니다.

❗ 이렇게 공부하세요!

빈칸에 들어갈 말을 고르는 문항을 풀 때에는 빈칸 앞뒤를 모두 읽어보고 풀어야 합니다. 침착하게 앞뒤를 살펴보고 문제를 푸는 습관을 기르세요.

4. A: I want to try _____ the new soup.

   B: Chicken or mushroom?

   (A) to

   (B) on

   (C) for

   (D) out

짚고 넘어가기

✔❶ 빈칸이 동사 'try' 뒤에 나와있다는 것을 파악했나요?

✔❷ '동사+전치사' 형태를 완성하는 문제임을 파악했나요?

✔❸ 'try to', 'try on', 'try for', 'try out'의 뜻을 모두 알고있나요?

? 왜 틀렸을까?

'try'라는 동사 뒤에 빈칸이 있고, 빈칸 다음에 'the new soup'라는 목적어가 나와있으므로 적절한 전치사를 골라 알맞은 뜻의 숙어를 완성하는 문제임을 먼저 파악해야 합니다. A의 말에 대한 응답으로 B가 치킨과 버섯 중 어떤 것을 고를 건지 물어봤으므로 A가 새로운 수프를 먹어보고 싶다고 말해야 의미상 자연스러운 대화가 됩니다. 'try to'는 '~하려고 노력하다', 'try on'은 '입어 보다', 'try for'은 '~을 얻으려고 노력하다', 'try out'은 '시험해 보다'라는 의미입니다. 이 동사들의 뜻을 모두 알고 있지 않으면 정답을 고르기 힘든 문제입니다. 실제로 많은 학생들이 (A)를 정답으로 골랐습니다.

! 이렇게 공부하세요!

'동사+전치사' 형태로 이루어진 동사들은 본동사의 뜻과 달라지는 경우가 많으므로 따로 정리해서 학습해야 합니다. 이 때, 전치사끼리 헷갈리지 않도록 체계화해서 공부하는 것이 좋습니다.

Most people think of dinosaurs as giant, lizard-like creatures covered in scales. However, scientists are finding more and more evidence that at least some species may have been covered in feathers. While *paleontologists* have suspected this for many years, evidence was finally found in 2016. A group of scientists found a piece of dinosaur tail sealed inside semi-clear rock. On the tail are small but clearly visible feathers. This and other discoveries continue to change our understanding of what dinosaurs looked like and how they lived.

정답률 20.06%

24 Based on context from the passage, what is an *paleontologist*?

(A) a dinosaurs with feathers

(B) a giant lizard with scales

(C) an ancient semi-clear rock

(D) a scientist that studies fossils

✔❶

✅ 짚고 넘어가기

✔❶ 'fossil'이란 단어가 '화석'을 의미하는 것을 알았나요?

✔❷ 'paleontologist'가 의심한 대상인 'this'가 무엇인지 **찾아**보았나요?

✔❸ 'paleontologist'가 공룡 중 몇몇 종들이 깃털로 덮여있었을 것이라고 의심해 왔고, 결국 한 무리의 과학자들이 2016년 그 증거를 찾았다는 내용으로부터 'paleontologist'가 과학자인 것을 파악했나요?

✔❹ 발견한 증거가 반투명한 바위 안에 싸인 공룡 꼬리 조각이라는 것을 파악했나요?

❓ 왜 틀렸을까?

'paleontologist'가 수년 동안 공룡 중 몇몇 종들이 깃털로 덮여있었다는 것을 의심하였고, 결국에는 이것에 관한 증거를 찾아냈다고 나와있습니다. 그리고 바로 뒷 문장에서 이 증거가 반투명한 바위 안에 싸인 공룡 꼬리 한 조각이라고 말하고 있습니다. 이 증거를 화석이라고 연결지어 생각하지 못했거나, '화석'이라는 뜻의 'fossil'이라는 단어를 몰랐다면 답을 고르기 어려웠을 것입니다.

ℹ️ 이렇게 공부하세요!

본문에서 주어진 정보에 그치지 않고 그와 관련된 단어들과 연관지어 생각하는 연습을 하세요.

Actual Test 3

Section I

Listening and Speaking

Part *Listen and Respond*
10 Questions

Part *Listen and Retell*
15 Questions

Part *Listen and Speak*
5 Questions

Directions: You will hear English sentences and answer choices (A), (B), (C), and (D). The sentences and the choices will be spoken TWICE. Listen carefully and choose the most suitable answer.

지시사항   1번부터 10번까지는 영어문장을 듣고, 들은 말에 대한 가장 알맞은 대답을 고르는 문제입니다. 영어질문과 보기는 **두 번** 들려주며 (A), (B), (C), (D) 중에서 하나를 고르세요. **A**

1.   Mark your answer on your answer sheet.

2.   Mark your answer on your answer sheet.

3.   Mark your answer on your answer sheet.

4.   Mark your answer on your answer sheet.

5.   Mark your answer on your answer sheet.

6.   Mark your answer on your answer sheet.

7.   Mark your answer on your answer sheet.

8.   Mark your answer on your answer sheet.

9.   Mark your answer on your answer sheet.

10.   Mark your answer on your answer sheet.

Directions: You will hear short talks or conversations. They will be spoken TWICE. Listen carefully, read each question and choose the best answer.

지시사항 11번부터 25번까지는 짧은 대화나 이야기를 **두 번** 듣고, 주어진 질문에 가장 알맞은 답을 고르는 문제입니다.

11. How does the boy feel about a new bike?

(A) sad
(B) bored
(C) excited
(D) nervous

12. Where did the girl watch the movie?

(A) at school
(B) at the library
(C) at the girl's house
(D) at her friend's house

13. What is the boy going to do in the evening?

(A) cook
(B) study
(C) eat out
(D) play a game

14. When did the boy start a piano lesson?

    (A) 1 year ago

    (B) 2 years ago

    (C) 3 years ago

    (D) 4 years ago

15. How did the girl feel about the trip?

    (A) bored

    (B) happy

    (C) interested

    (D) surprised

16. What is the girl going to do next month?

    (A) watch a movie

    (B) eat out with family

    (C) move to a new house

    (D) go on a trip with family

17. How do the boy and girl feel about John?

    (A) happy

    (B) nervous

    (C) worried

    (D) surprised

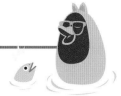
[18-19]

18. What will he do tomorrow?

    (A) He will sell books.

    (B) He will make books.

    (C) He will buy notebooks.

    (D) He will paint the school.

19. Why will he wear yellow and green?

    (A) because he wants to paint

    (B) because he wants to go to school

    (C) because they are his school colors

    (D) because they are his favorite colors

[20-21]

20. Where did the girl go?

    (A) a school

    (B) a snow park

    (C) a department store

    (D) an amusement park

21. Which is NOT true about the girl?

    (A) She saw her friends.

    (B) She enjoyed the hot weather.

    (C) She had a great time yesterday.

    (D) She did not go to school yesterday.

[22-23]

22. What does the girl's mom do?

(A) She draws books.

(B) She writes books.

(C) She teaches children.

(D) She makes books at school.

23. Which is NOT true about the girl and her mom?

(A) They like reading books.

(B) The girl is proud of her mom.

(C) The girl's mom tells the girl to be positive.

(D) The girl's mom does not read books to her.

[24-25]

24. What is the best title for this passage?

(A) Stadium

(B) Soccer Match

(C) School Break

(D) Elementary School

25. Where will the boy go on the weekend?

(A) a park

(B) a bank

(C) a stadium

(D) a classmate's house

Directions: You will hear conversations in English. They will be spoken TWICE. After you listen to the conversations, read each question and choose the best response to what the last speaker says.

지시사항 26번부터 30번까지는 대화를 영어로 **두 번** 듣고, 대화의 마지막 질문이나 마지막 말 뒤에 이어질 가장 알맞은 응답을 주어진 질문에 맞게 고르는 문제입니다.

26. What's next?

    (A) I think it's too big.
    (B) Do I get a discount?
    (C) Strawberry and chocolate.
    (D) There are 25 different flavors here.

27. What's next?

    (A) No, I am hungry.
    (B) Yes, well-done, please.
    (C) Yes, that's everything.
    (D) No, I am okay for now.

28. What's next?

    (A) Blue is my favorite.
    (B) The sky has turned gray.
    (C) I couldn't find it in the paint box.
    (D) Mixing red and yellow makes orange.

29. What's next?

    (A) You should practice more.

    (B) I hope it never happens again.

    (C) Do you need help with anything?

    (D) I couldn't have done it without you.

30. What's next?

    (A) Music was my favorite subject in school.

    (B) Maybe you should wait for just a little bit.

    (C) How do you not know what's happening?

    (D) The neighbors brought by the most delicious pie.

Section II

Reading and Writing

Part **A** *Sentence Completion*
5 Questions

Part **B** *Situational Writing*
5 Questions

Part **C** *Practical Reading and Retelling*
10 Questions

Part **D** *General Reading and Retelling*
10 Questions

Directions: You will see conversations with blanks. Read carefully and choose the one which best completes the blanks.

지시사항 1번에서 5번까지는 빈칸을 알맞게 채워 대화를 완성하는 문제입니다. 가장 알맞은 답을 고르세요.

1. A: _____ is my coat?
    B: It is in the closet.

    (A) How
    (B) When
    (C) Whom
    (D) Where

2. A: Do you and Tom like fish?
    B: I like fish, but Tom _____.

    (A) do
    (B) does
    (C) don't
    (D) doesn't

3. A: How long did it take you to walk to school?
    B: It _____ me 25 minutes.

    (A) take
    (B) took
    (C) to take
    (D) will take

4. A: Can you go to the movies with me after school?
    B: I want to go _____ I can't.

    (A) if
    (B) so
    (C) and
    (D) but

5. A: Look at the snow! Everything is all white!
    B: It started _____ around midnight.

    (A) snow
    (B) snowed
    (C) snowing
    (D) to snowing

Directions: You will see pictures and incomplete sentences. Choose the one which best completes the sentences.

지시사항 6번부터 10번까지는 그림을 보고 문장을 완성하는 문제입니다. 가장 알맞은 답을 고르세요.

6.

The policeman is _____ the old lady cross the street.

    (A) help

    (B) helped

    (C) to help

    (D) helping

7.

Jack is making a presentation _____ of the class.

    (A) in

    (B) on top

    (C) in front

    (D) in the first

8.

They are cleaning the leaves _____ the street.

    (A) at

    (B) to

    (C) on

    (D) for

9.

A man is _____ on the treadmill.

    (A) getting out

    (B) moving out

    (C) blowing out

    (D) working out

10.

The boy is _____ the door.

    (A) talking to

    (B) carrying on

    (C) knocking on

    (D) walking down

Directions: You will see practical reading materials. Each reading material is followed by questions about it. Choose the best answer to each question.

지시사항 11번부터 20번까지는 실용적 읽기자료에 관련된 문제입니다. 각 읽기자료 다음에는 질문이 제시됩니다. 각 질문에 해당하는 가장 알맞은 답을 고르세요.

For questions 11 - 12, refer to the following picture.

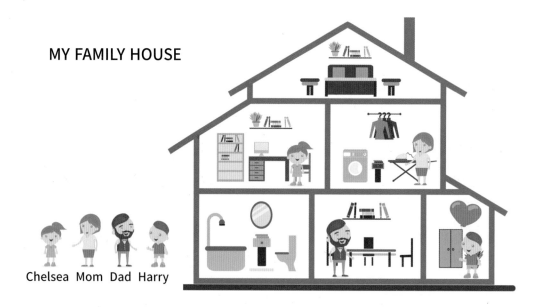

MY FAMILY HOUSE

Chelsea Mom Dad Harry

11. I am on the second floor. I am doing laundry. Who am I?

(A) Dad

(B) Mom

(C) Harry

(D) Chelsea

12. I am holding a heart-shaped balloon. Where am I?

(A) in the kitchen

(B) in the bathroom

(C) at the front door

(D) in the living room

For questions 13 - 14, refer to the following table.

Table of Contents

Unit 1	Force, Motion, and the Metric System	
Chapter 1	Metric System	1-4
Chapter 2	Force and Motion	5-20
Unit 2	Newton's Laws of Motion	
Chapter 3	Gravity and Force	21-32
Chapter 4	Newton's First, Second, and Third Laws	33-41
Unit 3	Simple Machines	
Chapter 5	Work and Simple Machines	42-49
Chapter 6	Simple Machines of the Body	50-64
Unit 4	Energy	
Chapter 7	Energy and Power	64-72
Chapter 8	Kinds of Energy	73-80
Unit 5	Heat	
Chapter 9	Heat and Temperature	81-88
Chapter 10	Conduction and Convection	89-102

13. Which chapter is on page 66?

(A) Chapter 4

(B) Chapter 5

(C) Chapter 6

(D) Chapter 7

14. Looking at the table of contents, what is this book probably about?

(A) math

(B) music

(C) science

(D) social studies

For questions 15 – 16, refer to the following chart.

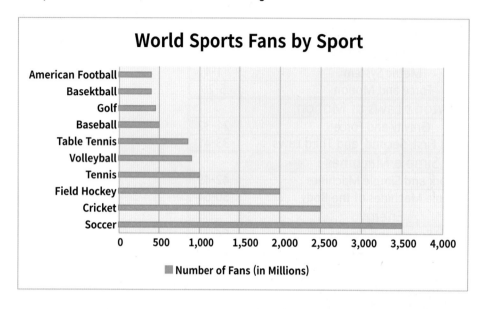

15. Which sport has the most fans in the world?

(A) soccer
(B) cricket
(C) tennis
(D) American football

16. How many fans does baseball have?

(A) 500
(B) 500,000
(C) 500,000,000
(D) 500,000,000,000

For questions 17 – 18, refer to the following information.

Discussion Rules

1. Wait quietly.
2. Speak loudly.
3. Stick to the point.
4. Make eye contact.
5. Look at your partner.
6. Listen to their words.

17. Which of the following is against these discussion rules?

    (A) speaking loudly

    (B) discussing other topics

    (C) looking at other people

    (D) listening to other people

18. What are these rules probably for?

    (A) home life

    (B) classrooms

    (C) police stations

    (D) shopping centers

For questions 19 – 20, refer to the following poster.

LOST DOG

Small
Brown male Chihuahua
Long legs

Last wearing a collar with letters reading "CHAMP"
Very shy and nervous arouond strangers

Last seen near the Harbor Park on July 19

Please call when you find the dog: 123-556-5511

Any help is appreciated!!

19. What does this poster ask you to do when you find the dog?

    (A) feed the dog
    (B) wash the dog
    (C) call the police
    (D) call the number

20. What is NOT a characteristic of this dog?

    (A) It is a boy.
    (B) It is a brave dog.
    (C) It was lost on July 19th.
    (D) It is small and has long legs.

Directions: You will see various reading materials. Each reading material is followed by questions about it. Choose the best answer to each question.

For questions 21 – 22, refer to the following passage.

Valentina Tereshkova was the first woman to fly into the space. She was born in a small village is Russia. After finishing school, she worked at a factory. She was very interested in flying, so she joined the Air Sports Club.

In 1961, she was chosen as one of five women for the space program. On June 16, 1963, she flew into space in a spaceship. She stayed in space for more than 70 hours and went around the Earth 48 times. She landed safely. Nowadays, she is a respected politician in Russia.

---

21. What was Valentina Tereshkova's job?

    (A) a doctor

    (B) a teacher

    (C) an astronaut

    (D) a police officer

22. How long did Valentina Tereshkova stay in space?

    (A) 40 hours

    (B) 50 hours

    (C) 60 hours

    (D) 70 hours

For questions 23 - 24, refer to the following passage.

Gary's mother made twenty cupcakes for his class. Gary put red cherries on top on nineteen of them. Gary's friend Linda cannot eat cherries, so he put a strawberry on one of them instead. He dropped one cherry cupcake on the ground when he was walking. Gary, Linda, and his friends ate fifteen cupcakes. They also gave one cupcake to his teacher. Everyone thanked Gary and his mom for the delicious cupcakes.

23. Why did Gary put a strawberry on one cupcake?

    (A) because Gary ran out of cherries

    (B) because Linda cannot eat cherries

    (C) because Gary's mother made a mistake

    (D) because Gary wanted to try something different

24. How many cupcakes with cherries does Gary have left?

    (A) 0

    (B) 1

    (C) 3

    (D) 15

For questions 25 - 26, refer to the following passage.

In many countries, it is common to have a family name. However, this was very rare in history. Only powerful people used them. People in China were some of the first to have family names. Other countries started using them less than 200 years ago. Some countries and cultures still do not have them. Each country also has its own rules for how family names are given to children. Sometimes they get the father's, sometimes they get the mother's, and sometimes they get a whole new family name!

25. Before family names became common, which type of person probably used family names?

(A) kings
(B) farmers
(C) fishermen
(D) shoemakers

26. According to the passage, which statement is NOT true?

(A) Family names used to be uncommon.
(B) Some countries do not use family names.
(C) Family names always come from the father.
(D) People in China were some of the first to use family names.

For questions 27 – 28, refer to the following passage.

Do you know how to play the piano? If you do, you know how to play the most popular instrument in the world. The guitar is second, and the drums are third. Many people learn the piano from a very young age. One reason that the piano is popular is that it can play many types of music. From pop to rock to jazz, many people use the piano to make beautiful music.

27. What is the third most popular musical instrument to learn?

   (A) the flute
   (B) the piano
   (C) the guitar
   (D) the drums

28. According to the passage, why is the piano a popular instrument to learn?

   (A) It is comparatively easy to play.
   (B) The sound is very nice in concert halls.
   (C) It can play many different types of music.
   (D) It is cheap to buy from department stores.

For questions 29 – 30, refer to the following passage.

Which is bigger in size: one kilogram of water or one kilogram of ice? The correct answer is ice. When water freezes it becomes larger. You can use your refrigerator freezer to do an experiment to see this. Fill a paper cup full of water. Then, put a lid on top. Put the cup of water in the freezer and wait a few hours. When you come back the cup will be ripped. The ice is larger than the water, so the cup cannot hold it.

29. Why does the cup of water in the freezer rip?

    (A) The ice is colder than the water.

    (B) The ice is bigger than the water.

    (C) The ice is harder than the water.

    (D) The ice is smoother than the water.

30. What do you NOT need to do the experiment in the passage?

    (A) a freezer

    (B) an ice pick

    (C) a paper cup

    (D) a top for a cup

심화문제 유형 및 만점 전략 3

1 짚고 넘어가기

정답률 25.62%
17. Which of the following is against these group rules?

(A) speaking loudly
(B) listening to other people
(C) sharing ideas with members
(D) working with the team members

짚고 넘어가기
- ✔ ① 문제에 있는 'against these group rules'를 보고 규칙에 어긋나는 선지를 고르는 문제임을 파악했나요?
- ✔ ② 모든 규칙들이 어떤 의미인지 정확히 파악했나요?
- ✔ ③ 'share ideas'가 서로의 생각을 얘기하고 나누는 의미라는 것을 알았나요?

"문항을 정확하게 이해했는지 스스로 점검하세요."
정답에 실마리가 되는 핵심 어휘와 표현 및 문장 구조, 정답을 도출해내는 데 결정적 증거가 되는 내용과 논리 등을 제대로 파악했는지 질문을 통하여 능동적으로 확인하도록 합니다.

2 왜 틀렸을까?

왜 틀렸을까?
그림에 나와있는 규칙에 어긋나는 것을 고르는 문제입니다. 위 규칙에서 언급되어 있지 않거나, 나와있는 규칙과 정반대의 내용을 나타내는 선지를 고르면 정답입니다. 위에 나와있는 규칙의 내용과 선지를 잘 매치하지 못한다면 틀릴 수 있습니다. (C) sharing ideas with members 는 그림에 나와있는 'offer support and ideas'를 의미가 비슷한 다른 말로 바꾼 거라는 걸 알아채지 못한다면 (C)를 고를 수도 있습니다. 실제로 정답인 (A)를 고른 학생을 만큼이나 많은 학생들이 (C)를 골랐습니다.

"오답 원리를 확실하게 파악하세요."
실제 정답률 분석을 통하여 다수의 수험자가 오답을 고르게 된 핵심 원인을 설명하고, 이에 따른 올바른 문제 접근 방식을 제공합니다. 수험자들은 오답 원리를 공부하며 자신의 문제 풀이를 점검하고 더욱더 수준 높은 문제 접근 원리를 터득합니다.

3 이렇게 공부하세요!

이렇게 공부하세요!
본문에 제시된 내용과 같거나 다른 선지를 고르는 문제는 가장 기본적으로 나오는 빈출 유형입니다. 이 때, 본문에서 쓴 단어를 선지에서 그대로 사용하지 않는 경우가 많습니다. 영어는 동어 반복을 기피하는 경향이 있기 때문에, 비슷하거나 동일한 의미를 가진 다른 단어를 사용합니다. 이 문제의 경우, 본문의 'stay together as a team'을 선지에서는 'working with the team members'라고 표현했네요.

"영어 학습 방향을 똑바로 잡으세요."
문항과 관련하여 좀 더 고차원적이고 심도 있는 영어 학습 방향을 제시합니다.

4 알짜 노트

"추가 정보와 함께 심화 학습을 완성하세요."
문항과 관련하여 별도의 학습 내용을 제공합니다.

M: Would you like some water or some juice?

G: May I get some water, please?

M: Sure, anything else?

정답률 49.85%

27. What's next?

(A) No, I am hungry.

(B) Yes, well-done, please.

(C) Yes, that's everything.

(D) No, I am okay for now.

✓ 짚고 넘어가기

✔❶ 대화가 식당 손님이 직원에게 주문하고 있는 상황인 걸 파악했나요?

✔❷ 다른 것이 필요하냐고 묻는 남자의 말에 적절한 대답을 고르는 문제임을 파악했나요?

✔❸ 'well-done'이 스테이크의 굽기 정도를 말하는 단어임을 알았나요?

❓ 왜 틀렸을까?

소녀가 물을 달라고 했고, 남자가 다른 것이 필요하냐고 물어봤으므로, 그 다음에 나올 대답은 필요하다/아니다 중에 하나여야 합니다. 'Yes/No'와 그 뒤에 나온 대답의 내용이 일치하지 않는다면 모순된 대답이 되므로 이에 유의하지 않으면 오답을 고를 수도 있는 문제입니다. (A)의 경우, 다른 것이 필요 없다고 대답했으므로 배고프지 않다는 내용이 나와야 자연스러운데 배고프다고 했으므로 오답입니다. (B)의 경우는 전혀 상관없는 스테이크의 굽기 정도를 대답하고 있어 오답입니다. (C)는 처음에 'Yes'라고 대답했는데, 그게 전부라며 다른 것이 필요없다고 덧붙이고 있으므로 앞 뒤가 모순되어 오답입니다.

❗ 이렇게 공부하세요!

'Yes/No'라는 대답과 뒤에 덧붙이는 내용이 모순되는지 일치하는지를 유심히 살펴 문제를 풀면 오답 확률을 줄일 수 있습니다.

B: Great game today!

G: Thank you. You were a big help making that goal. ✔❷

B: Oh, it was nothing.

정답률 12.58%

29. What's next?

(A) You should practice more.

(B) I hope it never happens again.

(C) Do you need help with anything?

(D) I couldn't have done it without you.
✔❸

✅ 짚고 넘어가기

✔❶ 경기를 진행한 선수들끼리 나누는 대화임을 파악했나요?

✔❷ 소녀가 소년에게 골을 넣을 수 있게 도와줘서 고마워하고 있음을 파악했나요?

✔❸ 'could have p.p'가 '~였을지도 몰라.' '~였을 수도 있어.'라는 뜻인 걸 알았나요?

❓ 왜 틀렸을까?

소녀에게 도움을 준 것은 아무 것도 아니었다며 고마워할 필요가 없다는 소년의 말에 적절한 대답을 고르는 문제입니다. 만일 정답 (D)의 'could have done'을 제대로 해석하지 못했다면 오답을 고를 수도 있는 문제입니다. 정답 (D)는 가정법 문장으로, 네 도움이 없었다면 골을 넣지 못했을 거라는 의미입니다. (C)의 경우, 이미 소년이 소녀에게 도움을 준 상황이므로 소녀가 소년에게 도움이 필요하냐고 물어보는 것은 의미상 자연스럽지 않아 오답입니다.

💬 알짜 노트

조동사의 과거형과 'have p.p'가 함께 쓰이는 여러 경우에 대해 정리해보기 바랍니다.

could have p.p/might have p.p ~였을 지도 몰라, ~였을 수도 있어
The team could've won if they'd had more time for planning a strategy.
(작전을 짤 시간이 더 있었다면 그 팀은 이겼을 지도 모른다.)

would have p.p ~였을 거야
It would have been disaster without your help.
(네 도움이 없었다면 재앙이었을 거야.)

must have p.p (과거의 일에 대한 확신을 나타내며) ~였음에 틀림없어
There must have been some accident on the road.
(도로에 사고가 났었던 게 분명해.)

should have p.p (과거의 일에 대한 후회를 나타내며) ~해야 했어
I should've done my reading assignment yesterday.
(어제 독서 과제를 끝냈어야 했는데.)

4. A: Can you go to the movies with me after school?

   B: I can _____ I finish my homework on time.

   ✔❶

   (A) if

   (B) so

   (C) and

   (D) but

✔ 짚고 넘어가기

✔❶ 빈칸이 조동사 'can' 뒤에 있고, 빈칸 뒤에는 주어, 동사, 목적어가 있는 완전한 문장이 나와있다는 걸 파악했나요?

✔❷ 선지에 나온 if, so, and, but 모두 접속사라는 걸 파악했나요?

✔❸ B의 말이 같이 영화를 보러 가자고 제안하는 A의 말에 대한 대답인 걸 파악했나요?

❓ 왜 틀렸을까?

접속사의 의미와 역할을 정확히 알고, 맥락에 맞는 자연스러운 접속사를 선택할 수 있어야만 풀 수 있는 문제입니다. A가 학교 끝나고 영화를 보러 가자고 제안했고, B는 빈칸 앞에서 할 수 있다라고 말합니다. 빈칸 뒤에서는 제 시간에 숙제를 끝낸다는 문장이 나와 있으므로, 두 문장을 연결할 수 있는 의미의 접속사를 골라내지 못한다면 오답을 고를 수도 있습니다. 제 시간에 숙제를 끝내면 영화를 보러 갈 수 있다는 말이 가장 자연스러우므로 (A)가 답이 됩니다. 만약 제 시간에 숙제를 끝내야 해서 영화를 보러 갈 수 없다는 뜻으로 받아들였다면 (D)를 고를 수도 있습니다. 그러나 확실히 'I can'이라며 갈 수 있다고 했으므로 오답입니다. 실제로 상당수의 학생들이 (D)를 골랐습니다.

DISCUSSION RULES

1. Wait quietly.
2. Speak loudly.
3. Stick to the point. ✔❷
4. Make eye contact.
5. Look at your partner.
6. Listen to their words.

정답률 22.56%

17. Which of the following is against these discussion rules? ✔❶

(A) speaking loudly
(B) looking at other people
(C) discussing other topics
(D) listening to other people

✅ 짚고 넘어가기

✔❶ 지문에 나온 규칙에 '어긋나는' 선지를 고르는 문제임을 파악했나요?
✔❷ 지문의 3번 규칙 'Stick to the point.'가 '논점에서 벗어나지 마라.' 라는 의미인 걸 알았나요?

❓ 왜 틀렸을까?

지문에 나온 규칙에 어긋나는 선지를 고르는 문제로, 각 선지가 제시된 규칙에서 언급되었는지 모두 확인해봐야만 풀 수 있습니다. 만일 지문의 3번 규칙 'Stick to the point.' 를 제대로 해석하지 못했거나 의미를 헷갈려서 선지의 'discussing other topics'와 반대되는 말이라는 것을 파악하지 못했다면 오답을 고를 수도 있는 문제입니다.

❗ 이렇게 공부하세요!

선지에는 주로 본문에서 언급된 내용과 같은 의미이지만 다른 단어를 사용해서 표현한 단어(구) 또는 문장이 나옵니다. 영어는 특히 반복을 피하는 경향이 있기 때문입니다. 영어 문제를 풀 때 이 점에 유의해서 풀어보세요. 이 문제에서는 'listen to their words'를 선지에서는 'listening to other people.'이라고 표현했네요.

Gary's mother made twenty cupcakes for his class. Gary put red cherries on top on nineteen of them. Gary's friend Linda cannot eat cherries, so he put a strawberry on one of them instead. He dropped one cherry cupcake on the ground when he was walking. Gary, Linda, and his friends ate fifteen cupcakes. They also gave one cupcake to his teacher. Everyone thanked Gary and his mom for the delicious cupcakes.

정답률 9.76%

24. How many cupcakes with cherries does Gary have left?

    (A) 0
    (B) 1
    (C) 3
    (D) 15

 짚고 넘어가기

  ✔❶ Gary의 엄마가 만든 20개의 컵케이크 중 하나는 딸기 컵케이크라는 것을 파악했나요?
  ✔❷ 반 친구들과 먹은 것 뿐만아니라 Gary가 떨어뜨린 컵케이크도 계산했나요?

❓ 왜 틀렸을까?

Gary의 엄마는 총 20개의 컵케이크를 만들었고, 그 중 한 개에 체리를 못 먹는 Linda를 위해 딸기를 올렸으므로 총 만들어진 체리 컵케이크는 19개입니다. 이 중에서 Gary가 하나를 떨어뜨렸으므로 18개가 됩니다. 또 Gary를 포함한 그의 친구들이 14개의 체리 컵케이크를 먹었고 (Linda는 딸기 컵케이크를 먹었으므로 15개에서 1개를 제외합니다), 선생님께 한 개를 드렸으므로 총 3개가 남게됩니다. 먹은 컵케이크 뿐만아니라 떨어진 컵케이크와 Linda를 위한 컵케이크를 고려하지 않은 학생들이 오답을 골랐습니다.

❗ 이렇게 공부하세요!

숫자를 계산하는 문제에서는 원래의 총량은 얼마인지, 빠진 갯수는 얼마인지 확인하면서 글을 읽습니다.

Actual Test 4

Section I

Listening and Speaking

Part **A** *Listen and Respond*
10 Questions

Part **B** *Listen and Retell*
15 Questions

Part **C** *Listen and Speak*
5 Questions

Directions: You will hear English sentences and answer choices (A), (B), (C), and (D). The sentences and the choices will be spoken TWICE. Listen carefully and choose the most suitable answer.

지시사항 1번부터 10번까지는 영어문장을 듣고, 들은 말에 대한 가장 알맞은 대답을 고르는 문제입니다. 영어질문과 보기는 **두 번** 들려주며 (A), (B), (C), (D) 중에서 하나를 고르세요. Ⓐ

1. Mark your answer on your answer sheet.

2. Mark your answer on your answer sheet.

3. Mark your answer on your answer sheet.

4. Mark your answer on your answer sheet.

5. Mark your answer on your answer sheet.

6. Mark your answer on your answer sheet.

7. Mark your answer on your answer sheet.

8. Mark your answer on your answer sheet.

9. Mark your answer on your answer sheet.

10. Mark your answer on your answer sheet.

Directions: You will hear short talks or conversations. They will be spoken TWICE. Listen carefully, read each question and choose the best answer.

지시사항   11번부터 25번까지는 짧은 대화나 이야기를 **두 번** 듣고, 주어진 질문에 가장 알맞은 답을 고르는 문제입니다.

11. What is the boy's problem?

   (A) his health
   (B) his grades
   (C) his siblings
   (D) his friends

12. What is the boy going to do?

   (A) grill a steak
   (B) set the table
   (C) do the dishes
   (D) brew some coffee

13. What does the boy want to do?

   (A) stop by the library
   (B) get something to eat
   (C) get a refund on the sweater
   (D) stop by the department store

14. What did the boy draw?

    (A) a model

    (B) a mango

    (C) a waterfall

    (D) a flamingo

15. Where would the boy most likely find his slippers?

    (A) under the sofa

    (B) in his bedroom

    (C) next to his bag

    (D) in the living room

16. Why does the girl think Jane is upset?

    (A) because she tried to lie to her

    (B) because she was late for class

    (C) because she missed her birthday party

    (D) because she didn't go shopping with her

17. When did Henry leave?

    (A) last week

    (B) yesterday

    (C) last month

    (D) the day before yesterday

[18-19]

18. How can giraffes' tongues be best described?

    (A) They are long and light.

    (B) They are long and dark.

    (C) They are short and dark.

    (D) They are short and light.

19. What is true about giraffes?

    (A) They eat for a long time during the day.

    (B) They actually cannot reach food in tall trees.

    (C) Their tongues are easily damaged by sunlight.

    (D) Their tongues are only eight to twelve inches long.

[20-21]

20. Where are James and the girl going this summer?

    (A) Japan

    (B) Africa

    (C) Europe

    (D) the US

21. According to the passage, what is true?

    (A) James's aunt planned the trip.

    (B) James lived in Europe for 10 years.

    (C) The girl studied history in the university.

    (D) The girl expects this trip to be educational.

[22-23]

22. According to the passage, what is in the fortune cookie?

(A) fried eggs

(B) lucky numbers

(C) Japanese images

(D) Chinese messages

23. According to the passage, in what place can you find fortune cookies?

(A) French restaurants

(B) Chinese restaurants

(C) Japanese restaurants

(D) Mexican restaurants

[24-25]

24. What is the talk mainly about?

(A) how to make cold beverage

(B) how to avoid heart problems

(C) how to set up alarms in the morning

(D) how a cold shower is good for your health

25. According to the passage, what is true?

(A) A cold shower can decrease the heart rate.

(B) A cold shower can boost blood circulation.

(C) A cold shower can increase body temperature.

(D) A cold shower can prevent high blood pressure.

Directions: You will hear conversations in English. They will be spoken TWICE. After you listen to the conversations, read each question and choose the best response to what the last speaker says.

지시사항 26번부터 30번까지는 대화를 영어로 **두 번** 듣고, 대화의 마지막 질문이나 마지막 말 뒤에 이어질 가장 알맞은 응답을 주어진 질문에 맞게 고르는 문제입니다.

26. What's next?

    (A) Sure, it's all we have.

    (B) Sure, I'll look for one.

    (C) Sorry, it's the lightest color.

    (D) Sorry but two is greater than one.

27. What's next?

    (A) Not a lot of fans turned out.

    (B) The game ended in a tie, 1 to 1.

    (C) He is not good at passing the ball.

    (D) My sister didn't make it to the end.

28. What's next?

    (A) It's about three dollars.

    (B) It's such a nice picture of you.

    (C) It's Rick Samuels' latest work.

    (D) It's an abstract painting by Douglas.

29. What's next?

(A) It's my umbrella.

(B) It's raining very hard.

(C) It's going to rain all day.

(D) I'm returning it to Kelly.

30. What's next?

(A) Then, try something funny this year.

(B) A Dracula movie was on TV last night.

(C) Then, try the Dracula costume this year.

(D) Mexicans have their own traditional costume.

Section II

Reading and Writing

Directions: You will see conversations with blanks. Read carefully and choose the one which best completes the blanks.

지시사항 1번에서 5번까지는 빈칸을 알맞게 채워 대화를 완성하는 문제입니다. 가장 알맞은 답을 고르세요.

1. A: Are these your books?
   B: _____.

   (A) Yes, it is.
   (B) No, he isn't.
   (C) Yes, they have.
   (D) No, they aren't.

2. A: How do you go to school?
   B: I still _____ to school every day.

   (A) walk
   (B) walks
   (C) walked
   (D) walking

3. A: _____ does Peter work?
   B: At the post office.

   (A) Who
   (B) Why
   (C) Where
   (D) Whose

4. A: She wore a new dress.
   B: I want to have a similar one with _____.

   (A) its
   (B) she
   (C) her
   (D) hers

5. A: What is _____ building in the city?
   B: The JK building on Main Street.

   (A) more tall
   (B) most tall
   (C) taller than
   (D) the tallest

PART B Situational Writing

Directions: You will see pictures and incomplete sentences. Choose the one which best completes the sentences.

지시사항 6번부터 10번까지는 그림을 보고 문장을 완성하는 문제입니다. 가장 알맞은 답을 고르세요

6.

The monkey is _____ on the branch.

    (A) walking

    (B) working

    (C) hanging

    (D) pushing

7.

The iceberg is _____.

    (A) riding

    (B) hiding

    (C) calling

    (D) melting

8.

The man is _____ the mirror.

    (A) looking in

    (B) looking for

    (C) showing in

    (D) showing for

9.

The cup is _____.

    (A) fulled

    (B) empty

    (C) almost full

    (D) almost empty

10.

I just had _____ chocolate cake for dessert.

    (A) a bag of

    (B) a cart of

    (C) a piece of

    (D) a large of

Directions: You will see practical reading materials. Each reading material is followed by questions about it. Choose the best answer to each question.

지시사항 11번부터 20번까지는 실용적 읽기자료에 관련된 문제입니다. 각 읽기자료 다음에는 질문이 제시됩니다. 각 질문에 해당하는 가장 알맞은 답을 고르세요.

For questions 11 - 12, refer to the following information.

Johnny's Cafeteria Menu

INCREDIBLY DELICIOUS FOOD

Main Menu

Meatball Spaghetti
Cheeseburger
Chicken Salad
Pepperoni Pizza
Chili Dogs
Dumplings

$6.50

Set Menu

Set A: 1 Main Dish + 1 Side = $ 8.50
Set B: 2 Main Dishes + 1 Side = $ 15.00
Set C: 1 Main Dish + 2 Sides = $ 10.50
Set D: 2 Main Dishes + 2 Sides = $17.00

-Large Soda: $ 1.00
-Freshly Squeezed Juice (orange/apple): $1.50
-Bottled Water: $1.00

INCREDIBLY DELICIOUS FOOD

Sides

Potato Chips
Mini Garden Salad
Fried Onions
Corn Soup
Mashed Potatoes
Apple Slices

$2.00

11. How much is one cheeseburger, one serving of potato chips, and a soda?

(A) $ 8.00

(B) $ 8.50

(C) $ 9.00

(D) $ 9.50

12. How much are two Pepperoni Pizzas, one Mini Garden Salad, and one serving of Apple Slices?

(A) $ 8.50

(B) $ 10.50

(C) $ 15.00

(D) $ 17.00

For questions 13 – 14, refer to the following chart.

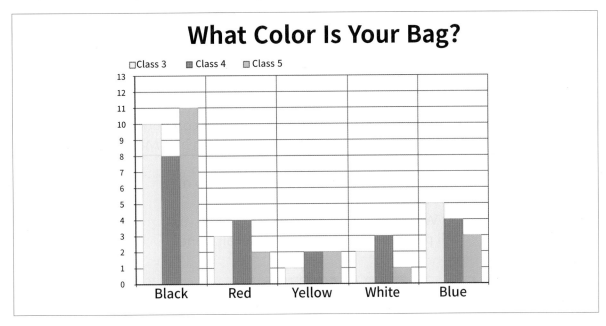

13. How many students are in Class 3?

  (A) 18
  (B) 19
  (C) 20
  (D) 21

14. Which bag color do the students carry the least?

  (A) red
  (B) blue
  (C) black
  (D) yellow

For questions 15 – 16, refer to the following information.

The Ultimate Paper Airplane Competition

Design your own paper airplanes and enter the competition!
Use your knowledge in Science Technology Engineering and Math principles
when designing your own airplanes.
You can enter individually or as a group of 3.

Winners will get medals and prizes.
All participants will get a model airplane.

15. What is this advertisement for?

    (A) a design fair

    (B) a competition

    (C) a computer lab

    (D) a science book

16. What will the winners NOT get?

    (A) prizes

    (B) medals

    (C) a certificate

    (D) a model airplane

For questions 17 – 18, refer to the following information.

How to Brush Your Teeth

1 Place the brush at a 45° angle to the front tooth surface. Bristles must contact both lines of tooth and gum.

2 Move the brush in a small, jiggling, circular motion.

3 Clean the inside surfaces of the back teeth by moving the brush in a small back and forth motion.

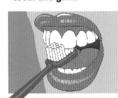

4 Clean the inside surfaces of the front upper teeth by tilting the brush vertically using small up and down strokes.

5 Clean the inside surfaces of the front lower teeth by tilting the brush vertically using small up and down strokes.

6 Move the brush in a back and forth motion to clean the biting surfaces.

17. What do you do immediately after you clean your back teeth?

(A) clean the gum line
(B) clean the biting surfaces
(C) clean the front lower teeth
(D) clean the front upper teeth

18. According to these instructions, which is NOT the right step for brushing your teeth?

(A) You should use up and down strokes for front teeth.
(B) You should use back and forth strokes for back teeth.
(C) You should use back and forth motions for front teeth.
(D) You should use back and forth strokes for biting surfaces.

For questions 19 – 20, refer to the following schedule.

Exploration Camp Schedule

Time	Mon	Tue	Wed	Thu	Fri
7:30 AM	Wake-up				
8:15 AM	Breakfast				
9:00 AM	Creative	Paper Crafts	Creative	Clay	Swimming
9:30 AM	Painting		Paintng	Sculpture	Exhibition
11:00 AM	Swimming	Games	Swimming	Games	Preparation
12:30 PM	Lunch				
1:15 PM	Rest Hour				Visitor's Day
2:30 PM	Nature	Modeling	Nature	Dance	
4:00 PM	Sketch		Sketch		
5:30 PM	Pick-up				

19. How many times do the students swim in a week?

    (A) twice

    (B) three times

    (C) four times

    (D) five times

20. How many kinds of art classes do the students have in a week?

    (A) 3

    (B) 5

    (C) 6

    (D) 8

Directions: You will see various reading materials. Each reading material is followed by questions about it. Choose the best answer to each question.

지시사항 21번부터 30번까지는 다양한 읽기자료에 관련된 문제입니다. 각 읽기자료 다음에는 질문이 제시됩니다. 각 질문에 해당하는 가장 알맞은 답을 고르세요.

For questions 21 - 22, refer to the following passage.

Many people feel uneasy about speaking in front of other people. The biggest reason is that they are worried about making mistakes. Overcoming the fear of speaking in front of other people is very important. Experts recommend the following: first, make a team with people who have similar problems and give presentations in front of them. Then, let the team members point out your mistakes and problems. This can release stress and provide opportunities to practice, which will raise your confidence.

21. According to the passage, what is the biggest reason for people's uneasiness in making a public speech?

   (A) small voices
   (B) time management
   (C) making eye contact
   (D) fear for making mistakes

22. According to the passage, what does the expert suggest to overcome the uneasiness?

   (A) to write down notes
   (B) to speak more loudly
   (C) to present in front of team members
   (D) to read textbooks in an empty room

For questions 23 - 24, refer to the following passage.

There is a famous story about the first president of the United States. When George Washington was young, his father bought him a small axe. Young Washington cut down his father's favorite cherry tree with the hatchet. Later when his father found out and got upset, Washington told him the truth. His father was impressed by Washington's honesty, and forgave him. Surprisingly, later it turned out to be a made-up story. Washington's biographer Mason Locke Weems said he made this up to make his book more interesting.

23. What did George Washington's father buy for him when he was young?

(A) a small axe
(B) a storybook
(C) a biography
(D) a cherry tree

24. Why was George Washington's father impressed by him?

(A) because he was honest
(B) because he was dishonest
(C) because he became president
(D) because he cut down the cherry tree

For questions 25 - 26, refer to the following passage.

Even though September is the ninth month of the year, it comes from the word septem, which means seven in Latin. Similarly, the word octo, whose meaning is eight, forms a part of the name October. November and December also come from Latin words nine and ten, respectively. What's the reason? In the Roman calendar, there were only ten months from March to December. The first two months were added when adopting the modern calendar we use today.

25. What is the origin of the word "November"?

    (A) number seven
    (B) number eight
    (C) number nine
    (D) number ten

26. Which month is NOT in the original Roman calendar?

    (A) May
    (B) April
    (C) February
    (D) December

For questions 27 – 28, refer to the following passage.

Some of the smallest birds in the world are hummingbirds. They got their name from the sound of their beating wings. They flap so fast that the sound can be heard by humans. Amazingly, they can flap from 12 to 90 times per minute. This enables them to fly at speeds over 54km/h. To maintain this rapid beating of their wings, they breathe 250 times per minute and their oxygen consumption is 10 times higher than that of human athletes.

27. Where did the hummingbird's name come from?

    (A) their chirping sound

    (B) the sound it makes during sleep

    (C) the flapping sound of their wings

    (D) the sound of it walking on branches

28. According to the passage, what is NOT true?

    (A) Hummingbirds can fly 54km/h.

    (B) Hummingbirds are known to be small birds.

    (C) Hummingbirds breathe 10 times per second.

    (D) Hummingbirds can beat their wings 50 times per minute.

For questions 29 – 30, refer to the following passage.

Since almonds are mostly seen in a bag at a supermarket, not many people know where they come from. Almonds are stone fruits in the rose family. This means, they grow on trees and are in the same family as peaches and apricots. The tree can grow up to 12 meters tall. Almond trees bear fruit every year, and the fruits are harvested at the end of summer. In scientific terms, they are not nuts but drupes. The almond tree is native to South Asia and the Middle East.

29. According to the passage, what is NOT in the rose family?

(A) peanuts
(B) peaches
(C) apricots
(D) almonds

30. According to the passage, what is NOT true about almonds?

(A) They are a type of fruit.
(B) Almonds grow on tall trees.
(C) Almonds are only sold in supermarkets.
(D) Originally, almonds are from South Asia.

심화문제 유형 및 만점 전략 **4**

① 짚고 넘어가기

"문항을 정확하게 이해했는지 스스로 점검하세요."

정답에 실마리가 되는 핵심 어휘와 표현 및 문장 구조, 정답을 도출해내는 데 결정적 증거가 되는 내용과 논리 등을 제대로 파악했는지 질문을 통하여 능동적으로 확인하도록 합니다.

② 왜 틀렸을까?

"오답 원리를 확실하게 파악하세요."

실제 정답률 분석을 통하여 다수의 수험자가 오답을 고르게 된 핵심 원인을 설명하고, 이에 따른 올바른 문제 접근 방식을 제공합니다. 수험자들은 오답 원리를 공부하며 자신의 문제 풀이를 점검하고 더욱더 수준 높은 문제 접근 원리를 터득합니다.

③ 이렇게 공부하세요!

"영어 학습 방향을 똑바로 잡으세요."

문항과 관련하여 좀 더 고차원적이고 심도 있는 영어 학습 방향을 제시합니다.

④ 알짜 노트

"추가 정보와 함께 심화 학습을 완성하세요."

문항과 관련하여 별도의 학습 내용을 제공합니다.

W: James and I are planning to travel across Europe this summer. We want to visit historical sites that we learned about in our history class. James's uncle will guide us in Europe. His uncle lived in Rome for more than 10 years, and he studied European history in university. I can't wait to go. I think I will learn a lot from the trip.

정답률 31.71%

21. According to the passage, what is true?

    (A) James's aunt planned the trip.

    (B) James lived in Europe for 10 years.

    (C) The girl studied history in the university.

    (D) The girl expects this trip to be educational.

✓❷ 짚고 넘어가기

    ✓❶ 본문의 내용과 일치하는 선지를 고르는 문제임을 파악했나요?

    ✓❷ 'educational'이 '교육적인'이라는 것을 알았나요?

❓ 왜 틀렸을까?

본문의 내용과 일치하는 선지를 고르는 문제로, 본문에서 언급된 내용을 모두 확실하게 파악해야 풀 수 있는 문제입니다. 특히 이 문제에서는 James, I, James's uncle 이라는 세 명의 등장인물과 그 인물들에 대한 정보가 나오기 때문에 이를 잘 파악하지 못하면 오답을 고를 수도 있습니다. 실제로 정답을 고른 학생들보다 더 많은 수의 학생들이 (C)를 골랐습니다. 대학교에서 역사를 공부한 것은 화자인 'the girl'이 아니라 James's uncle인데, 이 점을 헷갈린 학생들이 많은 듯 합니다. 어떤 등장인물에 대한 정보인지 확실히 들어야만 맞출 수 있는 문제여서, 제대로 듣지 못하거나 헷갈린 학생들이 많았습니다.

❗ 이렇게 공부하세요!

등장인물과 그에 대한 정보가 헷갈리지 않도록 간단하게 메모하면서 듣는 연습을 해보세요.

W: Taking a cold shower in the morning may sound unpleasant to some people. However, it actually can help improve your day. Once you run cold water onto your body, your heart rate increases, and blood travels more quickly. This makes you be more alert and boosts your energy. That's why it is recommended to add a cold shower in your morning routine.

정답률 30.98%

25. According to the passage, what is true?

(A) A cold shower can decrease the heart rate.
(B) A cold shower can boost blood circulation.
(C) A cold shower can increase body temperature.
(D) A cold shower can prevent high blood pressure.

 짚고 넘어가기

✔❶ 본문의 내용과 일치하는 선지를 고르는 문제임을 파악했나요?
✔❷ 'heart rate'는 '심박동수', 'blood circulation'은 '혈액순환', 'blood pressure'은 '혈압'을 뜻한다는 걸 알았나요?
✔❸ 지문이 찬물 샤워의 장점에 대해 말하고 있다는 것을 파악했나요?

? 왜 틀렸을까?

본문의 내용과 일치하는 선지를 고르는 문제로, 본문에서 언급된 내용을 모두 확실하게 파악해야 풀 수 있는 문제입니다. 지문에서는 찬물 샤워의 장점을 심박동수가 증가해서 혈액순환을 증진시키고, 더 기민한 상태로 만들어주며, 기운을 돋워준다고 말하고 있습니다. 이 중 하나라도 의미를 제대로 파악하지 못하거나 헷갈렸다면 오답을 고를 수 있는 문제입니다. 정답을 고른 학생들만큼이나 많은 학생들이 (A)와 (C)를 골랐습니다. (A)는 'decrease'가 지문과 반대되는 내용이기 때문에, (C)는 체온에 대한 언급은 없었기 때문에 오답입니다.

정답률 32.30%

4. A: _____ during summer vacation?

B: We're going to visit Guam for about a week. 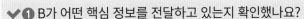❶

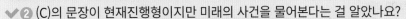❸

(A) What will you bring

(B) Who is going with you

(C) Where is your family going ✔❷

(D) When will your family leave

✔ 짚고 넘어가기

✔❶ B가 어떤 핵심 정보를 전달하고 있는지 확인했나요?

✔❷ (C)의 문장이 현재진행형이지만 미래의 사건을 물어본다는 걸 알았나요?

✔❸ B의 대답에서 사용된 'for'의 의미를 정확히 알았나요?

? 왜 틀렸을까?

B는 여름 방학 때 괌에 간다는 것과 거기서 일주일 정도 머무를 것이라는 두 가지 핵심 정보를 전달하고 있습니다. 이런 대답을 이끌어내려면 어떤 질문을 해야 할까요? 핵심 정보를 콕 집어 물어보는 '어디에 갈 거야'나 '얼마 동안 있을 거야' 등의 표현이 들어간 질문이 적절하겠지요. 하지만 적지 않은 학생들이 (D)를 골랐습니다. 아마도 시간에 관련한 표현 'for about a week'이 들어가 있어 헷갈렸나 봅니다. 'for about a week'은 '일주일쯤 동안'이라는 뜻으로 기간을 나타내는 표현입니다. 'when'은 일이 일어나는 정확한 시간과 때를 물어볼 때 사용하는 의문사이니 (D)가 정답이 되려면 'for about a week'이 아니라 'in about a week'(일주일쯤 후에)이 돼야 더 적절할 것입니다. 그러면 정답은 무엇일까요? B가 전달해준 또 다른 정보에 집중해 보세요. 바로 괌에 간다는 사실입니다. 그렇다면 'where'(어디)을 사용해서 물어볼 수 있겠죠? 혹시 (C)가 현재진행형이라 정답이 될 수 없다고 생각했나요? 현재진행형 문장은 때로는 미래의 일을 나타낼 수 있답니다.

" 알짜 노트

기간을 물어보는 의문사는 무엇일까요? 바로 'how long'(얼마나 오래)이 있습니다. 그러면 when과 how long의 차이를 알아볼까요?

When : 정확한 시간과 때를 물어볼 때
When will you visit Africa?
(아프리카에 언제 갈 거야?)

How long : 무엇이 얼마나 지속하는 지 시간의 길이를 물어볼 때
How long will you stay in Africa?
(아프리카에 얼마나 있을 거야?)

Exploration Camp Schedule

Time	Mon	Tue	Wed	Thu	Fri
7:30 AM	Wake-up				
8:15 AM	Breakfast				
9:00 AM	Creative	Paper Crafts	Creative	Clay	Swimming
9:30 AM	Painting		Paintng	Sculpture	Exhibition
11:00 AM	Swimming	Games	Swimming	Games	Preparation
12:30 PM	Lunch				
1:15 PM	Rest Hour				Visitor's Day
2:30 PM	Nature	Modeling	Nature	Dance	
4:00 PM	Sketch		Sketch		
5:30 PM	Pick-up				

정답률 30.03%

✔❶

20. How many kinds of art classes do the students have in a week?

(A) 3

(B) 5

(C) 6

(D) 8

✅ 짚고 넘어가기

✔❶ 일주일에 몇 개의 미술 수업 종류가 있는지 물어보는 문제임을 파악했나요?

✔❷ Creative Painting, Nature Sketch, Paper Crafts, Modeling, Clay sculpture, Exhibition Preparation이 모두 미술 수업의 종류임을 알았나요?

❓ 왜 틀렸을까?

미술 수업의 종류가 몇 개인지를 세어야 하는 문제로, 어떤 것이 미술 수업인지 파악하지 못한다면 오답을 고를 수 있는 문제입니다. 시간표에서 Creative Painting, Nature Sketch, Paper Crafts, Modeling, Clay sculpture, Exhibition Preparation이 모두 미술 수업에 해당됩니다. 'modeling'은 '모형 제작', '조형' 수업을 말합니다. 'Exhibition Preparation'도 전시회 준비 수업이기때문에 미술 수업에 해당됩니다. 이 중에서 하나라도 빠뜨렸다면 오답을 고를 수 있습니다. 실제로 많은 학생들이 (B)를 골랐습니다.

Even though September is the ninth month of the year, it comes from the word septem, which means seven in Latin. Similarly, the word octo, whose meaning is eight, forms a part of the name October. November and December also come from Latin words nine and ten, respectively. What's the reason? In the Roman calendar, there were only ten months from March to December. The first two months were added when adopting the modern calendar we use today.

정답률 43.65%

26. Which month is NOT in the original Roman calendar?

(A) May

(B) April

(C) February

(D) December

✓ 짚고 넘어가기

✓❶ 'adopt'의 뜻을 알았나요?

✓❷ 정답에 관한 단서를 찾는 핵심 어구인 'in the Roman calendar'에 집중했나요?

✓❸ 'the first two months'의 정체를 파악했나요?

? 왜 틀렸을까?

본문에 2월 ('February')이 직접 언급되지 않아 쉽지 않은 문항이었습니다. 주어진 내용을 한 번 더 생각해서 정답을 찾아야 하는 문제였습니다. 이럴 때는 질문에서 로마력에 관해 물었으니 로마력이 언급된 문장에 집중하는 것이 가장 현명한 문제 접근 방식입니다. 로마력이 언급된 문장은 바로 'In the Roman calendar, there were only ten months from March to December' 문장인데요. 여기서 로마력에는 3월에서 12월까지의 달밖에 없었다는 사실을 말해주고 있습니다. 그렇다면 로마력에 없는 달은 바로 1월과 2월이겠지요. 뒤 문장에서 1월과 2월을 'the first two months'라고 표현하며 이 둘이 나중에 추가됐다는 뒷받침 정보를 더하고 있습니다. 이런 글의 짜임새를 파악하지 못한 학생들이 오답을 골랐습니다.

Actual Test 5

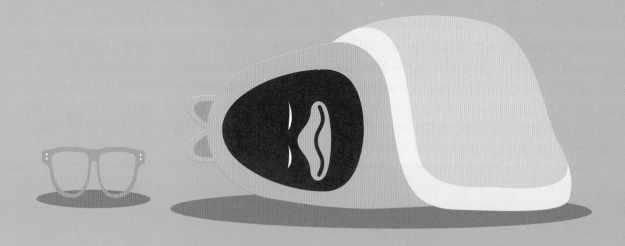

Section I

Listening and Speaking

Part **A** *Listen and Respond*

10 Questions

Part **B** *Listen and Retell*

15 Questions

Part **C** *Listen and Speak*

5 Questions

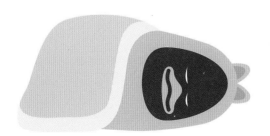

Directions: You will hear English sentences and answer choices (A), (B), (C), and (D). The sentences and the choices will be spoken TWICE. Listen carefully and choose the most suitable answer.

지시사항 1번부터 10번까지는 영어문장을 듣고, 들은 말에 대한 가장 알맞은 대답을 고르는 문제입니다. 영어질문과 보기는 **두 번** 들려주며 (A), (B), (C), (D) 중에서 하나를 고르세요. Ⓐ

1. Mark your answer on your answer sheet.

2. Mark your answer on your answer sheet.

3. Mark your answer on your answer sheet.

4. Mark your answer on your answer sheet.

5. Mark your answer on your answer sheet.

6. Mark your answer on your answer sheet.

7. Mark your answer on your answer sheet.

8. Mark your answer on your answer sheet.

9. Mark your answer on your answer sheet.

10. Mark your answer on your answer sheet.

Directions: You will hear short talks or conversations. They will be spoken TWICE. Listen carefully, read each question and choose the best answer.

지시사항 11번부터 25번까지는 짧은 대화나 이야기를 **두 번** 듣고, 주어진 질문에 가장 알맞은 답을 고르는 문제입니다.

11. What will the boy do next?

    (A) get a cup of tea
    (B) bring his English notes
    (C) finish his household chores
    (D) solve the math problem again

12. Whose family is probably NOT coming to the party?

    (A) Suzie's family
    (B) the girl's family
    (C) the boy's family
    (D) Uncle Peter's family

13. What will the boy and the girl do?

    (A) go to the farm
    (B) go to the market
    (C) make pie for dessert
    (D) buy apple pie from a bakery

14. Why can't the girl go on Thursday?

    (A) because she has a game

    (B) because she is not feeling well

    (C) because she has a visitor at home

    (D) because she has a test on Friday

15. What does the boy suggest the girl do?

    (A) go to the bookstore

    (B) go to the city library

    (C) go to the school library

    (D) borrow the book from a friend

16. What will the boy and the girl do next?

    (A) go to bed

    (B) study in the room

    (C) get something to eat

    (D) go outside and take a rest

17. How much did the girl pay for the bag?

    (A) $ 15

    (B) $ 25

    (C) $ 50

    (D) $ 100

[18-19]

18. Where is Jennifer from?

   (A) France

   (B) England

   (C) Canada

   (D) Mexico

19. According to the talk, what is NOT true?

   (A) Jennifer loves to play baseball.

   (B) Jennifer has a sister named Lizzy.

   (C) Jennifer can speak two languages.

   (D) Jennifer is a new student at school.

[20-21]

20. What is this announcement about?

   (A) a science movie

   (B) a new 4D camera

   (C) history of the Earth

   (D) science competition

21. How long is the movie?

   (A) 30 minutes

   (B) 60 minutes

   (C) 90 minutes

   (D) 120 minutes

[22-23]

22. What is the man mainly talking about?

    (A) types of materials for art

    (B) types of musical instruments

    (C) types of plants used for paints

    (D) types of popular songs nowadays

23. According to the talk, what is true?

    (A) Any material can be used to create art.

    (B) Artists that use fire are called magicians.

    (C) Paper should always be used to make art.

    (D) Paint is not used anymore to paint pictures.

[24-25]

24. What is true about the Khasis people?

    (A) They live near rivers.

    (B) They build iron bridges.

    (C) They are an Australian tribe.

    (D) They can be found in mountains.

25. How long does it take for a bridge to carry people?

    (A) 10 years

    (B) 15 years

    (C) 50 years

    (D) 100 years

Directions: You will hear conversations in English. They will be spoken TWICE. After you listen to the conversations, read each question and choose the best response to what the last speaker says.

지시사항 26번부터 30번까지는 대화를 영어로 **두 번** 듣고, 대화의 마지막 질문이나 마지막 말 뒤에 이어질 가장 알맞은 응답을 주어진 질문에 맞게 고르는 문제입니다.

26. What's next?

   (A) Yes, I've been coughing all day.

   (B) No, the window seat is still open.

   (C) Yes, it is colder than the summer season.

   (D) No, the rain stopped before we headed out.

27. What's next?

   (A) I picked a yellow ball.

   (B) But you said four o'clock.

   (C) I have lunch around noon.

   (D) School finishes at four thirty.

28. What's next?

   (A) I watched TV till very late.

   (B) I am very happy to hear that.

   (C) "The Sleeping Beauty" is my favorite movie.

   (D) Walking 30 minutes a day is enough for a day.

29. What's next?

     (A) Who made the pie?

     (B) What are you eating?

     (C) Would you like a piece?

     (D) What are you looking for?

30. What's next?

     (A) It's five dollars per box.

     (B) You look very pretty, too.

     (C) My aunt is getting married.

     (D) How are you getting there?

Section II

Reading and Writing

Part **A** *Sentence Completion*
5 Questions

Part **B** *Situational Writing*
5 Questions

Part **C** *Practical Reading and Retelling*
10 Questions

Part **D** *General Reading and Retelling*
10 Questions

Directions: You will see conversations with blanks. Read carefully and choose the one which best completes the blanks.

지시사항　1번에서 5번까지는 빈칸을 알맞게 채워 대화를 완성하는 문제입니다. 가장 알맞은 답을 고르세요.

1. A: How long is _____ summer vacation?
   B: It's two months.

   (A) you
   (B) your
   (C) yours
   (D) yourselves

2. A: This is your jacket, _____?
   B: No, mine's over here.

   (A) is this
   (B) are they
   (C) isn't this
   (D) aren't they

3. A: Dinner is almost ready.
   B: Thank you! I was _____!

   (A) starve
   (B) starves
   (C) starving
   (D) has been starved

4. A: Where did you get your necklace?
   B: This _____ me on my birthday by Amy.

   (A) given
   (B) giving
   (C) was given
   (D) was given to

5. A: Do you know _____ this rain will stop?
   B: Probably an hour later.

   (A) how
   (B) who
   (C) when
   (D) which

Directions: You will see pictures and incomplete sentences. Choose the one which best completes the sentences.

지시사항 6번부터 10번까지는 그림을 보고 문장을 완성하는 문제입니다. 가장 알맞은 답을 고르세요.

6.

The man is _____ heavy boxes.

    (A) lifting
    (B) crying
    (C) looking
    (D) enjoying

7.

The women are _____ clothes.

    (A) selling at

    (B) leaving for

    (C) carrying out

    (D) shopping for

8.

The sky is _____.

    (A) blue and clear

    (B) green and crisp

    (C) grey and stormy

    (D) blue and cloudy

9.

The police officer is standing _____ the police car.

    (A) beside

    (B) behind

    (C) on top of

    (D) in front of

10.

The boy is observing the butterfly _____.

    (A) fastly

    (B) largely

    (C) seemly

    (D) closely

Directions: You will see practical reading materials. Each reading material is followed by questions about it. Choose the best answer to each question.

지시사항 11번부터 20번까지는 실용적 읽기자료에 관련된 문제입니다. 각 읽기자료 다음에는 질문이 제시됩니다. 각 질문에 해당하는 가장 알맞은 답을 고르세요.

For questions 11 – 12, refer to the following information.

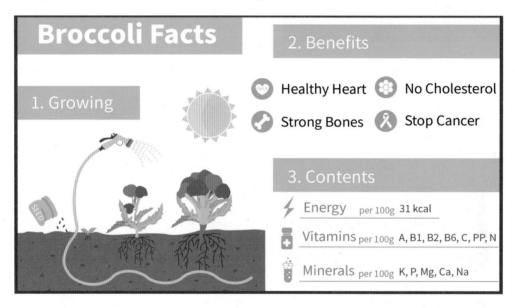

11. What is NOT required to grow broccoli?

    (A) sun
    (B) trees
    (C) earth
    (D) water

12. What can be inferred from above information?

    (A) Broccoli can help increase cancer risks.
    (B) Broccoli has a high content of cholesterol.
    (C) Broccoli contains more than five kinds of vitamins.
    (D) Broccoli contains fewer than three kinds of minerals.

For questions 13 – 14, refer to the following information.

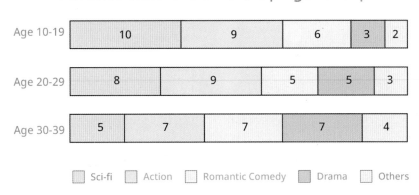

Favorite Movie Genres, by Age Group

Age 10-19	10	9	6	3	2
Age 20-29	8	9	5	5	3
Age 30-39	5	7	7	7	4

Sci-fi   Action   Romantic Comedy   Drama   Others

13. According to the chart, which of the following is true?

(A) The preference of the sci-fi genre increases with age.

(B) Action is the most popular movie genre in all age groups.

(C) One third of respondents aged 10 to 19 like romantic comedy.

(D) The drama genre is more popular in the 30s age group than in the 20s.

14. Overall, what's the most popular movie genre?

(A) sci-fi

(B) action

(C) drama

(D) romantic comedy

For questions 15 – 16, refer to the following information.

15. What is the final step in buying a cupcake from the Cupcakes Machine?

(A) choosing a size

(B) making payment

(C) baking a cupcake

(D) taking the cupcake out

16. Which of the following is most expensive?

(A) a mini size red velvet cupcake with no toppings paid in cash

(B) a standard size strawberry cupcake with sugar pearls paid by credit card

(C) a large size chocolate cupcake with chocolate sprinkles paid with no membership

(D) a standard size red velvet cupcake with nuts and sugar pearls with a membership

For questions 17 – 18, refer to the following information.

8 Ways to Help Your Hair Grow Faster

1. Use castor oil.
2. Take vitamin and herbal supplements.
3. Massage your scalp.
4. Comb your hair upside down.
5. Stay stress-free.
6. Whip up an egg mask.
7. Infuse your hair with herbs.
8. Eat a healthy diet rich in protein, vitamins, and minerals.

17. According to the passage, what is NOT an ingredient that helps your hair to grow faster?

    (A) canola oil
    (B) vitamin pills
    (C) whipped eggs
    (D) mineral water

18. If each recommendation helps hair grow the same amount, whose hair will grow the fastest?

    (A) Sam, massages his foot with castor oil and eats eggs regularly
    (B) Judy, drinks protein shakes every day and gets stressed from work
    (C) Marilyn, brushes her hair upside down and puts on an egg mask at night
    (D) Todd, drinks vitamin water and massages his shoulders with herbal extract

For questions 19 – 20, refer to the following information.

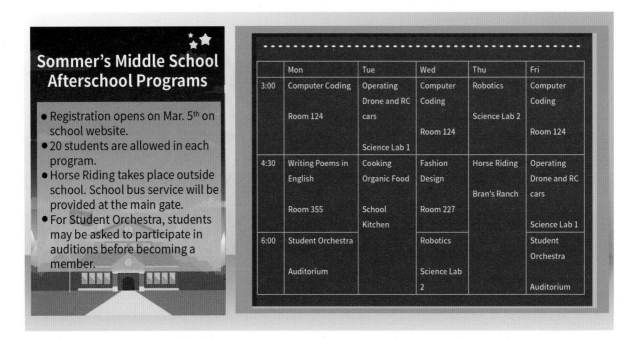

Sommer's Middle School Afterschool Programs

- Registration opens on Mar. 5th on school website.
- 20 students are allowed in each program.
- Horse Riding takes place outside school. School bus service will be provided at the main gate.
- For Student Orchestra, students may be asked to participate in auditions before becoming a member.

	Mon	Tue	Wed	Thu	Fri
3:00	Computer Coding Room 124	Operating Drone and RC cars Science Lab 1	Computer Coding Room 124	Robotics Science Lab 2	Computer Coding Room 124
4:30	Writing Poems in English Room 355	Cooking Organic Food School Kitchen	Fashion Design Room 227	Horse Riding Bran's Ranch	Operating Drone and RC cars Science Lab 1
6:00	Student Orchestra Auditorium		Robotics Science Lab 2		Student Orchestra Auditorium

19. Where should the students sign up for Robotics?

(A) on the website

(B) at the auditorium

(C) in the science lab

(D) in classroom 124

20. According to the above information, what is true?

(A) Classes begin on March 5th.

(B) All classes are offered in the school.

(C) Two Drone and RC car classes are offered in a week.

(D) There are 10 different kinds of subjects in the afterschool program.

Directions: You will see various reading materials. Each reading material is followed by questions about it. Choose the best answer to each question.

지시사항 21번부터 30번까지는 다양한 읽기자료에 관련된 문제입니다. 각 읽기자료 다음에는 질문이 제시됩니다. 각 질문에 해당하는 가장 알맞은 답을 고르세요.

For questions 21 – 22, refer to the following passage.

Films made before the 1920s are a different form of art than today. The films were mostly silent films. They had no sound. To be exact, the films do not contain any spoken lines but the theater plays music in the background. No speech sounds are present in the film. Instead, actors act with exaggerated gestures and facial expressions for audiences to follow their story line. In some cases, written information such as title cards or intertitles was added to help convey the message. Due to the lack of technology, the ways to communicate were more creative and rule breaking.

21. According to the passage, what is true about films made before 1920s?

    (A) They had no actors.

    (B) They used a form of spoken language.

    (C) They sometimes had written information.

    (D) The theater design was very old fashioned.

22. According to the passage, what can be inferred about actors in the silent films?

    (A) They acted more dramatically.

    (B) They played musical instruments.

    (C) The actors mostly used monologues.

    (D) There was only one actor in one movie.

For questions 23 - 24, refer to the following passage.

Can frogs live on land? The answer is both yes and no. Frogs can live both on land and in water. Frogs lay eggs in the water. They spend most of their time in the water when they are very young. As they become adults, they mostly live on land. However, they remain close to the water because their skin dries out very easily. For this reason, frogs are called amphibians. The term means two-lives, and signifies that they can live both in water and on land. Toads, newts, and salamanders are also amphibians.

23. According to the passage, which of the following sentences is true?

    (A) Frogs spend most of their lives in water.

    (B) Frogs live near water to keep their skin wet.

    (C) Some frogs live only in land and some only in water.

    (D) Frogs are called amphibians because of how they look.

24. Based on context from the passage, what is an amphibian?

    (A) It is a kind of animal that lives in two places.

    (B) It is a kind of animal that lives deep in the ocean.

    (C) It is a kind of animal that changes homes based on place.

    (D) It is a kind of animal that changes colors based on temperature.

For questions 25 – 26, refer to the following passage.

On August 21ˢᵗ 1911, one of the most famous paintings in the world by Leonardo da Vinci, the *Mona Lisa* was stolen from the Louvre Museum in Paris. It was not until twenty four hours later that someone noticed the painting was missing. There were many suspects. Among the many suspects was Pablo Picasso. No evidence was found. Two years later, the real thief was caught. He was an Italian man, named Vincenzo Peruggia, who worked at the Louvre. Since then, the *Mona Lisa* has hung in the Louvre safely.

25. Who stole *Mona Lisa*?

    (A) Pablo Picasso
    (B) Vincenzo Peruggia
    (C) Leonardo da Vinci
    (D) Guillaume Apollinaire

26. According to the passage, what is true?

    (A) The painting was recovered in 1911.
    (B) *Mona Lisa* was painted by a French artist.
    (C) The thief was caught after twenty four hours.
    (D) The painting still hangs in the Louvre till this day.

An idiom that describes a heavy rain is the phrase "raining cats and dogs". Of course, it does not mean cats and dogs fall down from the sky. Although there seems to be many origins, the most recognized origin dates back to the 17th century. In London, there were many homeless cats and dogs in the streets. When it rained hard, they would drown or float around in the water. Having seen this sight after a heavy rain, people made up this idiom.

27. When do you use the expression, "It's raining cats and dogs."?

    (A) when it rains really hard

    (B) when cats and dogs float in water

    (C) when the rain stops all of a sudden

    (D) when cats and dogs play together in rain

28. In which place did the expression likely originate?

    (A) in Austria

    (B) in London

    (C) in Saltsburg

    (D) in Amsterdam

For questions 29 – 30, refer to the following passage.

Fast food is a common term these days that most people use in everyday life. But have you heard of the term, slow food? Slow food emerged as a movement against fast food chains, in the mid 1980's. With the growth of global food chains, significant sectors of local food production and supply systems were upset. In response to fast food, slow food promotes healthy traditional recipes and cooking styles. Although some people argue that it adds extra burden for people when preparing food, it contributes to sustainable food systems and healthy diets.

29. According to the passage, what is the benefit of slow food?

   (A) It is more convenient to prepare.
   (B) It is a more global way of eating.
   (C) It uses less energy and is eco-friendly.
   (D) It revives traditional food culture and styles.

30. What can be inferred about the food of fast food chains?

   (A) The food is very difficult to prepare.
   (B) The food promotes local agriculture.
   (C) The food is not beneficial for one's health.
   (D) The food is cooked with traditional recipes.

심화문제 유형 및 만점 전략 5

① 짚고 넘어가기

"문항을 정확하게 이해했는지 스스로 점검하세요."

정답에 실마리가 되는 핵심 어휘와 표현 및 문장 구조, 정답을 도출해내는 데 결정적 증거가 되는 내용과 논리 등을 제대로 파악했는지 질문을 통하여 능동적으로 확인하도록 합니다.

② 왜 틀렸을까?

"오답 원리를 확실하게 파악하세요."

실제 정답률 분석을 통하여 다수의 수험자가 오답을 고르게 된 핵심 원인을 설명하고, 이에 따른 올바른 문제 접근 방식을 제공합니다. 수험자들은 오답 원리를 공부하며 자신의 문제 풀이를 점검하고 더욱더 수준 높은 문제 접근 원리를 터득합니다.

③ 이렇게 공부하세요!

"영어 학습 방향을 똑바로 잡으세요."

문항과 관련하여 좀 더 고차원적이고 심도 있는 영어 학습 방향을 제시합니다.

④ 알짜 노트

"추가 정보와 함께 심화 학습을 완성하세요."

문항과 관련하여 별도의 학습 내용을 제공합니다.

M: The Khasis people are an Indian tribe. They live deep inside the valleys in northeast India, near rivers and streams. They are famous for creating 'living bridges' made of tree roots. The root bridges were a solution to wooden bridges which kept on breaking. The bridge takes about 15 years to get strong enough to carry people, and more than 50 people can use the bridge at the same time. Some are more than 100 years old and the tradition continues today.

정답률 47.91% ✔❶

24. What is **true** about the Khasis people?

(A) They live near rivers.
(B) They build iron bridges.
(C) They are an Australian tribe.
(D) They can be found in mountains.

짚고 넘어가기

✔❶ 지문의 내용과 일치하는 선지를 고르는 문제임을 파악했나요?
✔❷ 인도의 카시스 부족 사람들이 만든 다리에 대해 말하고 있는 지문이라는 걸 파악했나요?

❓ 왜 틀렸을까?

언급된 지문의 내용과 일치하는 선지를 고르는 문제로, 내용을 완전히 잘 듣지 못했거나 문장이 헷갈렸다면 오답을 고를 수도 있는 문제입니다. 지문은 인도의 카시스 부족 사람들이 나무 뿌리로 만든 '살아있는 다리'에 대해 말하고 있습니다. 만약 'Indian tribe'를 듣지 못했다면 (C)를 고를 수도 있습니다. 또한, (D)의 경우, 카시스 부족은 강이나 개울 근처 계곡에서 산다고 언급되었는데, 이를 산으로 착각했을 경우에 고를 수도 있는 답입니다. 상당수의 학생들이 (C)와 (D)를 답으로 골랐습니다.

❗ 이렇게 공부하세요!

많은 정보를 전달하고 있는 지문을 제시해주고, 지문의 내용과 일치하거나 일치하지 않는 선지를 고르는 문제는 항상 나오는 문제 유형입니다. 헷갈리거나 다 기억하지 못할 수도 있으니 문제를 들으면서 간단하게 메모하는 습관을 기르면 정답을 고르는데 도움이 됩니다.

> M: Jill, do you want me to pick you up after school?
> G: What time can you pick me up, Dad?
> M: I can get there by four.

정답률 63.93%

27. What's next?

(A) I picked a yellow ball.
(B) But you said four o'clock.
(C) I have lunch around noon.
(D) School finishes at four thirty.

 짚고 넘어가기

✔❶ 딸과 아버지가 언제 학교에 데리러 갈 지에 대해 말하고 있다는 걸 파악했나요?
✔❷ 'by', 'o'clock', 'around', 'at' 등과 같은 시간과 관련된 전치사들의 의미를 정확하게 알고 있나요?

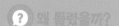 왜 틀렸을까?

남자의 마지막 말에 이어질 대답을 고르는 문제입니다. 소녀가 아버지에게 언제 데려올 수 있는지 물었고, 이에 남자는 4시까지 갈 수 있다고 대답했습니다. 정답인 (D)의 의도는 학교가 4시 30분에 끝나니 4시 30분까지 오라고 말하는 것입니다. 이러한 의도를 읽어내지 못했다면 오답을 고를 수도 있습니다. 만약 (B)의 'but'을 제대로 보지 못했다면 (B)를 고를 수도 있습니다. 'but'은 역접의 접속사로, 앞에 나온 내용과 반대의 말이 나와야 하는데 앞에 남자가 말한 내용을 그대로 다시 말하고 있는 선지이기 때문에 오답입니다. 실제로 많은 학생들이 (B)를 답으로 골랐습니다.

정답률 38.51%

5. A: I have no idea when this rain will stop.

B: I have no idea _____.

   (A) both
   (B) more
   (C) either
   (D) neither

✅ 짚고 넘어가기

✔❶ 빈칸의 위치가 목적어 다음이라는 걸 파악했나요?

✔❷ 빈칸이 있는 문장에 'no'가 이미 있다는 걸 파악했나요?

✔❸ B가 A의 말에 자신도 그러하다고 동의하는 대화임을 파악했나요?

✔❹ 'either'와 'neither'의 쓰임의 차이를 알고있나요?

❓ 왜 틀렸을까?

빈칸의 위치가 주어, 동사, 목적어의 필수 문장 성분이 이미 나온 다음에 나왔다는 것을 먼저 파악해야 합니다. 그 다음에 어떤 대화 상황인지 살펴보면, A가 비가 언제 그칠지 모른다고 했고, B도 똑같이 'I have no idea'라고 말한 것으로 보아, B도 모른다고 대답해야 함을 알 수 있습니다. 이 때, 이미 'no'가 있기 때문에 부정의 뜻을 포함하고 있는 (D) 'neither'을 쓰면 안됩니다. 'no'가 있다는 것을 파악하지 못했거나, 'neither'이 이미 부정의 뜻을 포함하고 있다는 것을 알지 못했다면 오답을 고를 수도 있는 문제입니다. 'neither'을 쓰면서, 나도 비가 언제 그칠지 모르겠다고 대답하려면 'Me neither.'이나 'Neither do I.'라고 대답해야 합니다. 정답인 (C)를 고른 학생들만큼이나 많은 학생들이 (D)를 골랐습니다.

💬 알짜 노트

'either'와 'neither' 쓰임새 구분하기

either
(1) (둘 중) 어느 하나 → either A or B
(2) '마찬가지야'라는 뜻으로 부정문 뒤에 추가해서 씁니다.
   예) I have no idea, either. (나도 모르겠어.)

neither
(1) 둘 다 아닌 경우 → neither A nor B
(2) 표현 자체에 부정의 의미가 스며들어있어 문장을 부정문으로 만들며 '~도 마찬가지야'라는 뜻으로 씁니다.
   예) Neither can I. (나도 할 수 없어.)

Sommer's Middle School Afterschool Programs

- Registration opens on Mar. 5th on school website. 2
- 20 students are allowed in each program.
- Horse Riding takes place outside school. School bus service will be provided at the main gate.
- For Student Orchestra, students may be asked to participate in auditions before becoming a member.

	Mon	Tue	Wed	Thu	Fri
3:00	Computer Coding Room 124	Operating Drone and RC cars Science Lab 1	Computer Coding Room 124	Robotics Science Lab 2	Computer Coding Room 124
4:30	Writing Poems in English Room 355	Cooking Organic Food School Kitchen	Fashion Design Room 227	Horse Riding Bran's Ranch	Operating Drone and RC cars Science Lab 1
6:00	Student Orchestra Auditorium		Robotics Science Lab 2		Student Orchestra Auditorium

정답률 16.99%

19. Where should the students sign up for Robotics?

(A) on the website
(B) at the auditorium
(C) in the science lab
(D) in classroom 124

짚고 넘어가기

✔❶ 수업을 '등록하는' 장소를 물어보고 있다는 걸 파악했나요?
✔❷ 모든 방과후 수업의 등록은 웹사이트에서 해야 한다는 걸 파악했나요?

? 왜 틀렸을까?

로봇 공학 수업을 진행하는 장소가 아니라 수업을 등록하는 장소를 물어보고 있음에 유의해야 합니다. 'Registration opens on Mar. 5th on school website.'을 통해 모든 방과후 수업은 웹사이트에서 등록해야 함을 파악해야 풀 수 있는 문제입니다. 만약 로봇 공학 수업을 진행하는 장소 (과학 실험실)와 헷갈렸다면 (C)를 고를 수도 있습니다. 실제로 상당수의 학생들이 (C)를 답으로 골랐습니다.

Films made before the 1920s are a different form of art than today. The films were mostly silent films. They had no sound. To be exact, the films do not contain any spoken lines but the theater plays music in the background. No speech sounds are present in the film. Instead, 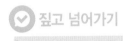 actors act with exaggerated gestures and facial expressions for audiences to follow their story line. In some cases, written information such as title cards or intertitles was added to help convey the message. Due to the lack of technology, the ways to communicate were more creative and rule breaking.

정답률 30.78%

22. According to the passage, what can be inferred about actors in the silent films?

(A) They acted more dramatically.
(B) They played music instruments.
(C) The actors mostly used monologues.
(D) There was only one actor in one movie.

✅ 짚고 넘어가기

✔❶ 무성영화에서의 배우들의 특징을 정리하며 읽었나요?

❓ 왜 틀렸을까?

추론 문제이므로 지문과 일치하는 내용을 찾기 보다는 지문의 내용을 유사한 단어를 사용하여 다시 표현한 것을 찾아야 합니다. 무성영화는 배우들의 대사 소리가 없어 관객들이 줄거리를 따라올 수 있도록 배우들이 과장된 손짓과 표정으로 연기한다고 했습니다. 이는 곧 바꿔말하면 배우들이 더 극적으로 연기했다는 말로 바꿔 말할 수 있습니다. (B)의 경우, 극장에서 배경음악을 틀어준다고 한 것이 배우들이 악기를 연주했다는 말은 될 수 없으므로 오답입니다. (C)의 경우, 배우들은 대사를 전혀 하지 않았다고 했기 때문에 배우가 혼자서 말하는 '독백' 또한 사용하지 않아야 하므로 오답입니다.

❗ 이렇게 공부하세요!

추론 문제에서는 같은 단어를 찾기 보다는 유사한 단어를 찾아 의미가 맞는지 확인하고, 비슷한 의미를 가지는 단어를 숙지합니다.

Appendix

abroad	ad. 해외로
absorb	v. 흡수하다
abstract painting	추상화
accident	n. 사고
according to	prep. ~에 따르면
admission	n. 입장
adopt	v. 채택하다
advanced	adj. 숙련된, 진보한
afraid	adj. 두려워하는
after school activity	방과후 활동
ahead	ad. 미리, 앞서
alert	adj. 기민한; 정신이 또렷한
algebra	n. 대수학
alike	adj. 닮은
all at once	한 번에, 한꺼번에
almost	ad. 거의
altogether	ad. 총, 모두
amphibian	n. 양서류
annex	n. 부속 건물, 별관
anniversary	n. 기념일
announce	v. 발표하다
annual	adj. 매년의, 연례의
appointment	n. 약속
appreciate	v. 감사하다
archery	n. 양궁

ascend	v. 올라가다
assignment	n. 숙제, 과제
astronaut	n. 우주 비행사
athelete	n. 운동선수
attend	v. 참석하다
attract	v. 주의를 끌다, 유혹하다
average	n. 평균
awful	adj. 끔찍한
axe	n. 도끼

B

back office	n. 백 오피스
back tooth	n. 어금니
bamboo	n. 대나무
bandage	n. 반창고
bargain	n. 저렴한 물건
basic right	n. 기본권
be afraid of	~를 두려워하다
be good at	~를 잘하다
be made into	~ 상태로 만들어지다
be supposed to	~하기로 되어 있다
belong to	~에 속하다
below	prep. 아래에
bill	n. 계산서
biographer	n. 전기 작가
blanket	n. 담요
blow out	(불꽃 등이) 꺼지다

board	v. 탑승하다	chore	n. 일
borrow	v. 빌리다	church	n. 교회
bow	v. 고개를 숙이다, 절하다	cicada	n. 매미
bowl	n. 그릇	classical	adj. 고전적인
breathe	v. 숨쉬다	claw	n. (동물, 새의) 발톱
bring down	~을 낮추다, 줄이다	clerk	n. 점원
broom	n. 빗자루	climb	v. 오르다, 등반하다
build	v. 짓다	cloth	n. 천, 직물
bump	v. 부딪치다	clothes line	n. 빨랫줄

C

		clumsy	adj. 어설픈
cabin	n. (배의) 객실, 선실	collar	n. 목줄
calculator	n. 계산기	college	n. 대학
calm	adj. 차분한	comb one's hair	머리를 빗다
camper	n. 야영(캠핑)객	comfortable	adj. 편안한
cancel	v. 취소하다	commence	n. 시작일
capital	n. 수도	communicate	v. 의사소통을 하다
carpenter	n. 목수	comparatively	ad. 비교적
carry out	v. 수행하다	complicated	adj. 복잡한
cast	n. 깁스	comprehend	v. 이해하다
celebrate	v. 기념하다, 축하하다	conduction	n. 전도
certain	adj. 특정한	congress	n. 회의
certificate	n. 증서, 증명서	connect	v. 연결하다
chase	v. 뒤쫓다	contain	v. 포함하다
chef	n. 요리사	continent	n. 대륙
chirp	v. 짹짹거리다	continue	v. 계속하다
choir	n. 합창단	convection	n. 대류

corpse	n. 시체	discount	n. 할인
costume	n. 의상	discover	v. 발견하다
cotton	n. 면	discuss	v. 상의하다, 논의하다
count	v. (수를) 세다	distance	n. 거리
country	n. 시골	do laundry	세탁을 하다
cousin	n. 사촌	doorknob	n. (문) 손잡이
cover	v. 덮다	downstairs	n. 아래층
crash	v. 부서지다	dozen	adj. 열두 개의
create	v. 창조하다	dress up	v. 옷을 갖춰입다
crime	n. 범죄	drupe	n. 핵과
crisp	adj. 바삭한	dumpling	n. 만두
cross	n. 십자가		
crowded	adj. 붐비는, 복잡한		
cub	n. (곰, 사자 등의) 새끼		
curve	n. 곡선		

E

		effective	adj. 효과적인

D

date back to	~까지 거슬러 올라가다	emergency room	n. 응급실
deal	n. 거래	environment	n. 환경
deceive	v. 속이다	equipment	n. 장비, 도구
decorate	v. 장식하다	especially	ad. 특별히
descend	v. 내려가다	evaluation	n. 평가
desert	n. 사막	even	ad. (비교급 강조) 훨씬
design	v. 디자인하다, 설계하다	exaggerate	v. 과장하다
destination	n. 목적지, 도착지	examine	v. 조사하다, 검사하다
detergent	n. 세제	excellent	adj. 우수한
differ	v. 다르다	exhausted	adj. 지친, 기진맥진한
		exit	v. 탈출하다
		expect	v. 기대하다, 예상하다
		explorer	n. 탐험가

F

familiar	adj. 익숙한, 낯이 익은
family	n. 과(科)
fancy	adj. 화려한
fantastic	adj. 환상적인
fare	n. 운임
farmer's market	농산물 직판장
feather	n. 깃털
feed	v. 먹이다, 먹이를 주다
female	adj. 여성인
fence	n. 울타리
fertilizer	n. 비료
field trip	n. 현장학습, 견학
fire hose	n. 소방 호스
flight	n. 항공편
flip	v. 넘기다, 튀기다
float	v. 뜨다
fold	v. 접다
follow	v. 따라가다[오다]
forehead	n. 이마
form	n. 서식
freedom	n. 자유
freeze	v. 얼다
freezer	n. 냉동고
frightened	adj. 겁먹은, 무서워하는
fructose	n. 과당

furniture	n. 가구
furred	adj. 털로 덮인

G

garbage	n. 쓰레기
garden salad	채소 샐러드
general	adj. 일반적인
geography	n. 지리학
get along with	~와 잘 지내다
get sunburn	햇볕에 타다
get to know	~를 알게 되다
give a hand	거들어주다
go out with	~와 교제하다, 사귀다
go through	겪다; 통과되다; 살펴보다
graduate	v. 졸업하다
graduation	n. 졸업, 졸업식
grocery	n. 식료품
gum	n. 잇몸

H

habitat	n. 서식지
hairdresser	n. 미용사
handkerchief	n. 손수건
hang on	매달리다
hardback	n. 하드커버, 두꺼운 표지
hatchet	n. 손도끼
heart rate	심장 박동수
hidden	adj. 숨겨진

historical	adj. 역사적인
hollow	adj. (속이) 빈, 움푹 꺼진
horrible	adj. 끔찍한
how come	왜, 어째서
hummingbird	n. 벌새
hump	n. (낙타 등의) 혹

I

ice pick	n. (얼음 깨는) 송곳
idiom	n. 관용구, 숙어
imagination	n. 상상
in need	어려움에 처한, 궁핍한
in response to	~에 응하여
inclusive	adj. (경비가) 포함된
independence	n. 독립
information	n. 정보
infuse	v. 스미다, 불어넣다
initial	adj. 처음의
insect	n. 곤충
instruction	n. 설명, 지시사항
instrument	n. 악기
intense	adj. 강렬한
intertitle	n. 자막
introduction	n. 입문, 소개
invite	v. 초대하다
Iranian	n. 이란 사람
iron	n. 철

J

jail	n. 감옥
journalist	n. 기자
journey	n. 여행

K

kingdom	n. 왕국

L

lab	n. (=laboratory) 실험실
labor	n. 노동
last	v. 견디다, 계속되다
laugh at	~을 비웃다, 놀리다
leather	n. 가죽
leave for	~로 떠나다
lend	v. 빌려주다
lettuce	n. 양상추
liberty	n. 자유
lid	n. 뚜껑
lighthouse	n. 등대
lightning	n. 번개
lightweight	adj. 가벼운
lily	n. 백합
liquid	n. 액체
local	adj. 지역의, 지방의
locate	v. (특정 위치에) 두다
look forward to ~ing	~하기를 고대하다

loosely	ad. 헐겁게, 느슨하게	noise	n. 소음
lowland	n. 저지대	noodle	n. 국수
M		normal	adj. 보통의
magnetic	adj. 자석같은, 자성의	**O**	
magnetic shield	n. 자기 차폐	oat	n. 귀리
make it	시간 맞춰 가다	observatory	n. 관측소
make the bed	잠자리를 정돈하다	official language	공용어
make wishes	소원을 빌다	old-fashioned	adj. 구식의
marble	n. 구슬	on time	제시간에
marine mammal	해양 포유 동물	order	v. 주문하다, n. 주문
mark	v. 채점하다, 검사하다	organize	v. 정리하다, 체계화하다
martial art	n. 무예	original	adj. 원본의, 원래의
mash	v. 으깨다	originate	v. 유래하다, 비롯되다
match	v. 맞추다	osmosis	n. 삼투(현상)
material	n. 재료, 물질	overcome	v. 극복하다
messy	adj. 지저분한	own	v. 소유하다
method	n. 방법, 수단	**P**	
monologue	n. 독백	palace	n. 궁전
musical instrument	n. 악기	paleontologist	n. 고생물학자
must have p.p	~했음이 틀림없다	paper	n. 과제물, 리포트
N		parade	n. 퍼레이드, 행진
name	v. 이름을 붙이다	park	v. 주차하다
nature	n. 자연	particularly	ad. 특히
neat	adj. 단정한, 깔끔한	pass away	v. 돌아가시다, 죽다
nephew	n. 조카	past	adj. 지나간
newts	n. 영원류		

paycheck	n. 지불수표, 급료
peacock	n. 공작
pear	n. 배
pepper	n. 후추
period	n. 기간
permission	n. 허락
pet	v. 쓰다듬다
physical	adj. 육체적인
pick out	고르다
planet	n. 행성
plum	n. 자두
poisonous	adj. 독성이 있는
polar bear	n. 북극곰
politician	n. 정치인
pollution	v. 오염
population	n. 인구
pork	n. 돼지고기
pot	n. 화분
prefer	v. 선호하다
prepare	v. 준비하다
president	n. 대통령
prison	n. 감옥
professional	adj. 전문적인
protect	v. 보호하다
protein	n. 단백질

punishment	n. 벌, 처벌
pup	n. 새끼
purse	n. 지갑
put ~ in order	~을 정돈하다
put together	준비하다

Q

quantity	n. 양
quarter	n. 4분의 1

R

rain cats and dogs	비가 억수같이 내리다
raise	v. 기르다, 들다
rake	n. 갈퀴
ranch	n. 목장
rarely	ad. 드물게
ray	n. 광선
realize	v. 깨닫다
rear	n. 뒤쪽
recover	v. 회복하다
reduce	v. 줄이다
refund	n. 환불
relive	v. 다시 체험하다
remain	v. 계속 ~이다, 유지하다
remember	v. 기억하다
reschedule	v. 일정을 변경하다
residence	n. 주택

respectively	ad. 각각
responsible	adj. 책임지고 있는
reuse	v. 재사용하다
revolution	n. 혁명
right	n. 권리
right-handed	adj. 오른손잡이인
rip	v. 찢어지다, 찢다
robotics	n. 로봇 공학
row	n. 열, 줄
run into	~를 우연히 만나다
run late	늦다
run out	다 떨어지다
run out of	~를 다 써버리다
rural	adj. 시골의

S

salamander	n. 도롱뇽
scale	n. 비늘
scalp	n. 두피
science fair	n. 과학전람회
scientific	adj. 과학적인
scientific name	학명
scrape	v. 긁다, 긁어내다
sculpture	n. 조각품
seaweed	n. 김
secretary	n. 비서
seemly	adj. 적절한, 점잖은

selfish	adj. 이기적인
semi-clear	adj. 반투명한
set	v. (해가) 지다
sew	v. 바느질하다
shade	n. 그늘
shaggy	adj. 텁수룩한
shake it up	서둘러라
sharpen	v. 날카롭게 하다
shell	n. 껍질
shield	n. 보호막
shorten	v. 줄이다
shovel	n. 삽
sidewalk	n. 인도
significant	adj. 중요한
signify	v. 뜻하다, 의미하다
skyscraper	n. 고층 빌딩
sleeve	n. 소매
slump	n. 급감, 급락
smooth	adj. 매끄러운
snout	n. (돼지 같은 동물의) 코
soar	v. 치솟다, 급등하다
softback	n. 종이표지
something is on me	~을 내가 살게
sort	v. 분류하다, n. 종류
souvenir	n. 기념품
spell	v. 철자를 쓰다, 말하다

spicy	adj. 매운	sustainable	adj. 지속 가능한
spread	v. 퍼지다	sweep	v. 쓸다
squeeze	v. 짜내다, 짜다	switch	v. 전환되다, 바뀌다
squirt	v. 내뿜다	**T**	
stadium	n. 경기장	take turns	~을 번갈아 하다
stage	n. 무대	talented	adj. 재능 있는
starve	v. 굶주리다	tease	v. 괴롭히다
stick to	굳게 지키다, 고수하다	technology	n. (과학) 기술
stir	v. 젓다	temperature	n. 온도
stomachache	n. 복통	theater	n. 극장
stone fruits	n. 핵과류	tightly	ad. 단단히, 꽉
straw	n. 지푸라기	till	prep. ~까지
strict	adj. 엄격한	tournament	n. 토너먼트
stuffing	n. (쿠션, 인형 등의) 속	tradition	n. 전통
submit	v. 제출하다	traffic	n. 교통(량)
suburb	n. 교외	treadmill	n. 러닝머신
successful	adj. 성공적인	tribe	n. 부족
suck	v. 빨아 먹다	trunk	n. 코끼리의 코
suit	v. ~에게 맞다, 어울리다	tuck	v. 밀어넣다
sunscreen	n. 선크림	tuition fee	n. 수업료
supper	n. 저녁 식사	tuna	n. 참치
supplement	n. 보충제	turn in	제출하다
supply	n. 용품, 도구	turn out	~로 밝혀지다, 드러나다
support	v. 지지하다, 응원하다	**U**	
surface	n. 표면	understand	v. 이해하다
suspect	n. 용의자	uneasiness	n. 불편함

unfair	adj. 불공정한	yearbook	n. 연보, 졸업 앨범
university	n. 대학, 대학교		
upstairs	n. 위층	zookeeper	n. 동물원 사육사[관리인]
urban	adj. 도시의		

vacation	n. 휴가, 방학
volcano	n. 화산

wallet	n. 지갑
warm heart	n. 따듯한 마음
washing machine	n. 세탁기
watercolor	n. 수채화
waterfall	n. 폭포
watering can	n. 물뿌리개
waterside	n. 물가
waxed paper	n. 왁스를 입힌 종이
weigh	v. 무게가 나가다
whip up	휘저어 거품을 일게 하다
wipe	v. 닦다
wizard	n. 마법사
work out	v. 운동하다
worldwide	adj. 전 세계적인
worn out	adj. 닳아서 못 쓰게 된
worried	adj. 걱정하는
would rather	차라리 ~하겠다

국제영어듣력인증시험 (TOSEL)

JUNIOR

한글이름		감독확인

SECTION I

문항	A B C D	문항	A B C D
1	Ⓐ Ⓑ Ⓒ Ⓓ	16	Ⓐ Ⓑ Ⓒ Ⓓ
2	Ⓐ Ⓑ Ⓒ Ⓓ	17	Ⓐ Ⓑ Ⓒ Ⓓ
3	Ⓐ Ⓑ Ⓒ Ⓓ	18	Ⓐ Ⓑ Ⓒ Ⓓ
4	Ⓐ Ⓑ Ⓒ Ⓓ	19	Ⓐ Ⓑ Ⓒ Ⓓ
5	Ⓐ Ⓑ Ⓒ Ⓓ	20	Ⓐ Ⓑ Ⓒ Ⓓ
6	Ⓐ Ⓑ Ⓒ Ⓓ	21	Ⓐ Ⓑ Ⓒ Ⓓ
7	Ⓐ Ⓑ Ⓒ Ⓓ	22	Ⓐ Ⓑ Ⓒ Ⓓ
8	Ⓐ Ⓑ Ⓒ Ⓓ	23	Ⓐ Ⓑ Ⓒ Ⓓ
9	Ⓐ Ⓑ Ⓒ Ⓓ	24	Ⓐ Ⓑ Ⓒ Ⓓ
10	Ⓐ Ⓑ Ⓒ Ⓓ	25	Ⓐ Ⓑ Ⓒ Ⓓ
11	Ⓐ Ⓑ Ⓒ Ⓓ	26	Ⓐ Ⓑ Ⓒ Ⓓ
12	Ⓐ Ⓑ Ⓒ Ⓓ	27	Ⓐ Ⓑ Ⓒ Ⓓ
13	Ⓐ Ⓑ Ⓒ Ⓓ	28	Ⓐ Ⓑ Ⓒ Ⓓ
14	Ⓐ Ⓑ Ⓒ Ⓓ	29	Ⓐ Ⓑ Ⓒ Ⓓ
15	Ⓐ Ⓑ Ⓒ Ⓓ	30	Ⓐ Ⓑ Ⓒ Ⓓ

SECTION II

문항	A B C D	문항	A B C D
1	Ⓐ Ⓑ Ⓒ Ⓓ	16	Ⓐ Ⓑ Ⓒ Ⓓ
2	Ⓐ Ⓑ Ⓒ Ⓓ	17	Ⓐ Ⓑ Ⓒ Ⓓ
3	Ⓐ Ⓑ Ⓒ Ⓓ	18	Ⓐ Ⓑ Ⓒ Ⓓ
4	Ⓐ Ⓑ Ⓒ Ⓓ	19	Ⓐ Ⓑ Ⓒ Ⓓ
5	Ⓐ Ⓑ Ⓒ Ⓓ	20	Ⓐ Ⓑ Ⓒ Ⓓ
6	Ⓐ Ⓑ Ⓒ Ⓓ	21	Ⓐ Ⓑ Ⓒ Ⓓ
7	Ⓐ Ⓑ Ⓒ Ⓓ	22	Ⓐ Ⓑ Ⓒ Ⓓ
8	Ⓐ Ⓑ Ⓒ Ⓓ	23	Ⓐ Ⓑ Ⓒ Ⓓ
9	Ⓐ Ⓑ Ⓒ Ⓓ	24	Ⓐ Ⓑ Ⓒ Ⓓ
10	Ⓐ Ⓑ Ⓒ Ⓓ	25	Ⓐ Ⓑ Ⓒ Ⓓ
11	Ⓐ Ⓑ Ⓒ Ⓓ	26	Ⓐ Ⓑ Ⓒ Ⓓ
12	Ⓐ Ⓑ Ⓒ Ⓓ	27	Ⓐ Ⓑ Ⓒ Ⓓ
13	Ⓐ Ⓑ Ⓒ Ⓓ	28	Ⓐ Ⓑ Ⓒ Ⓓ
14	Ⓐ Ⓑ Ⓒ Ⓓ	29	Ⓐ Ⓑ Ⓒ Ⓓ
15	Ⓐ Ⓑ Ⓒ Ⓓ	30	Ⓐ Ⓑ Ⓒ Ⓓ

국제영어능력인증시험 (TOSEL)

JUNIOR

국제토셀위원회

한글이름

감독확인

수험번호

(1)

(2)

주의사항

1. 수험번호 및 답안은 검은색 사인펜을 사용해서 <보기>와 같이 표기합니다.
   <보기> 바른표기 : ●
2. 수험번호(1)에는 아라비아 숫자로 쓰고, (2)에는 해당란에 ● 표기합니다.
3. 답안 수정은 수정테이프로 충분히 깨끗이 지웁니다.
4. 수험번호 및 답안 작성란 이외의 여백에 낙서를 하지 마시기 바랍니다.
5. 미기입 또는 틀린 표기가 있는 답안은 0점 처리되오니, 이점 유의하시기 바랍니다.

SECTION I

문항	A	B	C	D	문항	A	B	C	D
1	A	B	C	D	16	A	B	C	D
2	A	B	C	D	17	A	B	C	D
3	A	B	C	D	18	A	B	C	D
4	A	B	C	D	19	A	B	C	D
5	A	B	C	D	20	A	B	C	D
6	A	B	C	D	21	A	B	C	D
7	A	B	C	D	22	A	B	C	D
8	A	B	C	D	23	A	B	C	D
9	A	B	C	D	24	A	B	C	D
10	A	B	C	D	25	A	B	C	D
11	A	B	C	D	26	A	B	C	D
12	A	B	C	D	27	A	B	C	D
13	A	B	C	D	28	A	B	C	D
14	A	B	C	D	29	A	B	C	D
15	A	B	C	D	30	A	B	C	D

SECTION II

문항	A	B	C	D	문항	A	B	C	D
1	A	B	C	D	16	A	B	C	D
2	A	B	C	D	17	A	B	C	D
3	A	B	C	D	18	A	B	C	D
4	A	B	C	D	19	A	B	C	D
5	A	B	C	D	20	A	B	C	D
6	A	B	C	D	21	A	B	C	D
7	A	B	C	D	22	A	B	C	D
8	A	B	C	D	23	A	B	C	D
9	A	B	C	D	24	A	B	C	D
10	A	B	C	D	25	A	B	C	D
11	A	B	C	D	26	A	B	C	D
12	A	B	C	D	27	A	B	C	D
13	A	B	C	D	28	A	B	C	D
14	A	B	C	D	29	A	B	C	D
15	A	B	C	D	30	A	B	C	D

국제영어능력인증시험 (TOSEL)

JUNIOR

한글이름

감독확인

SECTION I

문항	A B C D	문항	A B C D
1	Ⓐ Ⓑ Ⓒ Ⓓ	16	Ⓐ Ⓑ Ⓒ Ⓓ
2	Ⓐ Ⓑ Ⓒ Ⓓ	17	Ⓐ Ⓑ Ⓒ Ⓓ
3	Ⓐ Ⓑ Ⓒ Ⓓ	18	Ⓐ Ⓑ Ⓒ Ⓓ
4	Ⓐ Ⓑ Ⓒ Ⓓ	19	Ⓐ Ⓑ Ⓒ Ⓓ
5	Ⓐ Ⓑ Ⓒ Ⓓ	20	Ⓐ Ⓑ Ⓒ Ⓓ
6	Ⓐ Ⓑ Ⓒ Ⓓ	21	Ⓐ Ⓑ Ⓒ Ⓓ
7	Ⓐ Ⓑ Ⓒ Ⓓ	22	Ⓐ Ⓑ Ⓒ Ⓓ
8	Ⓐ Ⓑ Ⓒ Ⓓ	23	Ⓐ Ⓑ Ⓒ Ⓓ
9	Ⓐ Ⓑ Ⓒ Ⓓ	24	Ⓐ Ⓑ Ⓒ Ⓓ
10	Ⓐ Ⓑ Ⓒ Ⓓ	25	Ⓐ Ⓑ Ⓒ Ⓓ
11	Ⓐ Ⓑ Ⓒ Ⓓ	26	Ⓐ Ⓑ Ⓒ Ⓓ
12	Ⓐ Ⓑ Ⓒ Ⓓ	27	Ⓐ Ⓑ Ⓒ Ⓓ
13	Ⓐ Ⓑ Ⓒ Ⓓ	28	Ⓐ Ⓑ Ⓒ Ⓓ
14	Ⓐ Ⓑ Ⓒ Ⓓ	29	Ⓐ Ⓑ Ⓒ Ⓓ
15	Ⓐ Ⓑ Ⓒ Ⓓ	30	Ⓐ Ⓑ Ⓒ Ⓓ

SECTION II

문항	A B C D	문항	A B C D
1	Ⓐ Ⓑ Ⓒ Ⓓ	16	Ⓐ Ⓑ Ⓒ Ⓓ
2	Ⓐ Ⓑ Ⓒ Ⓓ	17	Ⓐ Ⓑ Ⓒ Ⓓ
3	Ⓐ Ⓑ Ⓒ Ⓓ	18	Ⓐ Ⓑ Ⓒ Ⓓ
4	Ⓐ Ⓑ Ⓒ Ⓓ	19	Ⓐ Ⓑ Ⓒ Ⓓ
5	Ⓐ Ⓑ Ⓒ Ⓓ	20	Ⓐ Ⓑ Ⓒ Ⓓ
6	Ⓐ Ⓑ Ⓒ Ⓓ	21	Ⓐ Ⓑ Ⓒ Ⓓ
7	Ⓐ Ⓑ Ⓒ Ⓓ	22	Ⓐ Ⓑ Ⓒ Ⓓ
8	Ⓐ Ⓑ Ⓒ Ⓓ	23	Ⓐ Ⓑ Ⓒ Ⓓ
9	Ⓐ Ⓑ Ⓒ Ⓓ	24	Ⓐ Ⓑ Ⓒ Ⓓ
10	Ⓐ Ⓑ Ⓒ Ⓓ	25	Ⓐ Ⓑ Ⓒ Ⓓ
11	Ⓐ Ⓑ Ⓒ Ⓓ	26	Ⓐ Ⓑ Ⓒ Ⓓ
12	Ⓐ Ⓑ Ⓒ Ⓓ	27	Ⓐ Ⓑ Ⓒ Ⓓ
13	Ⓐ Ⓑ Ⓒ Ⓓ	28	Ⓐ Ⓑ Ⓒ Ⓓ
14	Ⓐ Ⓑ Ⓒ Ⓓ	29	Ⓐ Ⓑ Ⓒ Ⓓ
15	Ⓐ Ⓑ Ⓒ Ⓓ	30	Ⓐ Ⓑ Ⓒ Ⓓ

국제영어능력인증시험 (TOSEL)

JUNIOR

한글이름

감독확인

주의사항

1. 수험번호 및 답안은 검은색 사인펜을 사용해서 <보기>와 같이 표기합니다.
   <보기> 바른표기 : ●
   틀린표기 : ⊗ ⊙ ◑
2. 수험번호(1)에는 아라비아 숫자로 쓰고, (2)에는 해당란에 표기합니다.
3. 답안 수정은 수정테이프로 깨끗이 지웁니다.
4. 수험번호 및 답안 작성란 이외의 여백에 낙서를 하지 마시기 바랍니다.
5. 마킹오류로 채점불가능한 답안은 0점 처리되오니, 이점 유의하시기 바랍니다.

수험번호

(1)

(2)

SECTION I

문항	A B C D	문항	A B C D
1	A B C D	16	A B C D
2	A B C D	17	A B C D
3	A B C D	18	A B C D
4	A B C D	19	A B C D
5	A B C D	20	A B C D
6	A B C D	21	A B C D
7	A B C D	22	A B C D
8	A B C D	23	A B C D
9	A B C D	24	A B C D
10	A B C D	25	A B C D
11	A B C D	26	A B C D
12	A B C D	27	A B C D
13	A B C D	28	A B C D
14	A B C D	29	A B C D
15	A B C D	30	A B C D

SECTION II

문항	A B C D	문항	A B C D
1	A B C D	16	A B C D
2	A B C D	17	A B C D
3	A B C D	18	A B C D
4	A B C D	19	A B C D
5	A B C D	20	A B C D
6	A B C D	21	A B C D
7	A B C D	22	A B C D
8	A B C D	23	A B C D
9	A B C D	24	A B C D
10	A B C D	25	A B C D
11	A B C D	26	A B C D
12	A B C D	27	A B C D
13	A B C D	28	A B C D
14	A B C D	29	A B C D
15	A B C D	30	A B C D

국제영어능력인증시험 (TOSEL)

JUNIOR

한글이름

감독확인

수 험 번 호

(1) ⓪①②③④⑤⑥⑦⑧⑨ | ⓪①②③④⑤⑥⑦⑧⑨ | ⓪①②③④⑤⑥⑦⑧⑨

(2) ⓪①②③④⑤⑥⑦⑧⑨ | ⓪①②③④⑤⑥⑦⑧⑨ | ⓪①②③④⑤⑥⑦⑧⑨

주의사항

1. 수험번호 및 답안은 검은색 사인펜을 사용해서 <보기>와 같이 표기합니다.
   〈보기〉 바른표기 : ● 틀린표기 : ⊗ ⊘ ◑
2. 수험번호(1)에는 아라비아 숫자로 쓰고, (2)에는 해당란에 ● 표기합니다.
3. 답안 수정은 수정테이프로 충분히 깨끗이 지웁니다.
4. 수험번호 및 답안 작성란 이외의 여백에 낙서를 하지 마시기 바랍니다. 이로 인한 불이익은 수험자 본인 책임입니다.
5. 마킹오류로 채점불가능한 답안은 0점 처리되오니, 이점 유의하시기 바랍니다.

SECTION I

문항	A B C D	문항	A B C D
1	Ⓐ Ⓑ Ⓒ Ⓓ	16	Ⓐ Ⓑ Ⓒ Ⓓ
2	Ⓐ Ⓑ Ⓒ Ⓓ	17	Ⓐ Ⓑ Ⓒ Ⓓ
3	Ⓐ Ⓑ Ⓒ Ⓓ	18	Ⓐ Ⓑ Ⓒ Ⓓ
4	Ⓐ Ⓑ Ⓒ Ⓓ	19	Ⓐ Ⓑ Ⓒ Ⓓ
5	Ⓐ Ⓑ Ⓒ Ⓓ	20	Ⓐ Ⓑ Ⓒ Ⓓ
6	Ⓐ Ⓑ Ⓒ Ⓓ	21	Ⓐ Ⓑ Ⓒ Ⓓ
7	Ⓐ Ⓑ Ⓒ Ⓓ	22	Ⓐ Ⓑ Ⓒ Ⓓ
8	Ⓐ Ⓑ Ⓒ Ⓓ	23	Ⓐ Ⓑ Ⓒ Ⓓ
9	Ⓐ Ⓑ Ⓒ Ⓓ	24	Ⓐ Ⓑ Ⓒ Ⓓ
10	Ⓐ Ⓑ Ⓒ Ⓓ	25	Ⓐ Ⓑ Ⓒ Ⓓ
11	Ⓐ Ⓑ Ⓒ Ⓓ	26	Ⓐ Ⓑ Ⓒ Ⓓ
12	Ⓐ Ⓑ Ⓒ Ⓓ	27	Ⓐ Ⓑ Ⓒ Ⓓ
13	Ⓐ Ⓑ Ⓒ Ⓓ	28	Ⓐ Ⓑ Ⓒ Ⓓ
14	Ⓐ Ⓑ Ⓒ Ⓓ	29	Ⓐ Ⓑ Ⓒ Ⓓ
15	Ⓐ Ⓑ Ⓒ Ⓓ	30	Ⓐ Ⓑ Ⓒ Ⓓ

SECTION II

문항	A B C D	문항	A B C D
1	Ⓐ Ⓑ Ⓒ Ⓓ	16	Ⓐ Ⓑ Ⓒ Ⓓ
2	Ⓐ Ⓑ Ⓒ Ⓓ	17	Ⓐ Ⓑ Ⓒ Ⓓ
3	Ⓐ Ⓑ Ⓒ Ⓓ	18	Ⓐ Ⓑ Ⓒ Ⓓ
4	Ⓐ Ⓑ Ⓒ Ⓓ	19	Ⓐ Ⓑ Ⓒ Ⓓ
5	Ⓐ Ⓑ Ⓒ Ⓓ	20	Ⓐ Ⓑ Ⓒ Ⓓ
6	Ⓐ Ⓑ Ⓒ Ⓓ	21	Ⓐ Ⓑ Ⓒ Ⓓ
7	Ⓐ Ⓑ Ⓒ Ⓓ	22	Ⓐ Ⓑ Ⓒ Ⓓ
8	Ⓐ Ⓑ Ⓒ Ⓓ	23	Ⓐ Ⓑ Ⓒ Ⓓ
9	Ⓐ Ⓑ Ⓒ Ⓓ	24	Ⓐ Ⓑ Ⓒ Ⓓ
10	Ⓐ Ⓑ Ⓒ Ⓓ	25	Ⓐ Ⓑ Ⓒ Ⓓ
11	Ⓐ Ⓑ Ⓒ Ⓓ	26	Ⓐ Ⓑ Ⓒ Ⓓ
12	Ⓐ Ⓑ Ⓒ Ⓓ	27	Ⓐ Ⓑ Ⓒ Ⓓ
13	Ⓐ Ⓑ Ⓒ Ⓓ	28	Ⓐ Ⓑ Ⓒ Ⓓ
14	Ⓐ Ⓑ Ⓒ Ⓓ	29	Ⓐ Ⓑ Ⓒ Ⓓ
15	Ⓐ Ⓑ Ⓒ Ⓓ	30	Ⓐ Ⓑ Ⓒ Ⓓ

엄선된 **100만 명**의 응시자 성적 데이터를 활용한 **AI기반** 데이터 공유 및 가치 고도화 **플랫폼**

TOSEL® Lab

공동기획
- 고려대학교 문과대학 언어정보연구소
- 국제토셀위원회

TOSEL Lab 이란?

국내외 15,000여 개 학교·학원 단체응시인원 중 엄선한 100만 명 이상의 실제 TOSEL 성적 데이터와, 정부(과학기술정보통신부)의 AI 바우처 지원 사업 수행기관 선정으로 개발된 맞춤식 AI 빅데이터 기반 영어성장 플랫폼입니다.

TOSEL Lab
지정교육기관 혜택

혜택 1
지역독점권

혜택 2
시험 고사장 자격 부여

혜택 3
고려대학교 field trip

혜택 4
토셀 영어학습 패키지

혜택 5
단체 성적분석자료
특강반, 신설반 교재추천

혜택 6
진단평가 기반
무료 영어학습 컨텐츠
Placement Test / Self Study / Monthly Test

학원장의 실질적인 비용부담 없이
TOSEL® Lab
브랜드를 사용할 수 있는 기회

TOSEL Lab 에는 어떤 콘텐츠가 있나요?

진단
맞춤형 레벨테스트로 정확한 평가 제공

응시자 빅데이터 분석에 기반한 테스트로 신규 상담 학생의 영어능력을 정확하게 진단하고 효과적인 영어 교육을 실시하기 위한 객관적인 가이드라인을 제공합니다.

교재
세분화된 레벨로 실력에 맞는 학습 제공

TOSEL의 세분화된 교재 레벨은 각 연령에 맞는 어휘와 읽기 지능 및 교과 과정과의 연계가 가능하도록 설계된 교재들로 효과적인 학습 커리큘럼을 제공합니다.

학습
다양한 교재연계 콘텐츠로 효과적인 자기주도학습

TOSEL 시험을 대비한 다양한 콘텐츠를 제공해 영어 학습에 시너지 효과를 기대할 수 있으며, 학생들의 자기주도 학습 습관을 더 탄탄하게 키울 수 있습니다.

Reading Series
내신과 **토셀 고득점**을 한꺼번에

`Pre-Starter` `Starter` `Basic` `Junior` `High-Junior`

- 각 단원 학습 도입부에 주제와 관련된 이미지를 통한 말하기 연습
- 각 Unit 별 4-6개의 목표 단어 제시, 그림 또는 영문으로 단어 뜻을 제공하여 독해 학습 전 단어 숙지
- 독해&실용문 연습을 위한 지문과 Comprehension 문항을 10개씩 수록하여 이해도 확인 및 진단
- 숙지한 독해 지문을 원어민 음성으로 들으며 듣기 학습 , 듣기 전, 듣기 중, 듣기 후 학습 커리큘럼 마련

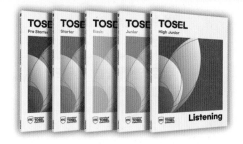

Listening Series
한국 학생들에게 최적화된 듣기 실력 완성!

`Pre-Starter` `Starter` `Basic` `Junior` `High-Junior`

- 초등 / 중등 교과과정 연계 말하기&듣기 학습과 세분화된 레벨
- TOSEL 기출 문장과 실생활에 자주 활용되는 문장 패턴을 통해 듣기 및 말하기 학습
- 실제 TOSEL 지문의 예문을 활용한 실용적 학습 제공
- 실전 감각 향상과 점검을 위한 기출 문제 수록

Speaking Series
출간예정

Grammar Series

체계적인 단계별 **문법 지침서**

Pre-Starter | Starter | Basic | Junior | High-Junior

- 초등 / 중등 교과과정 연계 문법 학습과 세분화된 레벨
- TOSEL 기출 문제 연습과 최신 수능 출제 문법을 포함하여 수능 / 내신 대비 가능
- 이해하기 쉬운 그림, 깔끔하게 정리된 표와 설명, 다양한 문제를 통해 문법 학습
- 실전 감각 향상과 점검을 위한 기출 문제 수록

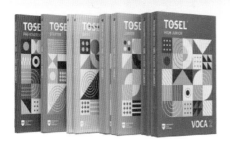

Voca Series

학년별 꼭 알아야하는 **단어 수록!**

Pre-Starter | Starter | Basic | Junior | High-Junior

- 각 단어 학습 도입부에 주제와 관련된 이미지를 통한 말하기 연습
- TOSEL 시험을 기준으로 빈출 지표를 활용한 예문과 문제 구성
- 실제 TOSEL 지문의 예문을 활용한 실용적 학습 제공
- 실전 감각 향상과 점검을 위한 실전 문제 수록

Story Series

읽는 재미에 실력까지 **동시에!**

Pre-Starter | Starter | Basic | Junior

- 초등 / 중등 교과과정 연계 영어 학습과 세분화된 레벨
- 이야기 지문과 단어를 함께 연결지어 학생들의 독해 능력을 평가
- 이해하기 쉬운 그림, 깔끔하게 정리된 표와 설명, 다양한 문제, 재미있는 스토리를 통한 독해 학습
- 다양한 단계의 문항을 풀어보고 학생들의 읽기, 듣기, 쓰기, 말하기 실력을 집중적으로 향상

교재를 100% 활용하는 TOSEL Lab 지정교육기관의 노하우!

Teaching Materials

TOSEL에서 제공하는 수업 자료로
교재 학습을 더욱 효과적으로 진행!

Study Content

철저한 자기주도학습 콘텐츠로
교재 수업 후 효과적인 복습!

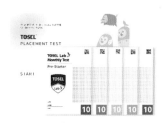

Test Content

교재 학습과 더불어 학생 맞춤형
시험으로 실력 점검 및 향상

100만 명으로 엄선된 **TOSEL**
성적 데이터로 탄생!

TOSEL Lab 지정교육기관을 위한 콘텐츠로 더욱 효과적인 수업을 경험하세요.

국제토셀위원회는 TOSEL Lab 지정교육기관에서 교재로
수업하는 학원을 위해 교재를 잘 활용할 수 있는 다양한
콘텐츠를 제공 및 지원합니다.

TOSEL Lab 지정교육기관은

국제토셀위원회 직속 TOSEL연구소에서 20년 동안 보유해온
전국 15,000여 개 교육기관 토셀 응시자들의 영어성적 분석데이터를
공유받아, 통계를 기반으로 한 전문적이고 과학적인 커리큘럼을 설계하고,
영어학습 방향을 제시하여,경쟁력있는 기관, 잘 가르치는 기관으로
해당 지역에서 입지를 다지게 됩니다.

TOSEL Lab 지정교육기관으로 선정되기 위해서는
소정의 **심사 절차**가 수반됩니다.

TOSEL Lab
심사신청

TOSEL Lab
더 알아보기

TOSEL Lab

국제토셀위원회

TOSEL
심화문제집

JUNIOR

정답 및 해설

ITC 국제 토셀 위원회

TOSEL®
심화문제집

JUNIOR

정답 및 해설

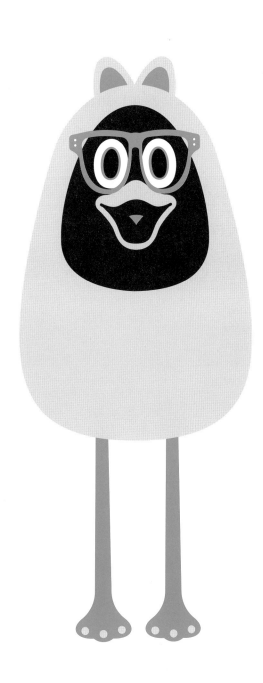

TOSEL JUNIOR

실전 1회

SECTION I   LISTENING AND SPEAKING

Part A. Listen and Respond (p. 12)

1. B: When does the game start?

   G: _____

   (A) In 10 minutes.

   (B) I'm running late.

   (C) I'd love to come.

   (D) Thank you very much.

해석 소년: 게임이 언제 시작해?

    소녀: _____

    (A) 10분 후에.

    (B) 나 늦겠어.

    (C) 나는 가고 싶어.

    (D) 정말 고마워.

풀이 소년이 게임 시작 시간을 묻고 있으므로 10분 후에 시작한다고 대답하는 (A)가 답이다.

Words and Phrases run late 늦다

2. G: Could you open the window?

   B: _____

   (A) Sure.

   (B) No, I am not.

   (C) Have a great day.

   (D) I will see you soon.

해석 소녀: 창문을 열어줄 수 있니?

    소년: _____

    (A) 물론이지.

    (B) 아니, 나는 아니야.

    (C) 좋은 하루 보내.

    (D) 조만간 보자.

풀이 소녀가 창문을 열어 달라고 요청하고 있으므로 해줄 수 있다고 대답하는 (A)가 답이다.

3. B: Did you clean your room today?

   G: _____

   (A) I know.

   (B) He's okay.

   (C) No, not yet.

   (D) You're welcome.

해석 소년: 오늘 네 방 청소했어?

    소녀: _____

    (A) 나는 알아.

    (B) 그는 괜찮아.

    (C) 아니, 아직.

    (D) 천만에.

풀이 소년이 소녀에게 방을 청소했는지를 물어보고 있으므로 아직 하지 않았다고 대답하는 (C)가 답이다.

4. W: What are we going to eat for dinner?

   M: _____

   (A) Yes, I have.

   (B) No problem.

   (C) That's good.

   (D) Just the usual.

해석 여자: 우리 저녁으로 뭘 먹을까?

    남자: _____

    (A) 응, 그랬어.

    (B) 문제없어.

    (C) 그거 좋네.

    (D) 평소대로.

풀이 여자가 저녁으로 무엇을 먹을지 물어보고 있으므로 평소대로 먹겠다고 대답하는 (D)가 답이다.

5. B: This is a huge library.

   G: _____

   (A) Thank you.

   (B) Sorry about that.

   (C) Yes, it's very big.

   (D) No, I wasn't feeling good.

해석 소년: 이 도서관 정말 거대하다.

소년: _____

(A) 고마워.

(B) 미안해.

(C) 응, 정말 크다.

(D) 아니, 몸이 좋지 않았어.

풀이 소년이 도서관이 크다고 말하고 있으므로 그 말에 동의하는 (C)가 답이다.

6. G: What are you going to have?

B: _____

(A) It was fun.

(B) Yes, he is really good.

(C) Nothing, I am not hungry.

(D) I have to run to the library.

해석 소녀: 너 뭐 먹을 거야?

소년: _____

(A) 그건 재밌었어.

(B) 응, 그는 정말 잘 해.

(C) 아무것도, 나는 배고프지 않아.

(D) 나는 도서관으로 달려가야 해.

풀이 소녀가 무엇을 먹을지 물어보고 있으므로 아무것도 먹지 않겠다고 대답하는 (C)가 답이다.

7. M: Let's go to the beach.

W: _____

(A) He does.

(B) I need two.

(C) It's my brother's.

(D) That's a great idea.

해석 남자: 해변에 가자.

여자: _____

(A) 그는 그래.

(B) 나는 두 개가 필요해.

(C) 그건 내 남동생 거야.

(D) 좋은 생각이야.

풀이 남자가 해변에 가자고 제안했으므로 이에 동의하는 (D)가 답이다.

8. G: What time did the movie begin last night?

B: _____

(A) I lost it.

(B) I met her.

(C) Seven thirty.

(D) Of course, I am.

해석 소녀: 어젯밤에 영화가 몇 시에 시작했어?

소년: _____

(A) 나 그거 잃어버렸어.

(B) 나는 그녀를 만났어.

(C) 7시 30분.

(D) 당연하지.

풀이 소녀가 영화 시작 시간을 물어봤으므로 7시 30분이라고 대답하는 (C)가 답이다.

9. B: How did you get here?

G: _____

(A) I took a bus.

(B) I get up at six.

(C) I just got here.

(D) I got it for four dollars.

해석 소년: 여기 어떻게 왔어?

소녀: _____

(A) 나는 버스를 탔어.

(B) 나는 6시에 일어나.

(C) 나는 방금 여기 왔어.

(D) 나는 그것을 4달러에 샀어.

풀이 소년이 어떻게 왔냐고 물었으므로 버스를 타고 왔다고 대답하는 (A)가 답이다.

10. G: Last night, I dreamed that a monster was chasing me.

B: _____

(A) I hope so.

(B) I slept on my bed.

(C) You must be frightened.

(D) What do you want to be?

해석 소녀: 어젯밤에, 나는 괴물이 날 쫓아오는 꿈을 꿨어.

소년: _____

(A) 나도 그러길 바라.

(B) 나는 내 침대에서 잤어.

(C) 너 무서웠겠다.

(D) 너는 무엇이 되고 싶어?

풀이 소녀가 괴물이 쫓아오는 꿈을 꿨다고 했으므로 놀랐겠다고 말하는 (C)가 답이다.

Words and Phrases chase 뒤쫓다 | frightened 겁먹은, 무서워하는

Part B. Listen and Retell (p. 13)

11. B: What are you going to do tonight?

G: I don't know. Maybe I'll watch TV.

B: Do you want to go for a movie, then?

Q: What does the boy suggest to do tonight?

(A) watch TV

(B) have dinner

(C) go to a movie

(D) study for an exam

해석 소년: 오늘 밤에 무엇을 할 거야?

소녀: 모르겠어. 아마 TV를 볼 거야.

소년: 그럼 영화 보러 갈래?

질문: 소년이 오늘 밤에 하자고 제안한 것은 무엇인가?

(A) TV를 본다

(B) 저녁을 먹는다

(C) 영화 보러 간다

(D) 시험공부를 한다

풀이 'Do you want to go for a movie, then?'을 통해 소년이 영화 보러 가자고 제안했음을 알 수 있으므로 (C)가 답이다. (A)는 소녀가 말한 것이므로 오답이다.

12. G: Did you walk to school yesterday?

B: No, I didn't. I rode my bicycle.

G: Oh right, I thought I saw you riding your bicycle to school.

Q: How did the boy go to school yesterday?

(A) by car

(B) by bus

(C) on foot

(D) by bicycle

해석 소녀: 어제 학교에 걸어갔어?

소년: 아니, 안 그랬어. 자전거를 탔어.

소녀: 아 그래. 나는 네가 자전거를 타고 학교에 가는 걸 봤다고 생각했어.

질문: 소년은 어제 어떻게 학교에 갔는가?

(A) 차로

(B) 버스로

(C) 걸어서

(D) 자전거로

풀이 학교에 걸어갔냐는 질문에 소년이 'I rode my bicycle.'이라고 대답했으므로 (D)가 답이다.

13. B: When are you leaving for Paris?

G: I am going to leave in two days.

B: You must be very busy.

Q: When is the girl leaving for Paris?

(A) today

(B) tomorrow

(C) next month

(D) the day after tomorrow

해석 소년: 언제 파리로 떠날 거야?

소녀: 이틀 후에 떠날 거야.

소년: 너 정말 바쁘겠다.

질문: 언제 소녀가 파리로 떠나는가?

(A) 오늘

(B) 내일

(C) 다음 달

(D) 내일모레

풀이 언제 파리로 떠날 거냐는 질문에 소녀가 'leave in two days'라고 대답했으므로 (D)가 답이다.

Words and Phrases leave for ~로 떠나다

14. G: Who opened the door for you, Pablo?

B: Jack opened it.

G: Really? I didn't know he was here.

Q: Who opened the door?

(A) Tom

(B) Jack

(C) Jane

(D) Pablo

해석 소녀: 누가 문을 열어줬어, Pablo?

소년: Jack이 열어줬어.

소녀: 정말? 나는 그가 여기 있는지 몰랐어.

질문: 누가 문을 열었는가?

(A) Tom

(B) Jack

(C) Jane

(D) Pablo

풀이 누가 문을 열어줬냐는 질문에 소년이 'Jack opened it.'이라고 대답했으므로 (B)가 답이다. (D)는 대화하고 있는 소년의 이름이므로 오답이다.

15. W: Don't wipe your nose on your sleeve.

B: But I don't have a tissue.

W: Then go get some tissue in the bathroom.

Q: Where is the tissue?

(A) in the kitchen

(B) in the bathroom

(C) in the classroom

(D) outside the school

해석 여자: 소매로 코를 닦지 마.

소년: 그렇지만 휴지가 없어요.

여자: 그러면 화장실에 가서 휴지를 가져와.

질문: 휴지는 어디 있는가?

(A) 부엌에

(B) 화장실에

(C) 교실에

(D) 학교 밖에

풀이 'get some tissue in the bathroom'이라는 여자의 말을 통해 휴지가 화장실에 있음을 알 수 있으므로 (B)가 답이다.

Words and Phrases sleeve 소매

16. G: I don't like riding the bus.

B: Why not?

G: The bus is never on time.

Q: Why does the girl NOT like the bus?

(A) It's not safe.

(B) It's too slow.

(C) It's usually late.

(D) It's too crowded.

해석 소녀: 나는 버스 타는 걸 좋아하지 않아.

소년: 왜?

소녀: 버스는 절대 제시간에 오지 않거든.

질문: 왜 소녀는 버스를 좋아하지 않는가?

(A) 그것은 안전하지 않다.

(B) 그것은 너무 느리다.

(C) 그것은 보통 늦는다.

(D) 그것은 너무 붐빈다.

풀이 'The bus is never on time.'이라는 소녀의 말을 통해 버스가 자주 늦어서 좋아하지 않는다는 것을 알 수 있으므로 (C)가 답이다.

Words and Phrases on time 제시간에 | crowded 붐비는, 복잡한

17. W: Doctor, I have the worst toothache!
    M: How long have you had this pain?
    W: For about a week. But it's getting really bad.
    Q: Where does this conversation take place?
    (A) at school
    (B) at a bookstore
    (C) at a coffee shop
    (D) at a dentist's office

해석 여자: 의사 선생님, 이가 정말 아파요!
    남자: 통증이 있은 지 얼마나 되셨나요?
    여자: 일주일 정도요. 그렇지만 점점 심해져요.
    질문: 이 대화가 일어나는 곳은 어디인가?
    (A) 학교
    (B) 서점
    (C) 커피숍
    (D) 치과

풀이 'Doctor, I have the worst toothache!'라는 여자의 말을 통해 남자가 의사이며 여자가 심한 치통으로 병원에 왔음을 알 수 있으므로 (D)가 답이다.

[18–19]
M: Welcome to class! I am excited to have all of you in my class this year. I've put together a lot of interesting materials and activities. I hope everyone enjoys their experience this year. We will spend this class getting to know each other. Please take turns saying your name, what you like, and interesting things about yourself. I look forward to working with everyone!

18. Who is probably speaking?
    (A) students
    (B) a teacher
    (C) a class leader
    (D) a school principal

19. What are students doing in the first class?
    (A) an exam
    (B) exciting activities
    (C) introducing themselves
    (D) working on student materials

해석 남자: 수업에 온 걸 환영한다! 올해 내 수업에서 너희 모두를 보게 되어 반갑구나. 나는 많은 흥미로운 자료들과 활동들을 준비했다. 모두가 이번 해에 즐거운 경험을 하길 바란다. 우리는 이번 수업을 서로를 알아가는 데에 보낼 거다. 이름, 좋아하는 것, 자신에 대한 흥미로운 것들을 차례대로 말해보렴. 너희들 모두와 함께 할 시간이 기대되는구나!

    18. 말하고 있는 사람은 누구인가?
    (A) 학생들
    (B) 선생님
    (C) 학급 반장
    (D) 학교 교장

19. 첫 수업에서 학생들은 무엇을 하는가?
    (A) 시험
    (B) 즐거운 활동
    (C) 자기 소개
    (D) 수업 자료 풀기

풀이 'Welcome to class! I am excited to have all of you in my class this year.'라고 인사하며 이번 수업에서는 서로 자신에 대해 소개하자고 말하고 있으므로 남자는 수업을 진행하는 선생님임을 알 수 있다. 그러므로 18번은 (B)가 답이다.
    'take turns saying your name, what you like, and interesting things about yourself.'라는 말을 통해 학생들이 자신의 이름과 좋아하는 것 등을 소개할 것임을 알 수 있으므로 19번은 (C)가 답이다. (B)는 언급된 내용이지만 첫 수업에서 할 활동은 아니므로 오답이다.

Words and Phrases put together 준비하다 | take turns 차례대로(돌아가며)~을 하다 | look forward to ~ing ~하기를 고대하다 | get to know ~를 알게 되다

[20–21]
G: My family lives on a farm. We grow vegetables like carrots, lettuce, and potatoes. This spring, my mother and I make a pretty flower garden with roses, daisies, lilies, and sunflowers in front of our house. We raise animals, too. There are rabbits, chickens, pigs, and cows. My parents are very busy taking care of all the plants and animals. My brother and I try to help them.

20. Which plants or animals does the family raise?
    (A) dogs
    (B) tulips
    (C) chickens
    (D) tomatoes

21. What is NOT on the farm?
    (A) fruits
    (B) flowers
    (C) animals
    (D) vegetables

해석 소녀: 내 가족은 농장에 산다. 우리는 당근, 양상추, 그리고 감자와 같은 채소를 기른다. 이번 봄에, 엄마와 나는 장미, 데이지, 백합, 그리고 해바라기로 우리 집 앞에 예쁜 화원을 만든다. 우리는 동물들도 기른다. 토끼, 닭, 돼지, 그리고 소들이 있다. 부모님은 모든 식물과 동물을 돌보느라 매우 바쁘시다. 남동생과 나는 그들을 도와드리려고 노력한다.

    20. 가족은 어떤 식물 또는 동물을 기르는가?
    (A) 개
    (B) 튤립
    (C) 닭
    (D) 토마토

21. 농장에 없는 것은 무엇인가?

(A) 과일

(B) 꽃

(C) 동물

(D) 채소

풀이 동물도 기른다며 그 중에 'chickens'가 있다고 했으므로 20번은 (C)가 답이다. (A), (B), (D)는 모두 언급되지 않았으므로 오답이다. 'We grow vegetables', 'my mother and I make a pretty flower garden', 'We raise animals' 등의 문장을 통해 농장에 채소, 꽃, 동물들이 있지만 과일은 없음을 알 수 있으므로 21번은 (A)가 답이다.

Words and Phrases lettuce 양상추 | lily 백합

[22–23]

M: Scientists around the world are researching new space rockets that can be reused. Until now, some of the rocket could only be used once. If this new technology is developed, the entire rocket can be re-used many times. This will bring down the cost of space travel. It may become cheap enough for normal people to go to space as often as we ride airplanes now.

22. What type of rockets are scientists researching?

(A) rockets made from recycled materials

(B) rockets that can be re-used several times

(C) rockets that do not need to come back down

(D) airplanes that will replace rockets in space travel

23. What effect would this new rocket research probably NOT have?

(A) The cost to go into space would go down.

(B) More people could go to space more often.

(C) Rocket companies could save money on expensive materials.

(D) The government would not need to research space technology anymore.

해석 남자: 전 세계의 과학자들은 재사용될 수 있는 새로운 우주 로켓을 연구하고 있습니다. 현재까지, 일부 로켓은 오로지 한 번만 사용될 수 있습니다. 이 새로운 기술이 개발된다면, 로켓 전체가 여러번 재사용될 수 있습니다. 이것은 우주 여행 비용을 낮출 것입니다. 평범한 사람들이 우리가 현재 비행기를 타는 만큼 자주 우주에 갈 수 있을 정도로 충분히 저렴해질 수도 있습니다.

22. 과학자들은 어떤 종류의 로켓을 연구하고 있는가?

(A) 재활용 물질로 만들어진 로켓

(B) 여러 번 재사용될 수 있는 로켓

(C) 다시 내려올 필요가 없는 로켓

(D) 우주 여행에서 로켓을 대체할 비행기

23. 이 새로운 로켓 연구가 끼칠 영향이 아닌 것은 무엇인가?

(A) 우주로 가는 비용이 낮아질 것이다.

(B) 더 많은 사람이 더 자주 우주에 갈 수 있을 것이다.

(C) 로켓 회사가 비싼 재료에 드는 돈을 아낄 수 있을 것이다.

(D) 정부가 더 이상 우주 기술을 연구할 필요가 없을 것이다.

풀이 'scientists around the world are researching new space rockets that can be reused.'를 통해 재사용될 수 있는 로켓을 연구 중임을 알 수 있으므로 22번은 (B)가 답이다.

정부가 더 이상 우주 기술을 연구할 필요가 없어질 것이라는 내용은 언급되지 않았으므로 23번은 (D)가 답이다. (A), (B)의 경우 우주 여행의 비용을 낮추고, 평범한 사람들도 자주 우주에 갈 수 있을 정도로 저렴해질 것이라는 내용이 언급되었으므로 오답이다. (C)의 경우, 로켓이 많이 재사용된다면 로켓 회사가 비용을 절감할 수 있다고 추론할 수 있으므로 오답이다.

Words and Phrases bring down ~을 낮추다, 줄이다 | material 재료, 물질 | technology (과학) 기술 | reuse 재사용하다

[24–25]

W: People say hello in different ways all around the world. In much of Europe and the Americas, it is common to shake hands. Some people may even kiss each other on the cheek. In parts of Asia, some cultures prefer to bow to one another. In New Zealand, Maori people touch their noses and foreheads together when they say "hello".

24. If this were part of a speech, what would be a good title?

(A) "Shake it Up"

(B) "Take a Bow"

(C) "International Traveler"

(D) "Meeting and Greeting Overseas"

25. According to the passage, which statement is true?

(A) Some cultures in Asia bow to greet guests.

(B) Americans usually shake feet the first time they meet.

(C) Many people in Europe touch noses when they say "hello".

(D) People in New Zealand do not touch when they see each other.

해석 여자: 사람들은 세계 곳곳에서 다른 방식으로 인사합니다. 유럽과 아메리카의 많은 곳에서는, 악수를 하는 것이 일반적입니다. 몇몇 사람들은 서로의 뺨에 키스하기도 합니다. 아시아 일부에서, 몇몇 문화권에서는 서로 고개를 숙이는 것을 선호합니다. 뉴질랜드에서, 마오리족 사람들은 "안녕하세요."라고 말하면서 그들의 코와 이마를 서로 맞댑니다.

24. 이것이 연설의 일부라면, 좋은 제목은 무엇인가?

(A) "서둘러라"

(B) "고개 숙여 인사해라"

(C) "국제 여행객"

(D) "해외의 만남과 인사"

25. 지문에 따르면, 사실인 것은 무엇인가?

(A) 아시아 몇몇 문화권에서는 손님을 맞이할 때 고개를 숙인다.

(B) 미국인들은 처음 만날 때 보통 발을 흔든다.

(C) 유럽의 많은 사람들은 "안녕하세요"라고 말할 때 코를 맞댄다.

(D) 뉴질랜드 사람들은 만났을 때 서로 만지지 않는다.

풀이 'People say hello in different ways all around the world.'를 통해 세계 곳곳의 다른 인사법을 소개하고 있음을 알 수 있으므로 24번은 (D)가 답이다.

'In parts of Asia, some cultures prefer to bow to one another.'을 통해 아시아 몇몇 문화권에서는 서로 고개를 숙여 인사함을 알 수 있으므로 25번은 (A)가 답이다. (C)의 경우 코를 맞대는 것은 뉴질랜드 마오리족의 인사법이므로 오답이다.

Words and Phrases   bow 고개를 숙이다, 절하다 | forehead 이마 | shake it up 서둘러라

Part C. Listen and Speak (p. 17)

26. B: Whose backpack is that?
G: I don't know. I think it was here yesterday.
B: Then, I will put it in the lost and found box
G: _____

(A) I think that's a good idea.
(B) Yes, I will be back tomorrow.
(C) He is working at the back office.
(D) I think you should see the doctor.

해석 소년: 저 가방 누구 거야?
소녀: 모르겠어. 어제 여기 있었던 것 같아.
소년: 그럼, 내가 그걸 분실물 보관함에 넣을게.
소녀: _____

(A) 좋은 생각인 것 같아.
(B) 응. 내일 돌아올게.
(C) 그는 백오피스에서 일하고 있어.
(D) 나는 네가 의사를 만나봐야 한다고 생각해.

풀이 주인이 없는 가방을 분실물 보관함에 넣겠다고 했으므로 좋은 생각이라고 대답하는 (A)가 답이다.

27. G: Did you go to Jimmy's birthday party?
B: Yes, he made three wishes on his birthday.
G: Wow, do you know what they were?
B: _____

(A) I should have.
(B) He wasn't coming.
(C) No, they were a secret.
(D) Yes, I went to the party yesterday.

해석 소녀: 너 Jimmy의 생일파티에 갔어?
소년: 응. 그는 자신의 생일에 세 개의 소원을 빌었어.
소녀: 와, 그게 뭐였는지 알아?
소년: _____

(A) 내가 알았어야 했는데.
(B) 그는 오고 있지 않았어.
(C) 아니, 그건 비밀이었어.
(D) 응. 나는 어제 파티에 갔어.

풀이 소녀가 Jimmy가 어떤 소원을 빌었는지 아냐고 물었으므로 그건 비밀이었다고 말하는 (C)가 답이다.

Words and Phrases   make wishes 소원을 빌다

28. B: Mom, can I go play soccer with my friends?
W: Wait, did you finish all your homework?
B: Not yet, but can I do it after soccer?
W: _____

(A) It is your turn now.
(B) It's just past six o'clock.
(C) Please close the door for me.
(D) You'd better finish before you go.

해석 소년: 엄마, 제 친구들과 축구하러 가도 되나요?
여자: 잠깐, 네 숙제를 모두 끝냈니?
소년: 아직 안 했어요, 그렇지만 축구하고 하면 안될까요?
여자: _____

(A) 지금은 네 차례야.
(B) 6시 정각을 막 지났어.
(C) 날 위해 문을 닫아줘.
(D) 가기 전에 끝내는 게 좋을 거야.

풀이 소년이 축구를 하고 숙제를 해도 되냐고 물었으므로 숙제를 끝내고 축구를 하는 게 나을 거라고 대답하는 (D)가 답이다.

Words and Phrases   past ~을 지나서

29. B: Do you have a favorite kind of music?
G: No, but I have favorite bands.
B: What bands do you like?
G: _____

(A) He plays drums very well.
(B) I like the Beetles the best.
(C) My favorite book is comics.
(D) Yes, she is my music teacher.

해석 소년: 가장 좋아하는 음악 장르가 있니?
소녀: 아니, 그렇지만 가장 좋아하는 밴드는 있어.
소년: 어떤 밴드를 좋아해?
소녀: _____

(A) 그는 드럼을 매우 잘 쳐.
(B) 나는 Beetles를 가장 좋아해.
(C) 내가 가장 좋아하는 책은 만화책이야.
(D) 응. 그녀는 내 음악 선생님이야.

풀이 소년이 어떤 밴드를 가장 좋아하냐고 물었으므로 좋아하는 밴드의 이름을 언급하는 (B)가 답이다.

30. G: I heard it's supposed to rain.
B: Where did you hear that?
G: The weather report said there is a high chance.
B: _____

(A) That's expensive.
(B) It is near the park.
(C) She is arriving soon.
(D) Thank you for letting me know.

해석 소녀: 나는 비가 올 거라고 들었어.

소년: 그걸 어디서 들었어?

소녀: 기상예보에서 확률이 높다고 했어.

소년: _____

(A) 그건 비싸.

(B) 그건 공원 근처에 있어.

(C) 그녀는 곧 도착할 거야.

(D) 알려줘서 고마워.

풀이 소녀가 기상 예보에서 비가 올 확률이 높다고 말했으므로 알려줘서 고맙다고 대답하는 (D)가 답이다.

Words and Phrases be supposed to ～하기로 되어 있다

SECTION II READING AND WRITING

Part A. Sentence Completion (p. 20)

1. A: _____ does the class start?
   B: It starts at 9:00.
   (A) Why
   (B) What
   (C) **When**
   (D) Where

해석 A: 수업 언제 시작해?

B: 9시에 시작해.

(A) 왜

(B) 무엇

(C) 언제

(D) 어디에

풀이 B가 시간과 관련된 대답을 했으므로 'When(언제)'을 사용한 (C)가 정답이다.

2. A: Excuse me, where can I find the math books?
   B: You will find _____ just around the corner.
   (A) it
   (B) **them**
   (C) their
   (D) themselves

해석 A: 실례합니다. 수학책을 어디서 찾을 수 있을까요?

B: 모퉁이를 돈 곳에서 그것들을 바로 찾으실 수 있을 거예요.

(A) 그것

(B) 그것들을

(C) 그들의, 그것들의

(D) (그들) 자신

풀이 빈칸에는 'math books'를 지칭하는 3인칭 목적격 인칭대명사가 와야 하므로 (B)가 정답이다.

3. A: How much are these pants?
   B: _____ 25 dollars.
   (A) It is
   (B) It are
   (C) They is
   (D) **They are**

해석 A: 이 바지 얼마예요?

B: 그것들은 25달러예요.

(A) 그것은 ～이다.

(B) 틀린 표현

(C) 틀린 표현

(D) 그것들은 ～이다.

풀이 'these pants'라고 복수형으로 물어봤으므로 복수형을 받을 수 있는 'they'와 그에 알맞은 be 동사를 사용한 (D)가 답이다.

4. A: Could you come to the party at 2:00?
   B: I can _____ I finish my homework on time.
   (A) **if**
   (B) so
   (C) and
   (D) but

해석 A: 2시에 파티에 올 수 있어?

B: 내가 제시간에 숙제를 끝내면 갈 수 있어.

(A) ～하면

(B) 그래서

(C) 그리고

(D) 그러나

풀이 파티에 올 수 있냐고 물어봤으므로 숙제를 끝낸다면 갈 수 있다고 대답하는 (A)가 답이다. (B), (C), (D)는 의미상 자연스럽지 않으므로 오답이다.

5. A: I met Robert in front of the bookstore yesterday.
   B: He was with his sister, _____?
   (A) isn't he
   (B) does he
   (C) doesn't he
   (D) **wasn't he**

해석 A: 어제 서점 앞에서 Robert를 만났어.

B: 그는 자기 여동생과 같이 있었지, 그렇지 않았어?

(A) 그렇지 않아? (be 동사 현재시제 긍정문의 부가의문문)

(B) 그렇지? (do 조동사 현재시제 부정문의 부가의문문)

(C) 그렇지 않아? (do 조동사 현재시제 긍정문의 부가의문문)

(D) 그렇지 않았어? (be 동사 과거시제 긍정문의 부가의문문)

풀이 빈칸 앞에서 'was'라는 be 동사 과거시제 긍정문을 사용했으므로 부가의문문으로는 be 동사 과거시제 부정형이 나와야 한다. 그러므로 (D)가 답이다.

PART B. Situational Writing (p. 21)

6. The family is hiking _____ the forest.

    (A) in
    (B) onto
    (C) under
    (D) through

해석 가족은 숲에서 하이킹 하고 있다.

    (A) ~에서
    (B) ~(위)로
    (C) ~아래에
    (D) ~을 통해서

풀이 숲에서 하이킹 한다는 표현으로 적절한 전치사는 'in'이므로 (A)가 답이다.

7. The boy _____ from the bicycle.

    (A) will fall
    (B) does fall
    (C) is falling
    (D) has fallen

해석 그 소년은 자전거에서 떨어졌다.

    (A) 떨어질 것이다
    (B) 떨어진다(강조의 표현)
    (C) 떨어지고 있다
    (D) 떨어졌다

풀이 이미 자전거에서 떨어진 상황이므로 현재 완료 형태인 (D)가 답이다.

8. The man is _____ the slope.

    (A) ascending
    (B) increasing
    (C) decreasing
    (D) descending

해석 그 남자는 경사로를 내려가고 있다.

    (A) 올라가고 있는
    (B) 증가하고 있는
    (C) 감소하고 있는
    (D) 내려가고 있는

풀이 남자가 경사로에서 내려가고 있으므로 (D)가 답이다.

Words and Phrases ascend 올라가다 descend 내려가다

9. The man is feeling _____.

    (A) excited
    (B) exhausted
    (C) examined
    (D) exercised

해석 남자는 지쳤다.

    (A) 흥분한
    (B) 지친
    (C) 조사한
    (D) 운동된

풀이 남자가 지친 상황이므로 (B)가 답이다.

Words and Phrases exhausted 지친, 기진맥진한 | examine 조사하다, 검사하다

10. Kids are walking _____.

    (A) in line
    (B) to line
    (C) on line
    (D) at line

해석 아이들은 줄을 서서 걸어가고 있다.

    (A) 줄을 서서
    (B) 줄 쪽으로
    (C) 줄 위에서
    (D) 줄에서

풀이 줄을 서서 걸어가고 있다는 표현에 알맞은 전치사는 'in' 이므로 (A)가 답이다.

Part C. Practical Reading and Retelling (p. 24)

[11–12]

11. Where is the Book Sale held?

    (A) Unionville High School Gym
    (B) Unionville High School Market
    (C) Unionville High School Library
    (D) Unionville High School Backyard

12. How much is it if you get four children's books?

    (A) $1.00
    (B) $2.00
    (C) $3.00
    (D) $4.00

해석

> 책 판매
>
> Unionville 고등학교
>
> 두꺼운 표지의 책은 3달러, 종이 표지는 1달러입니다.
> 아이들용 종이 표지 책은 2권에 1달러입니다.
> CD는 2달러이고 DVD는 3달러입니다.
> 특가 물품은 표시된 대로 입니다.
>
> 장소: Unionville 고등학교 체육관
> 날짜: 10월 21일 금요일
> 시간: 오전 9시 – 오후 4시

11. 어디서 책 판매가 열리는가?

(A) Unionville 고등학교 체육관

(B) Unionville 고등학교 시장

(C) Unionville 고등학교 도서관

(D) Unionville 고등학교 뒤뜰

12. 아이들용 책 4권을 사면 얼마가 드는가?

(A) 1달러

(B) 2달러

(C) 3달러

(D) 4달러

풀이 'Place: Unionville High School Gym'이라고 했으므로 11번은 (A)가
답이다.

아이들용 책은 2권에 1달러라고 했으므로 4권을 사면 2달러가 든다. 그
러므로 12번은 (B)가 답이다.

Words and Phrases hardback 하드커버, 두꺼운 표지 |
softback 종이 표지

[13-14]

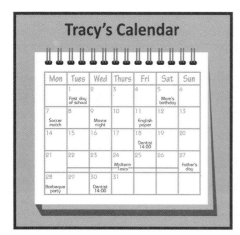

13. How many times does Tracy go to dentist this month?

(A) once

(B) twice

(C) three times

(D) four times

14. How many days are midterm tests?

(A) two days

(B) three days

(C) four days

(D) five days

해석

월	화	수	목	금	토	일
	1 학교 첫 날	2	3	4	5 엄마 생신	6
7 축구 시합	8	9 영화의 밤	10	11 영어 과제	12	13
14	15	16	17	18 치과 14:00	19	20
21	22	23 중	24 간	25 고 사	26	27 아버지의 날
28 바베큐 파티	29	30 치과 14:00	31			

표 제목: Tracy의 달력

13. Tracy는 이번 달에 몇 번 치과에 가는가?

(A) 한 번

(B) 두 번

(C) 세 번

(D) 네 번

14. 중간고사는 며칠 걸리는가?

(A) 2일

(B) 3일

(C) 4일

(D) 5일

풀이 18일, 30일 총 두 번 치과에 가야 하므로 13번은 (B)가 답이다.
22일부터 26일, 총 5일간 중간고사 기간이므로 (D)가 답이다.

Words and Phrases paper 과제물, 리포트

[15-16]

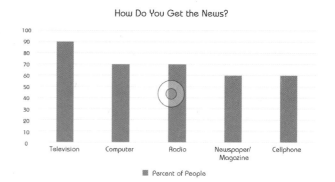

15. From what type of media do the least people get their news?

(A) Radios

(B) Computers

(C) Televisions

(D) Newspapers

16. From which types of media do the same percentage of people get their news?

    (A) magazines and radios

    (B) radios and computers

    (C) cellphones and televisions

    (D) computers and newspapers

해석 15. 어떤 매체를 통해 가장 적은 사람들이 뉴스를 보는가?

    (A) 라디오

    (B) 컴퓨터

    (C) 텔레비전

    (D) 신문

  16. 어떤 매체를 통해 똑같은 비중의 사람들이 뉴스를 보는가?

    (A) 잡지와 라디오

    (B) 라디오와 컴퓨터

    (C) 핸드폰과 텔레비전

    (D) 컴퓨터와 신문

풀이 라디오 70%, 컴퓨터 70%, 텔레비전 90%, 신문 60%이므로 가장 적은 사람들이 뉴스를 보는 매체는 신문이다. 그러므로 15번은 (D)가 답이다. 라디오와 컴퓨터는 70%로 동일하므로 16번은 (B)가 답이다.

[17–18]

17. Which of the following is against these group rules?

    (A) speaking loudly

    (B) listening to other people

    (C) sharing ideas with members

    (D) working with the team members

18. What are these rules for?

    (A) home life

    (B) group work

    (C) police stations

    (D) shopping centers

해석

단체 규칙
서로 잘 지낸다
모두의 의견을 존중한다
지지를 보내고 생각을 제공한다
부드러운 목소리를 사용한다
적극적으로 참여한다
한 팀으로 같이 지낸다

17. 다음 중 단체 규칙에 어긋나는 것은 무엇인가?

    (A) 큰 소리로 말하기

    (B) 다른 사람들의 말을 듣기

    (C) 구성원과 생각을 공유하기

    (D) 팀 구성원과 함께 일하기

18. 이 규칙은 무엇을 위한 것인가?

    (A) 가정생활

    (B) 단체 활동

    (C) 경찰서

    (D) 쇼핑센터

풀이 큰 소리로 말하기보다는 부드럽게 말하라고 했으므로 17번은 (A)가 답이다. (B)는 'Respect everyone's opinions', (C)는 'offer ideas', (D)는 'stay together as a team'을 비슷한 말로 바꾼 것이므로 오답이다. 'Group Rules'라는 제목과 함께 팀의 구성원으로서 지켜야 할 규칙이 나열되어 있으므로 단체 활동을 위한 규칙임을 알 수 있다. 그러므로 18번은 (B)가 답이다.

Words and Phrases get along with ~와 잘 지내다

[19–20]

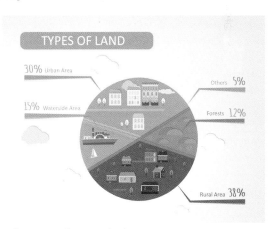

19. What type of area is the largest?

    (A) forests

    (B) rural areas

    (C) urban areas

    (D) waterside areas

20. What is the fourth largest type of area?

    (A) forests

    (B) rural areas

    (C) urban areas

    (D) waterside areas

해석

지역의 종류
시골 지역 38%
도시 지역 30%
물가 지역 15%
숲 12%
기타 5%

19. 가장 큰 지역은 무엇인가?
(A) 숲
(B) 시골 지역
(C) 도시 지역
(D) 물가 지역

20. 네 번째로 큰 지역은 무엇인가?
(A) 숲
(B) 시골 지역
(C) 도시 지역
(D) 물가 지역

풀이 시골 지역이 38%로 가장 큰 비중을 차지하고 있으므로 19번은 (B)가 답이다.
시골 지역, 도시 지역, 물가 지역, 숲 순으로 큰 지역이므로 20번은 (A)가 답이다.

Words and Phrases rural 시골의 | urban 도시의 | waterside 물가

PART D. General Reading and Retelling (p. 29)

[21–22]

The Olympics is one of the most well-known sporting events in the world. Athletes come from almost every country in the world. It switches between summer and winter sports every two years. Some sports, like volleyball and basketball, are very popular and played in almost every country. However, some sports, like handball and cricket, are only common in a few countries. The Olympics has different sports so that all countries can watch sports they love.

21. How often are the Olympics held?
(A) every year
(B) every 2 years
(C) every 5 years
(D) every 10 years

22. According to the passage, what is an example of an uncommon sport?
(A) archery
(B) handball
(C) volleyball
(D) basketball

해석 올림픽은 세계에서 가장 잘 알려진 스포츠 행사 중의 하나이다. 운동선수들은 세계 거의 모든 나라에서 온다. 2년마다 여름 스포츠와 겨울 스포츠가 교대로 진행된다. 배구나 농구 같은 일부 스포츠는 매우 인기있어서 거의 모든 나라에서 한다. 그러나, 핸드볼이나 크리켓 같은 일부 스포츠는 몇몇 나라에서만 흔하다. 올림픽에는 모든 나라가 각기 사랑하는 스포츠를 볼 수 있도록 다양한 스포츠가 있다.

21. 얼마나 자주 올림픽이 열리는가?
(A) 매년
(B) 2년마다
(C) 5년마다
(D) 10년마다

22. 지문에 따르면, 흔하지 않은 스포츠의 예시는 무엇인가?
(A) 양궁
(B) 핸드볼
(C) 배구
(D) 농구

풀이 'It switches between summer and winter sports every two years.'를 통해 2년을 주기로 올림픽이 열리는 것을 알 수 있으므로 21번은 (B)가 답이다.
'some sports, like handball and cricket are only common in a few countries'를 통해 흔하지 않은 스포츠의 예로 핸드볼과 크리켓을 들었음을 알 수 있으므로 22번은 (B)가 답이다. (C)와 (D)는 유명한 스포츠의 예로 언급되었으므로 오답이다.

Words and Phrases switch 전환되다, 바뀌다 | archery 양궁

[23–24]

How many times do you sleep in a day? Most people sleep only once at night. However, before the 1700s, many people slept two or more times in one night. In the past, people did not have light bulbs to stay up late. They would go to sleep soon after the sun set. Then, they would wake up for a few hours. Finally, they would go back to sleep before morning. Today, we go to bed later, so we do not have extra sleeping time. We have to get our sleep all at once and hope that it is enough!

23. When did people's sleep schedules start to change?
(A) the 1700s
(B) in one day
(C) in one night
(D) before morning

24. Why did people start sleeping only once a day?
(A) The light bulb became common.
(B) Children did not want to listen to their parents.
(C) Night time was a lot of fun, so they were not sleepy.
(D) Everyone started drinking coffee, so they could stay up later.

해석 당신은 하루에 몇 번 자는가? 대부분의 사람들은 밤에 한 번만 잔다. 하지만, 1700년대 전에, 많은 사람들은 하룻밤에 두 번 또는 그 이상 잠을 잤다. 과거에, 사람들은 늦게까지 깨어있기 위한 전구가 없었다. 그들은 해가 진 후 곧 잠에 들었을 것이다. 그리고나서, 그들은 몇 시간 동안 깨어있을 것이다. 마지막으로, 그들은 아침이 오기 전에 다시 잠자리에 들었을 것이다. 오늘날, 우리는 늦게 잠자리에 든다. 그래서 우리는 추가 수면 시간이 없다. 우리는 잠을 한 번에 다 자야 하고 그것으로 충분하기를 바란다!

23. 언제 사람들의 수면 일정이 바뀌기 시작했는가?
(A) 1700년대
(B) 하루만에
(C) 하루 밤새
(D) 아침 전에

24. 왜 사람들은 하루에 한 번만 자기 시작했는가?
(A) 전구가 흔해졌다.
(B) 아이들이 부모님의 말을 듣고 싶지 않았다.
(C) 밤 시간은 매우 재밌어서 그들은 졸리지 않았다.
(D) 모두가 커피를 마시기 시작해서 늦게까지 깨어있을 수 있었다.

풀이 'However, before the 1700s, many people slept two or more times in one night.'를 통해 1700년대를 기점으로 밤에 한 번 자는 것으로 수면 패턴이 바뀌었음을 알 수 있다. 따라서 23번은 (A)가 답이다.
'In the past, people did not have light bulbs to stay up late.'를 통해 1700년대 이전에는 전구가 없었기 때문에 하루에 두 번 이상 잤고, 현재는 한 번만 잔다는 것을 통해 전구가 흔해졌음을 추론할 수 있으므로 24번은 (A)가 답이다. (B), (C), (D)에 대한 내용은 나와 있지 않으므로 오답이다.

Words and Phrases all at once 한 번에, 한꺼번에 | set (해가) 지다

[25-26]
Coloring is very common for children, but now even adults are coloring! Coloring is good for learning art, relaxing, and focusing. New coloring books have pictures for adults. They are not as simple as children's coloring books. Some are complicated shapes and others are famous places. The first successful adult coloring book came out in 2012, but now there are many to choose from.

25. According to the passage, what is NOT a benefit of coloring?
(A) You can relax.
(B) You can sell your art.
(C) You can learn art skills.
(D) You can increase your focus.

26. According to the passage, how are children's coloring books different from adult coloring books?
(A) They are boring.
(B) They are expensive.
(C) They have fewer pictures.
(D) They are less complicated.

해석 색칠하기는 아이들에게는 매우 일반적이다. 그러나 현재는 성인들까지도 색칠을 하고 있다! 색칠하기는 미술 학습, 진정, 그리고 집중에 좋다. 새로운 색칠하기 책에는 성인을 위한 그림이 있다. 그것들은 아이들용 색칠하기 책처럼 간단하지 않다. 일부는 복잡한 모양이고 다른 것들은 유명한 장소이다. 최초의 성공적인 성인용 색칠하기 책은 2012년에 나왔다. 그러나 현재는 선택할 수 있는 많은 책들이 있다.

25. 지문에 따르면, 색칠하기의 장점이 아닌 것은 무엇인가?
(A) 긴장을 풀 수 있다.
(B) 자신의 작품을 팔 수 있다.
(C) 미술 기술을 배울 수 있다.
(D) 집중력을 높일 수 있다.

26. 지문에 따르면, 아이들용 색칠하기 책은 성인용 색칠하기 책과 어떻게 다른가?
(A) 그것들은 더 지루하다.
(B) 그것들은 비싸다.
(C) 그것들에는 그림이 더 적다.
(D) 그것들은 덜 복잡하다.

풀이 'Coloring is good for learning art, relaxing, and focusing.'을 통해 색칠하기는 미술을 배우고, 긴장을 풀고, 집중에 좋다는 것을 알 수 있으므로 25번은 여기에 포함되지 않은 (B)가 답이다.
'some are complicated shapes'를 통해 아이들용 책은 성인용 책보다 덜 복잡함을 알 수 있으므로 26번은 (D)가 답이다. (A), (B), (C)에 대한 내용은 나와있지 않으므로 오답이다.

Words and Phrases complicated 복잡한

[27-28]
Where did coconuts come from? People around the world make delicious food with coconuts. However, the first coconut grew near India or Indonesia. Then, they traveled around the world. They have hard shells, but float in the ocean. Now coconuts grow even in Mexico! People use coconuts for food, fires, and cosmetics. They are used for many things, so are important in many countries.

27. Where are you LEAST likely to find trees growing coconuts?
(A) India
(B) Russia
(C) Mexico
(D) Indonesia

28. Why are coconuts important in many countries?
(A) They look cute.
(B) They float around the world.
(C) They can be used for many things.
(D) India gave them as a gift to Mexico.

해석 코코넛은 어디에서 왔는가? 전 세계 사람들은 코코넛으로 맛있는 음식을 만든다. 그러나, 최초의 코코넛은 인도나 인도네시아 인근에서 자랐다. 그리고나서, 그것들은 전 세계로 퍼졌다. 그것들은 딱딱한 껍질을 가지고 있지만 바다에서 뜬다. 현재 코코넛은 멕시코에서도 자란다! 사람들은 코코넛을 식용, 땔감용, 그리고 화장품용으로 사용한다. 그것들은 많은 것들에 쓰인다. 그래서 많은 나라에서 중요하다.

27. 코코넛이 자라는 나무를 찾을 가능성이 가장 적은 곳은 어디인가?

(A) 인도

(B) 러시아

(C) 멕시코

(D) 인도네시아

28. 왜 코코넛은 많은 나라에서 중요한가?

(A) 그것들은 귀엽다.

(B) 그것들은 전 세계에 떠다닌다.

(C) 그것들은 많은 것들에 쓰일 수 있다.

(D) 인도는 그것을 멕시코에 선물로 주었다.

풀이 'coconut grew near India or Indonesia', 'coconuts grow even in Mexico' 등을 통해 인도, 멕시코, 인도네시아에서는 코코넛이 자라고 있음을 알 수 있으므로 27번은 이에 포함되지 않은 (B)가 답이다.

'They are used for many things, so are important in many countries.'을 통해 코코넛이 많은 나라에서 중요한 이유는 많은 용도로 사용되기 때문임을 알 수 있다. 그러므로 28번은 (C)가 답이다

Words and Phrases shell 껍질 | float 뜨다

[29-30]

Do you want to become an actor or actress? Do you want to make movies? Acting used to be very difficult to begin, but now almost anyone can start! Many people make short videos and put them on the Internet. If a lot of people watch your video, you can earn money and become famous! Some are very simple but others look very professional. You do not even need a lot of equipment. With a smart phone/camera and a computer, you can record, cut, and upload your video easily.

29. What do you NOT need to record, cut, and upload your video to the Internet?

(A) a camera

(B) a computer

(C) a DVD player

(D) a smart phone

30. According to this passage, which statement is true?

(A) Internet videos never look professional.

(B) You need a lot of money to put videos on the Internet.

(C) Even if a lot of people watch your video, you cannot make money.

(D) It does not take a lot of equipment to upload a video to the Internet.

해석 배우나 여배우가 되고 싶은가? 영화를 만들고 싶은가? 연기는 시작하기 매우 어려웠었다. 하지만 지금은 거의 누구나 시작할 수 있다! 많은 사람들은 짧은 영상을 만들고 그것을 인터넷에 올린다. 많은 사람들이 당신의 영상을 본다면, 당신은 돈을 벌 수 있고 유명해질 수 있다! 몇몇은 매우 간단하지만 다른 것들은 매우 전문적으로 보인다. 당신은 많은 장비조차 필요 없다. 스마트폰/카메라와 컴퓨터로, 당신은 쉽게 영상을 녹음하고, 편집하고, 그리고 올릴 수 있다.

29. 영상을 녹음하고, 편집하고, 인터넷에 올리기 위해 필요하지 않은 것은 무엇인가?

(A) 카메라

(B) 컴퓨터

(C) DVD 플레이어

(D) 스마트폰

30. 이 지문에 따르면, 다음 중 사실인 것은 무엇인가?

(A) 인터넷 영상은 절대로 전문적으로 보이지 않는다.

(B) 영상을 인터넷에 올리기 위해서는 많은 돈이 필요하다.

(C) 많은 사람들이 당신의 영상을 보더라도, 당신은 돈을 벌 수 없다.

(D) 영상을 인터넷에 올리는 것은 많은 장비를 필요로 하지 않는다.

풀이 'With a smart phone/camera and a computer, you can record, cut, and upload your video easily.'을 통해 영상을 녹음, 편집, 올리기 위해서는 스마트폰, 카메라, 컴퓨터가 필요함을 알 수 있으므로 29번은 이에 포함되지 않은 (C)가 답이다.

'You do not even need a lot of equipment.'를 통해 영상을 인터넷에 올리는 데에 많은 장비가 필요하지 않다는 것을 알 수 있으므로 30번은 (D)가 답이다. (C)의 경우, 많은 사람들이 본인의 영상을 보면 돈을 벌 수 있다고 했으므로 오답이다.

Words and Phrases professional 전문적인 | equipment 장비, 도구

TOSEL JUNIOR

실전 2회

Section I Listening and Speaking

1 **(A)**	2 **(B)**	3 **(C)**	4 **(D)**	5 **(C)**
6 **(D)**	7 **(D)**	8 **(D)**	9 **(D)**	10 **(B)**
11 **(D)**	12 **(D)**	13 **(B)**	14 **(D)**	15 **(B)**
16 **(C)**	17 **(C)**	18 **(A)**	19 **(A)**	20 **(D)**
21 **(D)**	22 **(C)**	23 **(B)**	24 **(D)**	25 **(A)**
26 **(B)**	27 **(C)**	28 **(D)**	29 **(D)**	30 **(A)**

Section II Reading and Writing

1 **(B)**	2 **(B)**	3 **(B)**	4 **(D)**	5 **(C)**
6 **(D)**	7 **(C)**	8 **(D)**	9 **(A)**	10 **(A)**
11 **(D)**	12 **(C)**	13 **(A)**	14 **(C)**	15 **(C)**
16 **(D)**	17 **(D)**	18 **(D)**	19 **(C)**	20 **(A)**
21 **(D)**	22 **(B)**	23 **(C)**	24 **(D)**	25 **(A)**
26 **(A)**	27 **(C)**	28 **(C)**	29 **(B)**	30 **(A)**

SECTION I LISTENING AND SPEAKING

Part A. Listen and Respond (p. 42)

1. G: I'm freezing.
  B: _____
  (A) Wear something warm.
  (B) How much is this freezer?
  (C) Last week was really hot.
  (D) I would like an ice cream cone.
해석 소녀: 너무 추워.
  소년: _____
  (A) 따뜻한 옷을 입어.
  (B) 이 냉동고 얼마야?
  (C) 지난주는 정말 더웠어.
  (D) 아이스크림콘을 먹고 싶어.
풀이 소녀가 너무 춥다고 했으므로 따뜻한 옷을 입으라고 대답하는 (A)가 답
  이다. (B)는 'freeze'의 활용형 'freezer'를 이용한 오답이다.
Words and Phrases freeze 추워(얼어) 죽을 지경이다 | freezer 냉동고

2. G: When are you coming to pick them up?
  B: _____
  (A) Somehow, I guess.
  (B) Maybe around 4 o'clock.
  (C) Can you pick up the garbage?
  (D) Jill wants to come tomorrow.

해석 소녀: 언제 그걸 가지러 올 거야?
  소년: _____
  (A) 내 생각엔, 어떻게든.
  (B) 아마 4시쯤에.
  (C) 쓰레기 주워줄 수 있어?
  (D) Jill은 내일 오고 싶어 해.
풀이 소녀가 언제 가지러 올 거냐고 시간을 물었으므로 4시쯤이라고 대답
  하는 (B)가 답이다.

3. B: That chicken was really spicy.
  W: _____
  (A) I tried to do it.
  (B) You love eating eggs.
  (C) I actually found them sweet.
  (D) Yes, we should try that chicken.
해석 소년: 그 치킨은 정말 매웠어.
  여자: _____
  (A) 내가 그걸 하려고 했어.
  (B) 너 계란 먹는 거 좋아하는구나.
  (C) 나는 사실 그게 달콤하다고 생각했어.
  (D) 응, 우리 저 치킨 먹어보자.
풀이 소년이 치킨이 맵다고 맛에 대해 이야기했으므로 자신은 달콤하다고 생
  각했다는 (C)가 답이다.

4. G: Josh, the water is too cold.
  B: _____
  (A) I caught a cold.
  (B) My clothes are dry.
  (C) Would you like some ice in it?
  (D) It will feel good once you get in.
해석 소녀: Josh, 물이 너무 차가워.
  소년: _____
  (A) 나는 감기에 걸렸어.
  (B) 내 옷들이 말랐어.
  (C) 거기에 얼음 좀 넣을래?
  (D) 네가 일단 들어오면 괜찮아질 거야.
풀이 소녀가 물이 너무 차갑다고 했으므로 일단 물에 들어오면 괜찮아질 거
  라고 대답하는 (D)가 답이다.

5. B: I need to talk to Kate.
  G: _____
  (A) Yes, I would.
  (B) Sorry, I'm busy.
  (C) She must be in her room.
  (D) No, she wants to talk to you.
해석 소년: 나는 Kate와 이야기해야 해.
  소녀: _____
  (A) 응, 내가 할게.
  (B) 미안, 난 바빠.
  (C) 그녀는 자기 방 안에 있을 거야.
  (D) 아니, 그녀는 너와 말하고 싶어해.

풀이 Kate와 이야기해야 한다고 했으므로 그녀가 방 안에 있을 거라고 대답하는 (C)가 답이다. (D)는 'No'라는 부정의 답이 그녀가 말하고 싶어한다는 말과 상응하지 않아 오답이다.

6. G: How's your new job?
　B: _____
　　　(A) Finding a job is hard.
　　　(B) My mother is a teacher.
　　　(C) When will you get a job?
　　　(D) I think teaching suits me.

해석 소녀: 네 새 일자리는 어때?
　　　소년: _____
　　　(A) 일자리를 찾는 것은 힘들어.
　　　(B) 내 엄마는 선생님이야.
　　　(C) 언제 일자리를 얻을 거야?
　　　(D) 가르치는 게 내 적성에 맞다고 생각해.

풀이 소녀가 일이 어떠냐고 물어봤으므로 내 적성에 맞다고 대답하는 (D)가 답이다.

Words and Phrases suit ~에게 맞다. 어울리다

7. M: Reading makes me sleepy.
　W: _____
　　　(A) It's my brother's.
　　　(B) I want two books.
　　　(C) That's a great idea.
　　　(D) Try a different book.

해석 남자: 독서는 나를 졸리게 해.
　　　여자: _____
　　　(A) 그건 내 남동생 거야.
　　　(B) 나는 책 두 권을 원해.
　　　(C) 좋은 생각이야.
　　　(D) 다른 책을 읽어 봐.

풀이 독서를 하니 졸리다고 했으므로 다른 책을 읽어보라고 권유하는 (D)가 답이다.

8. G: May I help you?
　B: _____
　　　(A) Sorry, I can't.
　　　(B) Of course, I will.
　　　(C) Let's have a look.
　　　(D) I want a chicken sandwich.

해석 소녀: 무엇을 도와드릴까요?
　　　소년: _____
　　　(A) 미안하지만, 못 해요.
　　　(B) 당연히, 할게요.
　　　(C) 한번 봅시다.
　　　(D) 치킨 샌드위치 하나 주세요.

풀이 소녀가 도울 일이 있냐고 물어봤으므로 치킨 샌드위치를 주문하는 (D)가 답이다. 소년의 대답을 통해 소녀가 가게 직원, 소년이 손님임을 알 수 있다.

9. B: How long does it take to go there?
　G: _____
　　　(A) I walked here.
　　　(B) It is five dollars.
　　　(C) I went there yesterday.
　　　(D) About twenty minutes.

해석 소년: 거기까지 가는 데 얼마나 걸려?
　　　소녀: _____
　　　(A) 나는 여기까지 걸어왔어.
　　　(B) 그건 5달러야.
　　　(C) 나는 어제 거기에 갔어.
　　　(D) 대략 20분.

풀이 소년이 가는 데에 걸리는 소요 시간을 물어봤으므로 대략 20분 걸린다고 대답하는 (D)가 답이다.

10. B: I heard you've got some good news.
　　G: _____
　　　(A) Yes, that's great.
　　　(B) How did you know?
　　　(C) Let's watch the news on TV.
　　　(D) Tell me about your good news.

해석 소년: 너에게 좋은 소식이 있다고 들었어.
　　　소녀: _____
　　　(A) 응, 좋아.
　　　(B) 어떻게 알았어?
　　　(C) 그 뉴스를 TV로 보자.
　　　(D) 네 좋은 소식에 대해 내게 말해줘.

풀이 소년이 소녀에게 좋은 소식이 있다는 말을 들었다고 했으므로 어떻게 알았냐고 묻는 (B)가 답이다. (D)는 소녀가 아니라 소년이 할 수 있는 말이므로 오답이다.

Part B. Listen and Retell (p. 43)

11. B: Can you come to school today?
　　W: I think so. What's wrong?
　　B: We are having a parent's day.
　　Q: What is the boy asking the woman to do?
　　　(A) be a student
　　　(B) read a book
　　　(C) play together
　　　(D) come to school

해석 소년: 오늘 학교에 올 수 있어요?
　　　여자: 그럴 것 같아. 무슨 문제 있어?
　　　소년: 부모님 방문의 날이잖아요.
　　　질문: 소년이 여자에게 부탁하는 것은 무엇인가?
　　　(A) 학생이 된다
　　　(B) 책을 읽는다
　　　(C) 같이 논다
　　　(D) 학교에 온다

풀이 'Can you come to school today?'라는 말을 통해 소년이 여자에게 학교에 오라고 부탁하고 있음을 알 수 있으므로 (D)가 답이다.

12. G: Where are you going, Mike?

B: I have an appointment with Ms. Sanders.

G: Oh, I should talk to her about the reading, too

Q: What is the boy going to do?

(A) write a report

(B) clean his room

(C) meet with Mike

(D) talk with a teacher

해석   소녀: 어디 가, Mike?

소년: Sanders씨와 약속이 있어.

소녀: 오, 나도 그녀와 읽기 과제에 관해 말해야 해.

질문: 소년은 무엇을 할 것인가?

(A) 보고서를 쓴다

(B) 그의 방을 청소한다

(C) Mike를 만난다

(D) 선생님과 이야기한다

풀이   소년이 Sanders씨와 약속이 있다고 하자 소녀가 자신도 읽기에 관해 그녀와 이야기해야 한다고 했으므로 Sanders씨가 선생님이고 소년이 그녀와 이야기할 예정임을 알 수 있다. 그러므로 (D)가 답이다.

Words and Phrases   appointment 약속

13. B: Why don't we try the Chinese restaurant?

G: Nah, I had some yesterday.

B: Hmm. How about some pasta then?

Q: Why does the girl not want Chinese food?

(A) She is not Chinese.

(B) She had it yesterday.

(C) She already had pasta.

(D) She prefers Japanese food.

해석   소년: 중식당에 갈래?

소녀: 아니, 나 어제 먹었어.

소년: 음. 그러면 파스타는 어때?

질문: 왜 소녀는 중국 음식을 원하지 않는가?

(A) 그녀는 중국인이 아니다.

(B) 그녀는 어제 그것을 먹었다.

(C) 그녀는 이미 파스타를 먹었다.

(D) 그녀는 일본 음식을 선호한다.

풀이   중식당에 가자고 하자 소녀가 'Nah, I had some yesterday.'라고 했으므로 어제 중국 음식을 먹었기 때문에 거절했음을 알 수 있다. 그러므로 (B)가 답이다.

14. G: Who painted that cat?

B: It says "Jack" on the bottom of the painting.

G: Wow. He is a great painter.

Q: What are they looking at?

(A) a lost cat

(B) Jack's pet

(C) a famous painter

(D) a picture of a cat

해석   소녀: 누가 저 고양이를 그렸어?

소년: 그림 밑에 "Jack"이라고 쓰여 있어.

소녀: 와. 그는 훌륭한 화가야.

질문: 그들이 보고 있는 것은 무엇인가?

(A) 잃어버린 고양이

(B) Jack의 애완동물

(C) 유명한 화가

(D) 고양이 그림

풀이   소녀가 누가 저 고양이를 그렸냐고 물어보자 소년이 'It says "Jack" on the bottom of the painting.'이라고 대답하고 있다. 이를 통해 두 사람은 그림을 보고 대화하고 있음을 알 수 있다. 그러므로 (D)가 답이다.

15. W: Don't touch the cake, Jamie.

B: Can I eat this chocolate on top?

W: No, this is for Dad, remember?

Q: Who is the cake for?

(A) Mom

(B) Dad

(C) Jamie

(D) Grandma

해석   여자: 케이크 건드리지마, Jamie.

소년: 위에 있는 이 초콜릿 먹어도 돼요?

여자: 안 돼, 이건 아빠를 위한 거잖아, 기억해?

질문: 누구를 위한 케이크인가?

(A) 엄마

(B) 아빠

(C) Jamie

(D) 할머니

풀이   'this is for Dad'을 통해 아빠를 위한 케이크임을 알 수 있으므로 (B)가 답이다.

16. B: I think I will be late.

G: How come? Is something wrong?

B: My taxi is caught in traffic.

Q: Why will the boy be late?

(A) He is very busy.

(B) He left his home late.

(C) There is a traffic jam.

(D) He cannot catch the taxi.

해석   소년: 나 늦을 것 같아.

소녀: 왜? 무슨 일 있어?

소년: 택시가 교통 체증에 걸렸어.

질문: 왜 소년이 늦을 것인가?

(A) 그는 매우 바쁘다.

(B) 그는 집에서 늦게 나왔다.

(C) 교통 체증이 있다.

(D) 그는 택시를 잡지 못한다.

풀이   무슨 일이 있냐는 소녀의 말에 'My taxi is caught in traffic.'이라고 대답했으므로 교통체증 때문에 늦을 거라고 말했음을 알 수 있다. 그러므로 (C)가 답이다.

Words and Phrases   how come 왜, 어째서 | traffic jam 교통 체증

17. W: I haven't eaten anything today.

M: You must have been very busy.

W: Not really. I'm trying to lose weight.

Q: Why did the woman eat nothing?

(A) She was busy.

(B) She was not hungry.

(C) She is trying to lose weight.

(D) She was waiting for the man.

해석 여자: 나 오늘 아무것도 안 먹었어.

남자: 정말 바빴구나.

여자: 아니. 살을 빼려고 노력 중이야.

질문: 왜 여자는 아무것도 먹지 않았는가?

(A) 그녀는 바빴다.

(B) 그녀는 배고프지 않았다.

(C) 그녀는 살을 빼려고 노력 중이다.

(D) 그녀는 남자를 기다리고 있었다.

풀이 바빠서 아무것도 먹지 못했다고 추측하는 남자의 말에 부정하면서 'I'm trying to lose weight.'라고 했으므로 여자가 살을 빼려고 아무것도 먹지 않았음을 알 수 있다. 그러므로 (C)가 답이다. (A)는 여자가 아니라고 했으므로 오답이다.

Words and Phrases must have p.p ~했음이 틀림없다

[18–19]

M: Seawater contains a lot of salt. This means, mammals cannot drink it. Then what do marine mammals like dolphins and seals drink? They get water from the fish they eat, and don't actually drink salt water. The fish they eat can drink seawater, and then separate the salt from the water. If dolphins are in a zoo and refuse to eat fish, they have to be fed freshwater from a pipe.

18. Where do marine mammals get water in the sea?

(A) from fish

(B) from pipes

(C) from salt water

(D) from freshwater

19. Why can mammals NOT drink seawater?

(A) It is too salty to drink.

(B) It contains a lot of fish.

(C) The water is not cool enough.

(D) It goes through a process called osmosis.

해석 남자: 바닷물은 많은 소금을 포함하고 있다. 이것은, 포유류가 마실 수 없다는 것을 의미한다. 그러면 돌고래나 바다표범 같은 해양 포유류는 무엇을 마실까? 그들은 그들이 먹는 물고기로부터 물을 얻는다. 그리고 소금물은 마시지 않는다. 그들이 먹는 물고기는 바닷물을 마실 수 있고, 그리고나서 소금을 물에서 분리한다. 만약 돌고래가 동물원에 있고 물고기를 먹지 않는다면, 그들은 파이프로 민물을 받아 먹어야 한다.

18. 해양 포유류가 바다에서 물을 얻는 곳은 어디인가?

(A) 물고기로부터

(B) 파이프로부터

(C) 소금물로부터

(D) 민물로부터

19. 왜 포유류는 바닷물을 마시지 못하는가?

(A) 그것은 너무 염분이 많아서 마실 수 없다.

(B) 그것은 많은 물고기를 포함하고 있다.

(C) 그 물은 충분히 시원하지 않다.

(D) 그것은 삼투라고 불리는 과정을 거친다.

풀이 'they get water from the fish they eat'를 통해 해양 포유류가 바다에서 물고기로부터 물을 얻는다는 것을 알 수 있으므로 18번은 (A)가 답이다. (B)는 돌고래가 동물원에 있고 물고기를 먹지 않는 경우에 물을 얻는 방법이므로 오답이다.

'Seawater contains a lot of salt. This means, mammals cannot drink it.'을 통해 바닷물에 소금이 많아서 포유류가 마실 수 없다는 것을 알 수 있으므로 19번은 (A)가 답이다.

Words and Phrases contain 포함하다 | marine mammal 해양 포유류 | go through 겪다. 거치다; 살펴보다; 통과되다 | osmosis 삼투(현상)

[20–21]

W: In 1886, Edward Charles Pickering of Harvard Observatory hired a group of women instead of men. They were called 'Harvard Computers'. When he got tired of his male assistants, he said that even his maid could do better. So he actually hired his maid along with other women! He could hire more women staff, as their wages were lower. In the end, what he said was true – they were better at calculating than his male workers were.

20. What are 'Harvard Computers'?

(A) Harvard students

(B) Harvard professors

(C) Harvard high-tech equipment

(D) women working at Harvard Observatory

21. Why could Pickering hire more women staff?

(A) They refused to get paid.

(B) There were more women.

(C) They were Pickering's family.

(D) Their wages were lower than men's.

해석 여자: 1886년에, 하버드 관측소의 Edward Charles Pickering은 남성 대신에 여성들을 고용했다. 그들은 '하버드 컴퓨터'라고 불렸다. 그가 자신의 남자 조수에게 진저리가 났을 때, 그는 심지어 그의 가정부가 더 잘할 거라고 말했다. 그래서 그는 실제로 다른 여성들과 함께 그의 가정부를 고용했다! 그는 여성 직원의 임금이 더 낮았기 때문에 더 많은 여성 직원을 고용할 수 있었다. 결국, 그가 말한 것은 사실이었다. 그들은 그의 남성 직원들보다 더 계산에 능했다.

20. '하버드 컴퓨터'는 무엇인가?

(A) 하버드 학생

(B) 하버드 교수

(C) 하버드 첨단 장비

(D) 하버드 관측소에서 일하는 여성들

21. 왜 Pickering은 더 많은 여성 직원을 고용할 수 있었는가?

(A) 그들은 돈을 받기를 거부했다.

(B) 여성들이 더 많았다.

(C) 그들은 Pickering의 가족이었다.

(D) 그들의 임금은 남자의 임금보다 낮았다.

풀이 Pickering이 관측소에 여성 직원들을 고용했다는 말 다음에 바로 'they were called 'Harvard Computers'.'라고 했으므로 하버드 컴퓨터는 관측소에 고용된 여성 직원들을 가리키는 말임을 알 수 있다. 그러므로 20번은 (D)가 답이다.

'He could hire more women staff, as their wages were lower.'을 통해 여성 직원의 임금이 남성보다 낮았기 때문에 더 많은 여성 직원을 고용할 수 있었음을 알 수 있으므로 21번은 (D)가 답이다.

Words and Phrases observatory 관측소

[22–23]

M: Some students 'teach others' in order to study. According to research, re-teaching what you've learned to others can be helpful. It allows you to remember and comprehend information more deeply. Why? To make someone understand something, you must understand it first. In this process, you are putting the information in order. In other words, it makes you organize your knowledge and thoughts.

22. According to the passage, what is a benefit to teaching someone when studying?

(A) You can feel great.

(B) You can earn money.

(C) You can remember better.

(D) You cannot understand easily.

23. According to the passage, what happens during the teaching process?

(A) The information gets mixed up.

(B) Your knowledge develops a structure.

(C) Understanding feelings becomes important.

(D) Remembering names becomes more difficult.

해석 남자: 몇몇 학생들은 공부하기 위해 '다른 사람들을 가르친다'. 연구에 따르면, 당신이 배운 것을 다른 사람들한테 다시 가르쳐주는 것은 도움이 될 수 있다. 그것은 당신으로 하여금 정보를 기억하고 더 심도 있게 이해하게 한다. 왜 그럴까? 누군가가 어떤 것을 이해하게 만들기 위해, 당신은 먼저 그것을 이해해야 한다. 이 과정에서, 당신은 정보를 정돈하게 된다. 다시 말해서, 그것은 당신의 지식과 생각을 정리하게 한다.

22. 지문에 따르면, 공부할 때 누군가에게 가르쳐주는 것의 이점은 무엇인가?

(A) 기분이 좋을 수 있다.

(B) 돈을 벌 수 있다.

(C) 더 잘 기억할 수 있다.

(D) 쉽게 이해하지 못한다.

23. 지문에 따르면, 가르치는 과정에서 발생하는 것은 무엇인가?

(A) 정보가 뒤섞인다.

(B) 당신의 지식에 구조를 형성한다.

(C) 감정을 이해하는 것이 중요해진다.

(D) 이름을 기억하는 것이 더 어려워진다.

풀이 'It allows you to remember and comprehend information more deeply.' 를 통해 누군가에게 가르침으로써 정보를 더 잘 기억하게 된다는 것을 알 수 있으므로 22번은 (C)가 답이다.

'it makes you organize your knowledge and thoughts'를 통해 가르치면서 지식을 체계화할 수 있음을 알 수 있으므로 23번은 이를 비슷한 말로 바꾼 (B)가 답이다. (A), (C), (D)에 대한 내용은 나와 있지 않으므로 오답이다.

Words and Phrases comprehend 이해하다 | put ～ in order ～을 정돈하다 | organize 정리하다, 체계화하다

[24–25]

W: The western lowland gorilla is the most common gorilla in zoos. Its scientific name is *gorilla gorilla gorilla*. In nature, they are mostly found in Africa. They are the smallest gorillas. The male is 168 kg, and the female is 84 kg on average. As the males grow older, the hair on their back turns a silver color. They usually become leaders of groups of about 6 members.

24. What is another name for the western lowland gorilla?

(A) African gorilla

(B) silverback gorilla

(C) lightweight gorilla

(D) gorilla gorilla gorilla

25. What is NOT true about western lowland gorillas?

(A) The leader is a female.

(B) They are mostly found in Africa.

(C) About 6 members are under the same leader.

(D) They are light compared to other gorilla species.

해석 여자: 서부로랜드고릴라는 동물원에서 가장 흔한 고릴라입니다. 그것의 학명은 고릴라 고릴라 고릴라입니다. 자연에서, 그들은 대부분 아프리카에서 발견됩니다. 그들은 가장 작은 고릴라입니다. 평균적으로 수컷은 168kg, 그리고 암컷은 84kg입니다. 수컷은 자라면서, 등에 있는 털이 은색이 됩니다. 그들은 보통 약 6마리 무리의 우두머리가 됩니다.

24. 서부로랜드고릴라의 또 다른 이름은 무엇인가?

(A) 아프리카 고릴라

(B) 실버백 고릴라

(C) 가벼운 고릴라

(D) 고릴라 고릴라 고릴라

25. 서부로랜드고릴라에 대해 사실이 아닌 것은 무엇인가?

(A) 우두머리는 암컷이다.

(B) 대부분 아프리카에서 발견된다.

(C) 약 6마리가 같은 우두머리 밑에 있다.

(D) 그들은 다른 고릴라 종과 비교해서 가볍다.

풀이 'Its scientific name is *gorilla gorilla gorilla*.'를 통해 서부로랜드고릴라를 고릴라 고릴라 고릴라라고 부른다는 것을 알 수 있으므로 24번은 (D)가 답이다.

'they usually become leaders of groups'를 통해 무리의 우두머리는 수컷임을 알 수 있으므로 25번은 (A)가 답이다. 여기서 'they'는 앞 문장의 'the males'를 가리킨다. (C)의 경우 'leaders of groups of about 6 members'를 통해 대략 6마리가 같은 우두머리를 따르고 있음을 알 수 있으므로 오답이다.

Words and Phrases scientific name 학명 | lightweight 가벼운

Part C. Listen and Speak (p. 47)

26. G: James, I heard you are going abroad this year.
    B: Yes, I'll be going to London soon.
    G: Why are you going there?
    B: _____

(A) Sally has left London.

(B) I'll be studying there.

(C) I've been to London 3 times.

(D) I used to study when I lived there.

해석 소녀: James, 네가 올해 해외에 간다고 들었어.
    소년: 응. 나는 곧 런던으로 가.
    소녀: 거기 왜 가는 거야?
    소년: _____

(A) Sally가 런던을 떠났어.

(B) 나는 거기서 공부할 거야.

(C) 나는 런던에 세 번 가봤어.

(D) 내가 거기 살았을 때 공부하곤 했어.

풀이 소녀가 런던으로 가는 이유를 물었으므로 공부하러 간다고 목적을 말하는 (B)가 답이다.

27. B: Your dress is really pretty!
    G: Do you think so? I got it at the mall.
    B: Looks very nice. Was it expensive?
    G: _____

(A) Don't step on my dress.

(B) It's hard to make a dress.

(C) Not really. It was on sale.

(D) It costs a lot of money to fix it.

해석 소년: 네 원피스 정말 예쁘다!
    소녀: 그렇게 생각해? 나는 그걸 쇼핑몰에서 샀어.
    소년: 정말 예뻐. 그거 비쌌어?
    소녀: _____

(A) 내 원피스 밟지 마.

(B) 원피스를 만드는 것은 어려워.

(C) 아니. 할인 중이었어.

(D) 그걸 수선하는 데 많은 돈이 들어.

풀이 소년이 원피스가 비쌌냐고 물어봤으므로 할인 중이었다며 비싸지 않았다고 대답하는 (C)가 답이다. .

28. B: Let's go to the hamburger house.
    G: I can't. I'm saving up to buy a new computer.
    B: You can save starting tomorrow.
    G: _____

(A) I appreciate you.

(B) Of course, I won't.

(C) I will buy a silver pen.

(D) That's what you said yesterday.

해석 소년: 햄버거 집에 가자.
    소녀: 못 가. 나는 새 컴퓨터를 사기 위해 돈을 아끼고 있어.
    소년: 내일부터 저축을 시작하면 되지.
    소녀: _____

(A) 고마워.

(B) 당연히, 안 할 거야.

(C) 나는 은색 펜을 살 거야.

(D) 어제도 네가 그렇게 말했어.

풀이 소년이 내일부터 저축을 시작할 수 있으니 햄버거 집에 가자고 했으므로 어제도 그런 말을 했다고 말하는 (D)가 답이다.

Words and Phrases appreciate 감사하다

29. B: You look tired today.
    G: I couldn't get enough sleep last night.
    B: What happened?
    G: _____

(A) Good night to you too!

(B) I'm taking violin lessons.

(C) Look. It's raining outside.

(D) My neighbor had a party.

해석 소년: 너 오늘 피곤해 보여.
    소녀: 어젯밤에 충분히 자지 못했거든.
    소년: 무슨 일 있었어?
    소녀: _____

(A) 너도 잘 자!

(B) 나는 바이올린 수업을 듣고 있어.

(C) 봐. 밖에 비가 와.

(D) 이웃이 파티를 열었어.

풀이 잠을 충분히 자지 못한 이유를 물어봤으므로 이웃이 파티를 열어 잠을 자지 못했다고 말하는 (D)가 답이다.

30. W: Could you stop by the grocery store?

M: I thought you went just an hour ago.

W: Yes I did. I left a box of oranges in the parking lot.

M: _____

(A) Alright. I'll go and get it.

(B) Are we drinking orange juice?

(C) I heard the store sells nice oranges.

(D) I went to the grocery store an hour ago.

해석 여자: 식료품점에 들릴 수 있어?

남자: 네가 한 시간 전에 막 갔다고 생각했는데.

여자: 응 갔어. 주차장에 오렌지 한 상자를 놓고 왔어.

남자: _____

(A) 알았어. 내가 가서 가져올게.

(B) 우리 오렌지 주스 마시는 거야?

(C) 저 가게에서 좋은 오렌지를 판다고 들었어.

(D) 나는 한 시간 전에 식료품점에 갔어.

풀이 식료품점에 갔다가 오렌지 상자를 놓고 왔다고 했으므로 자신이 가서 가져오겠다고 답하는 (A)가 답이다. (D)는 여자가 할 수 있는 말이므로 오답이다.

SECTION II READING AND WRITING

Part A. Sentence Completion (p. 50)

1. A: Did you check your email?

B: I _____ had the chance yet.

(A) didn't

(B) haven't

(C) wouldn't

(D) shouldn't

해석 A: 네 이메일 확인했어?

B: 나는 아직 기회가 없었어.

(A) do 조동사 과거 부정형

(B) have 조동사 부정형

(C) would 조동사 부정형

(D) should 조동사 부정형

풀이 빈칸 뒤에 있는 과거분사 'had' 앞에 올 수 있는 형태는 현재완료 조동사 'have'뿐이므로 (B)가 답이다. (A), (C), (D)의 경우 did와 같은 do 조동사, would, should와 같은 조동사 뒤에는 동사원형이 나와야 하므로 오답이다.

2. A: Give me my phone, _____?

B: Here you go.

(A) do you

(B) will you

(C) didn't you

(D) should you

해석 A: 내 휴대폰 줄래?

B: 여기.

(A) 일반동사 현재형 부정문의 부가의문문

(B) 명령문의 부가의문문

(C) 일반동사 과거형 긍정문의 부가의문문

(D) should 부정문의 부가의문문

풀이 명령문의 부가의문문은 'will you?'라고 쓰기 때문에 (B)가 답이다

3. A: Don't forget _____ the door.

B: Okay, I will lock the door

(A) lock

(B) to lock

(C) locking

(D) to locking

해석 A: 문 잠그는 것을 잊지 마.

B: 알겠어, 내가 문을 잠글게.

(A) 동사원형

(B) to+동사원형

(C) 동명사

(D) 틀린 표현

풀이 A가 B에게 문 잠그는 것을 잊지 말라고 얘기했고 B가 미래에 문을 잠글 것임을 알 수 있다. '~할 것을 잊다'라는 의미의 'forget+to+동사원형' 형태를 사용해야 하므로 (B)가 정답이다.

4. A: How about going to Europe?

B: I can't afford it. I don't have _____ money.

(A) few

(B) little

(C) many

(D) much

해석 A: 유럽에 가는 건 어때?

B: 난 그것을 할 형편이 안 돼. 나 돈이 많지 않아.

(A) 거의 없는(뒤에 가산명사)

(B) 거의 없는(뒤에 불가산명사)

(C) 많은(뒤에 가산명사)

(D) 많은(뒤에 불가산명사)

풀이 'B가 유럽에 갈 형편이 안 된다고 말하고 있기 때문에 돈이 많지 않다고 말하는 것이 적절하다. 빈칸 뒤에 불가산명사가 나오므로 (D)가 정답이다.

5. A: _____ do you spell psychology?

B: I'll check the dictionary.

(A) Why

(B) What

(C) How

(D) While

해석 A: '심리학' 철자를 어떻게 써?

B: 내가 사전을 확인해 볼게.

(A) 왜

(B) 무엇

(C) 어떻게

(D) 동안

풀이 B가 사전을 보겠다고 대답한 것으로 보아 A가 'psychology'의 철자를
어떻게 쓰는지 물어봤음을 알 수 있다. 그러므로 (C)가 답이다.
Words and Phrases spell 철자를 쓰다, 말하다

Part B. Situational Writing (p. 51)

6. The woman is _____ her tea time.
- (A) looking
- (B) working
- (C) drinking
- **(D) enjoying**

해석 여자는 자신의 티타임을 즐기고 있다.
- (A) 보고 있는
- (B) 일하고 있는
- (C) 마시고 있는
- (D) 즐기고 있는

풀이 여자가 차를 마시며 티타임을 갖고 있으므로 (D)가 답이다.

7. They are _____ a tree.
- (A) tucking
- (B) pushing
- **(C) planting**
- (D) bumping

해석 그들은 나무를 심고 있다.
- (A) 밀어넣고 있는
- (B) 밀고 있는
- (C) 심고 있는
- (D) 부딪치고 있는

풀이 나무를 심고 있으므로 (C)가 답이다.

Words and Phrases tuck 밀어넣다 | bump 부딪치다

8. The boy is _____ three cats.
- (A) teasing
- (B) petting
- (C) hugging
- **(D) carrying**

해석 그 소년은 고양이 세 마리를 들고 있다.
- (A) 놀리고 있는
- (B) 쓰다듬고 있는
- (C) 껴안고 있는
- (D) 들고 있는

풀이 소년이 고양이 세 마리를 들고 있으므로 (D)가 답이다.

Words and Phrases tease 괴롭히다 | pet 쓰다듬다

9. The girl is _____ the boy.
- **(A) laughing at**
- (B) laughing to
- (C) laughing in
- (D) laughing on

해석 그 소녀는 소년을 놀리고 있다.
- (A) 놀리는
- (B) 웃는
- (C) 웃는
- (D) 웃는

풀이 소녀가 소년을 놀리고 있으므로 '~을 비웃다, 놀리다'라는 뜻의 'laugh
at'을 사용해야 한다. 그러므로 (A)가 답이다. .

Words and Phrases laugh at ~을 비웃다, 놀리다

10. The children are _____ their bed.
- **(A) making**
- (B) working
- (C) scraping
- (D) sweeping

해석 그 아이들은 잠자리를 정돈하고 있다.
- (A) 만드는
- (B) 일하는
- (C) 긁어내는
- (D) 쓰는

풀이 '잠자리를 정리하다'라는 표현으로 'make the bed'를 쓰기 때문에 (A)
가 답이다.

Words and Phrases scrape 긁어내다, 긁다 | sweep 쓸다

PART C. Practical Reading and Retelling (p. 54)

[11–12]

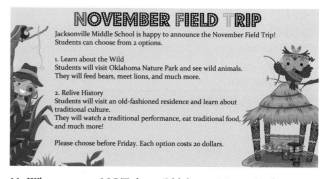

NOVEMBER FIELD TRIP

Jacksonville Middle School is happy to announce the November Field Trip!
Students can choose from 2 options.

1. Learn about the Wild
Students will visit Oklahoma Nature Park and see wild animals.
They will feed bears, meet lions, and much more.

2. Relive History
Students will visit an old-fashioned residence and learn about
traditional culture.
They will watch a traditional performance, eat traditional food,
and much more!

Please choose before Friday. Each option costs 20 dollars.

11. What can you NOT do at Oklahoma Nature Park?
- (A) feed bears
- (B) meet lions
- (C) view wild animals
- **(D) watch animal performances**

12. How much does the field trip cost?
- (A) $ 2
- (B) $ 12
- **(C) $ 20**
- (D) $ 200

11월 현장 학습

Jacksonville 중학교의 11월 현장 학습을 알려드리게 되어 기쁩니다!
학생들은 두 가지 선택지 중에서 선택할 수 있습니다.

1. 야생에 대해 배우기
학생들은 오클라호마 자연공원에 방문해서 야생 동물을 볼 예정입니다.
곰에게 먹이를 주고, 사자를 만나고 그 밖에 많은 활동을 할 것입니다.

2. 역사를 다시 체험하기
학생들은 옛날식 주택을 방문해 전통문화에 대해 배울 예정입니다.
전통 공연을 보고, 전통 음식을 먹고 그 밖에 많은 활동을 할 것입니다!

금요일 전까지 선택하세요. 각각의 선택지는 20달러의 비용이 듭니다.

11. 오클라호마 자연공원에서 할 수 없는 것은 무엇인가?
(A) 곰에게 먹이를 준다
(B) 사자를 만난다
(C) 야생 동물을 본다
(D) 동물 공연을 본다

12. 현장 학습은 비용이 얼마나 드는가?
(A) 2달러
(B) 12달러
(C) 20달러
(D) 200달러

풀이 'They will feed bears, meet lions, and much more.'을 통해 오클라호마 자연공원에서 야생동물을 보고, 곰에게 먹이를 주는 등의 활동을 할 것임을 알 수 있으므로 11번은 이에 포함되지 않은 (D)가 답이다.
'Each option costs 20 dollars.'라고 했으므로 12번은 (C)가 답이다.

Words and Phrases announce 알리다 | relive 다시 체험하다 |
old-fashioned 구식의 | residence 주택

[13-14]

Valentine's Day mini bags for classmates

Each bag contains:
1. Three chocolate bars
2. Two heart chocolates
3. A small pack of gummies
4. A notebook

Cost:
1 chocolate bar -2 dollars
1 heart chocolate - 1 dollar
1 pack of gummies -50 cents
1 notebook - 1 dollar

13. What is NOT in the Valentine's mini bag?
(A) soda
(B) gummies
(C) chocolate
(D) a notebook

14. How much does each bag cost to make?
(A) $8.50
(B) $9.00
(C) $9.50
(D) $10.00

밸런타인 데이 반 친구들을 위한 작은 주머니

각 가방에는 들어있습니다
1. 초콜릿 바 세 개
2. 하트 초콜릿 두 개
3. 작은 젤리 봉지 한 개
4. 공책 한 권

비용
초콜릿 바 한 개 – 2달러
하트 초콜릿 한 개 – 1달러
젤리 한 봉지 – 50센트
공책 한 권 – 1달러

13. 밸런타인 작은 주머니에 없는 것은 무엇인가?
(A) 탄산음료
(B) 젤리
(C) 초콜릿
(D) 공책

14. 각 봉지를 만드는 데 비용이 얼마나 드는가?
(A) 8.5달러
(B) 9달러
(C) 9.5달러
(D) 10달러

풀이 작은 봉지에는 chocolate bars, heart chocolate, gummies, notebook 이 있다고 했으므로 13번은 이에 포함되지 않은 (A)가 답이다.
초콜릿 바 한 개는 2달러이고 한 봉투에는 세 개가 들어가므로 6달러가 든다. 하트 초콜릿 한 개는 1달러이고 두 개가 들어가므로 2달러가 든다. 젤리 한 봉지가 들어간다고 했으므로 50센트가 든다. 공책 한 권도 들어간다고 했으므로 1달러가 든다. 총 합하면 9.5달러이기 때문에 14번은 (C)가 답이다.

[15-16]

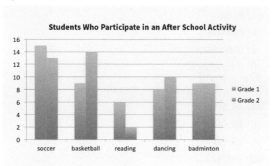

Students Who Participate in an After School Activity

15. What activity do the most grade 2 students prefer?
    (A) soccer
    (B) dancing
    (C) basketball
    (D) badminton

16. Which sport has the same number of grade 1 and 2 participants?
    (A) soccer
    (B) reading
    (C) dancing
    (D) badminton

해석 15. 2학년이 가장 선호하는 활동은 무엇인가?
    (A) 축구
    (B) 춤
    (C) 농구
    (D) 배드민턴

    16. 1학년과 2학년 참가자의 수가 같은 활동은 무엇인가?
    (A) 축구
    (B) 독서
    (C) 춤
    (D) 배드민턴

풀이 농구 활동을 하는 2학년 학생은 14명으로 가장 많기 때문에 15번은 (C)가 답이다. (A)는 1학년이 가장 선호하는 활동이므로 오답이다. 배드민턴의 1, 2학년 참가자수가 9명으로 같으므로 16번은 (D)가 답이다.

Words and Phrases after school activity 방과후 활동

[17-18]

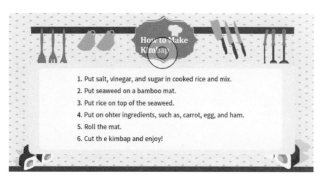

How to Make Kimbap

1. Put salt, vinegar, and sugar in cooked rice and mix.
2. Put seaweed on a bamboo mat.
3. Put rice on top of the seaweed.
4. Put on ohter ingredients, such as, carrot, egg, and ham.
5. Roll the mat.
6. Cut the e kimbap and enjoy!

17. When should you put the rice on?
    (A) after rolling the mat
    (B) before adding vinegar
    (C) before placing the seaweed down
    (D) after putting the seaweed on a mat

18. What is NOT suggested to place on the rice?
    (A) egg
    (B) ham
    (C) carrot
    (D) potato

해석

김밥 만드는 법
1. 소금, 식초, 설탕을 쌀밥에 넣고 섞으세요.
2. 김을 대나무 발에 놓으세요.
3. 밥을 김 위에 올리세요.
4. 그 위에 당근, 계란, 햄과 같은 다른 재료들을 올리세요.
5. 발을 둥글게 마세요.
6. 김밥을 잘라 맛있게 드세요!

17. 언제 밥을 올려야 하는가?
(A) 발을 만 후에
(B) 식초를 넣기 전에
(C) 김을 깔기 전에
(D) 김을 발 위에 놓은 후에

18. 밥 위에 놓으라고 나와있지 않은 것은 무엇인가?
(A) 계란
(B) 햄
(C) 당근
(D) 감자

풀이 2단계가 김을 발 위에 놓고 3단계가 밥을 올리는 것이므로 17번은 (D)가 답이다.
    'carrot, egg, and ham'과 같은 재료를 놓으라고 했으므로 18번은 이에 포함되지 않은 (D)가 답이다.

Words and Phrases seaweed 김 | bamboo 대나무

[19-20]

School Starting and Leaving Ages in Selected Countries

		School Starting Age			
		4	5	6	7
Minimum School Leaving Age	14			Turkey	
	15			Austria	Bulgaria
	16	Northern Ireland	England	Denmark, France, Norway, Spain	Finland, Sweden
	17		The Netherlands	Belgium, Germany, Italy	Poland

19. At what age do children from the most countries in this table begin school?
   (A) 4
   (B) 5
   (C) 6
   (D) 7

20. In which of the following countries do children go to school for the least number of years?
   (A) Turkey
   (B) Poland
   (C) the Netherlands
   (D) Northern Ireland

해석

선별된 국가의 학교 입학 나이와 졸업 나이

	학교 입학 나이			
최소 학교 졸업 나이	4	5	6	7
14			터키	
15			오스트리아	불가리아
16	북부 아일랜드	영국	덴마크 프랑스 노르웨이 스페인	핀란드 스웨덴
17		네덜란드	벨기에 독일 이탈리아	폴란드

19. 이 표에서 가장 많은 나라의 아이들이 학교에 입학하는 나이는 무엇인가?
(A) 4
(B) 5
(C) 6
(D) 7

20. 다음 나라 중 아이들이 가장 짧게 학교에 다니는 곳은 어디인가?
(A) 터키
(B) 폴란드
(C) 네덜란드
(D) 북부 아일랜드

풀이 가장 많은 9개의 국가가 6살에 학교에 입학하므로 19번은 (C)가 답이다. 터키는 6살에 입학하고 14살에 졸업하므로 9년간 학교에 다니고. 이는 (A), (B), (C), (D) 나라 중에 가장 짧다. 그러므로 20번은 (A)가 답이다.

Part D. General Reading and Retelling (p. 59)

[21–22]
Billions of adults around the world drink coffee to wake up in the morning. However, recent research suggests that a simple apple may be just as effective. It is thought that fructose, a sugar found in apples, is responsible. Compared to the caffeine of coffee, this natural sugar in apples is absorbed more slowly for longer-lasting energy. Replacing coffee with an apple might help prevent the energy slump people feel when the effects of caffeine run out.

21. According to the passage, why might an apple be better than coffee to wake you up?
   (A) It tastes better than coffee.
   (B) It smells better than coffee.
   (C) It fills a person up more than coffee.
   (D) It gives energy for longer than coffee.

22. According to the passage, what about apples may give people energy?
   (A) flavor
   (B) fructose
   (C) research
   (D) caffeine

해석 전 세계 수십억 명의 성인들이 아침에 잠을 깨기 위해 커피를 마신다. 그러나. 최근의 연구는 간단한 사과 하나가 그만큼 효과적일 수 있다는 것을 보여준다. 사과 속에서 발견되는 당인 과당 때문이라고 생각된다. 커피의 카페인과 비교해서, 사과 속의 이 천연 당은 더 오래 지속되는 에너지를 만들며 더 느리게 흡수된다. 커피를 사과로 대체하는 것은 카페인의 효과가 떨어질 때 사람들이 느끼는 급격한 에너지 감소를 막는 데 도움이 된다.

21. 지문에 따르면, 왜 사과가 당신을 깨우는 데 있어서 커피보다 더 좋은가?
(A) 그것은 커피 보다 맛이 좋다.
(B) 그것은 커피 보다 냄새가 좋다.
(C) 그것은 커피 보다 많이 배를 채운다.
(D) 그것은 커피보다 더 오래 에너지를 준다.

22. 지문에 따르면. 사과에 관한 무엇이 사람들에게 에너지를 줄 수 있는가?
(A) 맛
(B) 과당
(C) 연구
(D) 카페인

풀이 'longer-lasting energy'를 통해 사과가 커피보다 더 오래가는 에너지를 주는 것을 알 수 있으므로 21번은 (D)가 답이다.
'fructose, a sugar found in apples, is responsible'을 통해 사과의 과당이 에너지를 주는 것을 알 수 있으므로 22번은 (B)가 답이다.

Words and Phrases effective 효과적인 | fructose 과당 | responsible 책임지고 있는, 원인이 되는 | absorb 흡수하다 | last 지속되다 | slump 급감, 급락 | run out 다 떨어지다

[23-24]

Most people think of dinosaurs as giant, lizard-like creatures covered in scales. However, scientists are finding more and more evidence that at least some species may have been covered in feathers. While *paleontologists* have suspected this for many years, evidence was finally found in 2016. A group of scientists found a piece of dinosaur tail sealed inside semi-clear rock. On the tail are small but clearly visible feathers. This and other discoveries continue to change our understanding of what dinosaurs looked like and how they lived.

23. According to the passage, which of the following sentences is true?
   (A) Dinosaurs all looked like giant lizards with scales.
   (B) Humans will never find out what dinosaurs really ate.
   (C) Certain species of dinosaurs might have had feathers.
   (D) Scientists have not made new discoveries about dinosaurs in the past few years.

24. Based on context from the passage, what is a *paleontologist*?
   (A) a dinosaurs with feathers
   (B) a giant lizard with scales
   (C) an ancient semi-clear rock
   (D) a scientist that studies fossils

해석 대부분의 사람들은 공룡을 크고, 도마뱀 같은 비늘로 덮여있는 생물로 생각한다. 그러나, 과학자들은 적어도 몇몇 종은 깃털로 덮여있었다는 증거를 점점 더 많이 발견하고 있다. 고생물학자들이 수년간 이것을 의심해왔는데, 마침내 2016년에 증거가 발견되었다. 한 무리의 과학자들은 반투명한 바위 안에 싸인 공룡 꼬리 한 조각을 찾아냈다. 꼬리 위에는 작지만 분명히 보이는 깃털이 있었다. 이 발견 및 다른 발견들은 계속되어 공룡이 어떻게 생겼는지, 어떻게 살았는지에 대한 우리의 이해를 변화시키고 있다.

23. 지문에 따르면, 다음 문장 중 사실인 것은 무엇인가?
   (A) 공룡은 모두 비늘을 가진 큰 도마뱀처럼 생겼다.
   (B) 인간은 공룡이 정말로 무엇을 먹었는지 알아낼 수 없을 것이다.
   (C) 특정 종의 공룡들은 깃털을 가지고 있었을 수도 있다.
   (D) 과학자들은 과거 몇 년간 공룡에 관한 새로운 발견을 하지 못했다.

24. 지문의 맥락에 근거하여, 고생물학자는 무엇인가?
   (A) 깃털이 있는 공룡
   (B) 비늘이 있는 큰 도마뱀
   (C) 고대의 반투명한 바위
   (D) 화석을 연구하는 과학자

풀이 'some species may have been covered in feathers'를 통해 공룡 중 몇몇 종들은 깃털을 가지고 있었음을 알 수 있으므로 23번은 (C)가 답이다. (D)의 경우 과학자들이 공룡에 대한 새로운 사실을 말해주는 증거들을 계속해서 발견하고 있다고 했으므로 오답이다.
'While paleontologist have suspected this for many years, evidence was finally found in 2016.'에서 'this'는 앞 문장에서 언급된 '깃털로 덮인 공룡이 있었다는 증거'를 가리키고, 뒷 문장에서 바위 안에 있는 공룡 꼬리 조각 증거를 발견했다고 했으므로 'paleontologist'는 화석을 연구하는 학자임을 알 수 있다. 그러므로 24번은 (D)가 답이다.

Words and Phrases scale 비늘 | paleontologist 고생물학자 | semi-clear 반투명한

[25-26]

We all know that the British speak English, and the French speak French, but did you know French was the official language of England for more than 600 years? When the French conquered the British in 1066 A.D., the British were taught in French at schools. This continued for more than 600 years. Because of this period, there are many English words that are similar to French. For instance, the word 'beef' is from the word 'boeuf', which means 'cow' in French.

25. What does the word 'boeuf' originally mean?
   (A) cow
   (B) school
   (C) French
   (D) British

26. Why was French the official language in England?
   (A) England was ruled by the French.
   (B) The French sold beef to the British.
   (C) The British taught English to the French.
   (D) All the teachers in the England were French.

해석 우리는 모두 영국인이 영어를 말하고 프랑스인이 프랑스어를 말한다는 것을 알 수 있다. 그러나 당신은 프랑스어가 600년 넘게 영국의 공용어였음을 알았는가? 서기 1066년 프랑스가 영국을 정복했을 때, 영국 사람들은 학교에서 프랑스어를 배웠다. 이것은 600년 넘게 지속되었다. 이 시기 때문에, 프랑스어와 비슷한 영단어들이 많다. 예를 들어, 'beef'(소고기)라는 단어는 프랑스어로 '소'를 의미하는 'boeuf'라는 단어에서 유래되었다.

25. 단어 'boeuf'는 무엇을 의미하는가?
   (A) 소
   (B) 학교
   (C) 프랑스인
   (D) 영국인

26. 왜 프랑스어가 영국의 공용어였는가?
   (A) 영국은 프랑스의 지배를 받았다.
   (B) 프랑스인은 영국인에게 소고기를 팔았다.
   (C) 영국인은 프랑스인에게 영어를 가르쳤다.
   (D) 영국의 모든 교사들은 프랑스인이었다.

풀이 'the word 'boeuf', which means 'cow' in French'를 통해 'boeuf'가 프랑스어로 '소'를 의미한다는 것을 알 수 있으므로 25번은 (A)가 답이다. 'When the French conquered the British in 1066 A.D., the British were taught in French at schools.'를 통해 영국이 프랑스의 지배를 받아 프랑스어가 영국의 공용어가 되었음을 알 수 있으므로 26번은 (A)가 답이다.

Words and Phrases official language 공용어

[27–28]

According to research done in universities in Turkey and England, dogs and cats are typically left- or right-handed. However, it is not easy to determine as they do not write or eat with one hand like humans. Owners must test them many times by throwing toys forward them or asking them to give their hands. Then, they must see which paw their pet uses. Surprisingly, female dogs and cats tend to be right-handed and males the opposite.

27. How can owners determine if their pet is right-handed or left-handed?

(A) ask them

(B) give them food

(C) throw toys forward them

(D) hold each of their hands

28. What is a characteristic of pets' left- or right-handedness?

(A) All cats tend to be left-handed.

(B) All dogs tend to be right-handed.

(C) Male dogs or cats tend to be left-handed.

(D) Female dogs or cats tend to be left-handed

해석 터키와 영국의 대학에서 실행된 연구에 따르면, 개와 고양이는 보통 왼손잡이 또는 오른손잡이다. 그러나, 그들은 인간처럼 한 손으로 글씨를 쓰거나 먹지 않기 때문에 알아내기는 쉽지 않다. 주인들은 그들을 향해 장난감을 던지거나 손을 달라고 하면서 그들을 많이 시험해봐야 한다. 그리고나서, 그들은 애완동물이 어떤 발을 사용하는지 봐야 한다. 놀랍게도, 암컷 개와 고양이들은 오른손잡이, 수컷은 그 반대인 경향이 있다.

27. 어떻게 주인들이 그들의 애완동물이 오른손잡이인지 왼손잡이인지 알아낼 수 있는가?

(A) 그들에게 물어본다

(B) 그들에게 음식을 준다

(C) 그들을 향해 장난감을 던진다

(D) 그들의 손을 각각 잡는다

28. 애완동물의 왼손 또는 오른손잡이의 특징은 무엇인가?

(A) 모든 고양이는 왼손잡이인 경향이 있다.

(B) 모든 개는 오른손잡이인 경향이 있다.

(C) 수컷 개와 고양이는 왼손잡이인 경향이 있다.

(D) 암컷 개와 고양이는 왼손잡이인 경향이 있다.

풀이 'owners must test them many times by throwing toys forward them' 을 통해 장난감을 던져서 어떤 손잡이인지 시험할 수 있다고 했으므로 27번은 (C)가 답이다.

'females dogs and cats tend to be right-handed and males the opposite'을 통해 암컷은 대개 오른손잡이, 수컷은 대개 왼손잡이임을 알 수 있으므로 28번은 (C)가 답이다.

Words and Phrases right-handed 오른손잡이인

[29–30]

Jane wanted to change her doorknob to a glass one. She thought it would make her white door fancier. However, her mother said it could cause a house fire. She told Jane a story she had heard. In London, a glass doorknob bent a ray of sunlight and set clothes near the door on fire. The September sunlight was not particularly strong, but it set a huge part of the house on fire!

29. How did the glass doorknob cause a fire?

(A) It fell off and caused a fire.

(B) It bent sunlight and set clothes on fire.

(C) It became hot after getting sunlight and caused a fire.

(D) Burning leaves came in through the window and caused a fire.

30. What kind of sunlight was it?

(A) weak sunlight

(B) strong sunlight

(C) intense sunlight

(D) artificial sunlight

해석 Jane은 문손잡이를 유리로 바꾸고 싶었다. 그녀는 그것이 하얀 문을 더 화려하게 만들어 줄 거라고 생각했다. 그러나, 그녀의 엄마는 그것이 집에 화재를 일으킬 수 있다고 말했다. 그녀는 Jane에게 자신이 들은 이야기를 말했다. 런던에서, 유리 손잡이가 햇빛 광선을 굴절시켰고 문 근처에 있는 옷에 불을 냈다. 9월의 햇빛은 특별히 강하지 않았지만 집의 대부분에 화재를 발생시켰다!

29. 어떻게 유리 손잡이가 화재를 일으켰는가?

(A) 그것은 떨어졌고 화재를 일으켰다.

(B) 그것은 햇빛을 굴절시켜 옷에 불을 냈다.

(C) 그것은 햇빛을 받은 후에 뜨거워져서 화재를 일으켰다.

(D) 타고 있는 잎이 창문을 통해 안으로 들어와 화재를 일으켰다.

30. 어떤 종류의 햇빛이었는가?

(A) 약한 햇빛

(B) 강한 햇빛

(C) 강렬한 햇빛

(D) 인공적인 햇빛

풀이 'a glass doorknob bent a ray of sunlight and set clothes near the door on fire'을 통해 유리 손잡이가 빛을 굴절시켜 옷에 불을 내 화재가 발생했음을 알 수 있으므로 29번은 (B)가 답이다.

'sunlight was not particularly strong'이라고 했으므로 30번은 (A)가 답이다.

Words and Phrases doorknob (문) 손잡이 | fancy 화려한 | intense 강렬한

TOSEL JUNIOR

실전 3회

Section I Listening and Speaking

1 **(D)**	2 **(D)**	3 **(C)**	4 **(D)**	5 **(A)**
6 **(A)**	7 **(D)**	8 **(D)**	9 **(A)**	10 **(D)**
11 **(C)**	12 **(C)**	13 **(C)**	14 **(C)**	15 **(A)**
16 **(C)**	17 **(C)**	18 **(A)**	19 **(C)**	20 **(B)**
21 **(B)**	22 **(B)**	23 **(D)**	24 **(B)**	25 **(C)**
26 **(C)**	27 **(D)**	28 **(C)**	29 **(D)**	30 **(B)**

Section II Reading and Writing

1 **(D)**	2 **(D)**	3 **(B)**	4 **(D)**	5 **(C)**
6 **(D)**	7 **(C)**	8 **(C)**	9 **(D)**	10 **(C)**
11 **(B)**	12 **(C)**	13 **(D)**	14 **(C)**	15 **(A)**
16 **(C)**	17 **(B)**	18 **(B)**	19 **(D)**	20 **(B)**
21 **(C)**	22 **(D)**	23 **(B)**	24 **(C)**	25 **(A)**
26 **(C)**	27 **(D)**	28 **(C)**	29 **(B)**	30 **(B)**

SECTION I LISTENING AND SPEAKING

Part A. Listen and Respond (p. 72)

1. B: What is your brother doing?
   G: _____
   (A) He likes pizza.
   (B) He's my brother.
   (C) He met his friend.
   (D) He's just watching TV.

해석 소년: 네 남동생은 뭐 하고 있어?
   소녀: _____
   (A) 그는 피자를 좋아해.
   (B) 그는 내 남동생이야.
   (C) 그는 그의 친구를 만났어.
   (D) 그는 그냥 텔레비전을 보고 있어.
풀이 남동생이 무엇을 하고 있는지 물었으므로 텔레비전을 보고 있다고 대답하는 (D)가 답이다.

2. G: Where do you want to go this weekend?
   B: _____
   (A) I am playing soccer now.
   (B) I slept yesterday all day long.
   (C) I went to the beach last weekend.
   (D) I want to go to an amusement park.

해석 소녀: 이번 주말에 어디에 가고 싶어?
   소년: _____
   (A) 나는 지금 축구를 하고 있어.
   (B) 나는 어제 하루종일 잤어.
   (C) 나는 지난 주말에 해변에 갔어.
   (D) 나는 놀이공원에 가고 싶어.
풀이 주말에 어디에 가고 싶은지 물어봤으므로 놀이공원에 가고 싶다고 대답하는 (D)가 답이다.

3. B: Which shirt will you buy?
   G: _____
   (A) It sounds good.
   (B) I don't like the yellow pants.
   (C) I will take the red one with stripes.
   (D) The pink dress doesn't look good on me.

해석 소년: 어떤 셔츠를 살 거야?
   소녀: _____
   (A) 좋은 생각이야.
   (B) 나는 노란 바지를 좋아하지 않아.
   (C) 나는 줄무늬가 있는 빨간 셔츠로 살게.
   (D) 분홍색 원피스는 나에게 어울리지 않아.
풀이 어떤 셔츠를 살 것인지 물어봤으므로 줄무늬가 있는 빨간 셔츠를 살 것이라고 대답하는 (C)가 답이다.

4. W: I am really tired.
   M: _____
   (A) Good for you!
   (B) I like your jacket.
   (C) I am glad to hear that.
   (D) You should get some sleep.

해석 여자: 나는 정말 피곤해.
   남자: _____
   (A) 잘했어!
   (B) 나는 네 재킷이 좋아.
   (C) 나는 그걸 들어서 기뻐.
   (D) 너는 잠을 좀 자야 해.
풀이 여자가 정말 피곤하다고 했으므로 잠을 좀 자라고 하는 (D)가 답이다.

5. B: Can you do me a favor?
   G: _____
   (A) What is it?
   (B) Let's not tell any lies.
   (C) Baseball is my favorite.
   (D) I don't want to eat pizza today.

해석 소년: 나를 도와줄 수 있니?
   소녀: _____
   (A) 뭔데?
   (B) 거짓말하지 말자.
   (C) 야구는 내가 가장 좋아하는 거야.
   (D) 나는 오늘 피자를 먹고 싶지 않아.
풀이 도와줄 수 있냐고 물어 봤으므로 무엇을 도와줘야 하는지 물어보는 (A)가 답이다.

6. G: Why don't we practice singing together?

B: _____

(A) That's a great idea!

(B) Yes, he's really nice.

(C) Because I wanted to go.

(D) I think we're totally lost.

해석 소녀: 같이 노래 연습할래?

소년: _____

(A) 좋은 생각이야!

(B) 응, 그는 정말 착해.

(C) 왜냐하면 내가 가고 싶었어.

(D) 우리가 완전히 길을 잃었다고 생각해.

풀이 같이 노래 연습하자고 제안했으므로 좋은 생각이라고 대답하는 (A)가 답이다.

7. M: Let's study for the math test today.

W: _____

(A) You've lost a lot of weight.

(B) Let's go out to play in the snow.

(C) Okay. I like to listen to all kinds of music, too.

(D) Sorry, I have to study for an English test.

해석 남자: 오늘 수학시험 공부하자.

여자: _____

(A) 너 살 많이 뺐어.

(B) 나가서 눈 속에서 놀자.

(C) 그래. 나도 모든 종류의 음악을 듣는 걸 좋아해.

(D) 미안해, 나는 영어 시험 공부를 해야 해.

풀이 같이 수학 시험 공부를 하자고 제안했으므로 이를 거절하며 영어 시험 공부를 해야 한다고 말하는 (D)가 답이다.

8. G: Excuse me. Where's the post office?

B: _____

(A) You're very kind.

(B) I love the post cards.

(C) You should wait here.

(D) You can find it around the corner.

해석 소녀: 실례합니다. 우체국이 어디인가요?

소년: _____

(A) 당신은 매우 친절하군요.

(B) 저는 그 엽서가 좋아요.

(C) 여기서 기다리세요.

(D) 모퉁이를 돌면 찾을 수 있을 거예요.

풀이 우체국의 위치를 물어봤으므로 모퉁이를 돌면 찾을 수 있을 거라고 대답하는 (D)가 답이다.

9. B: Did you watch a movie last weekend?

G: _____

(A) Yes, but it was boring.

(B) Yes, I studied really hard.

(C) I want to have popcorn today.

(D) I will go to a theme park today.

해석 소년: 지난 주말에 영화 봤어?

소녀: _____

(A) 응, 그렇지만 지루했어.

(B) 응, 나는 정말 열심히 공부했어.

(C) 나는 오늘 팝콘을 먹고 싶어.

(D) 나는 오늘 테마파크에 갈 거야.

풀이 영화를 봤냐고 물어봤으므로 봤지만 지루했다고 대답하는 (A)가 답이다.

10. G: Wow, that smells good! What did you make?

B: _____

(A) I made it longer than before.

(B) I made it over 2 hours yesterday.

(C) I made it when I had turned 10 years old.

(D) I made strawberry cake. Do you want some?

해석 소녀: 와, 냄새 좋다! 무엇을 만들었어?

소년: _____

(A) 나는 그것을 전보다 길게 만들었어.

(B) 나는 어제 2시간 넘게 그것을 만들었어.

(C) 나는 내가 10살이 되었을 때 그것을 만들었어.

(D) 나는 딸기 케이크를 만들었어. 좀 먹어볼래?

풀이 무엇을 만들었냐고 물어봤으므로 딸기 케이크를 만들었다며 먹어보라고 권하는 (D)가 답이다.

Part B. Listen and Retell (p. 73)

11. B: My dad got me a new bike last weekend!

G: Wow! You must be happy!

B: Yes, I'm very excited. Let's go ride bikes today.

Q: How does the boy feel about a new bike?

(A) sad

(B) bored

(C) excited

(D) nervous

해석 소년: 우리 아빠가 지난 주말에 나에게 새 자전거를 사주셨어!

소녀: 와! 행복하겠다!

소년: 응, 정말 신나. 오늘 자전거 타러 가자.

질문: 새 자전거에 대해 소년은 어떻게 느끼는가?

(A) 슬픈

(B) 지루한

(C) 신난

(D) 초조한

풀이 소년이 'I'm very excited'라고 했으므로 (C)가 답이다.

12. G: It was the most interesting movie I've ever watched.

B: Sounds great! Where did you watch the movie?

G: I watched it at home on my computer.

Q: Where did the girl watch the movie?

(A) at school

(B) at the library

(C) at the girl's house

(D) at her friend's house

해석　소녀: 그건 내가 봤던 영화 중에서 가장 흥미로운 영화였어.

소년: 좋아! 어디서 그 영화를 봤어?

소녀: 나는 집에서 내 컴퓨터로 봤어.

질문: 소녀는 어디서 그 영화를 봤는가?

(A) 학교에서

(B) 도서관에서

(C) 소녀의 집에서

(D) 그녀의 친구 집에서

풀이　소녀가 'I watched it at home'이라고 했으므로 (C)가 답이다.

13. B: Mom, where are we going for dinner today?

W: I haven't decided yet. Where do you want to go?

B: I want to go to a steak house.

Q: What is the boy going to do in the evening?

(A) cook

(B) study

(C) eat out

(D) play a game

해석　소년: 엄마, 오늘 저녁 먹으러 어디로 가요?

여자: 아직 결정하지 못했어. 어디로 가고 싶니?

소년: 저는 스테이크 식당으로 가고 싶어요.

질문: 소년은 저녁에 무엇을 할 것인가?

(A) 요리한다

(B) 공부한다

(C) 외식한다

(D) 게임을 한다

풀이　소년이 저녁 먹으러 어디로 가냐고 물어보며 스테이크 식당으로 가고 싶다고 했으므로 오늘 밤에 외식할 것임을 알 수 있다. 그러므로 (C)가 답이다.

14. G: Can you play the piano?

B: Yes. I've been taking piano lessons for 3 years.

G: Wow! Then can you play pop songs?

Q: When did the boy start a piano lesson?

(A) 1 year ago

(B) 2 years ago

(C) 3 years ago

(D) 4 years ago

해석　소녀: 너 피아노 칠 수 있어?

소년: 응. 나는 3년간 피아노 수업을 받아왔어.

소녀: 왜! 그러면 팝송도 연주할 수 있어?

질문: 소년은 언제 피아노 수업을 시작했는가?

(A) 1년 전

(B) 2년 전

(C) 3년 전

(D) 4년 전

풀이　소년이 'taking piano lessons for 3 years'라고 했으므로 (C)가 답이다.

15. B: How was your trip?

G: It was boring. I just stayed in the hotel

B: Really? What happened?

Q: How did the girl feel about the trip?

(A) bored

(B) happy

(C) interested

(D) surprised

해석　소년: 여행 어땠어?

소녀: 지루했어. 나는 그냥 호텔에 있었어.

소년: 정말? 무슨 일이 있었어?

질문: 소녀가 여행에 대해 어떻게 느꼈는가?

(A) 지루한

(B) 행복한

(C) 흥미로운

(D) 놀란

풀이　여행이 어땠냐는 말에 소녀가 'It was boring.'이라고 했으므로 (A)가 답이다.

16. G: My family is looking for a new house these days.

B: Why? Are you going to move out?

G: We are going to move to another city next month.

Q: What is the girl going to do next month?

(A) watch a movie

(B) eat out with family

(C) move to a new house

(D) go on a trip with family

해석　소녀: 내 가족은 요즘 새집을 찾고 있어.

소년: 왜? 이사할 예정이야?

소녀: 우리는 다음 달에 다른 도시로 이사할 거야.

질문: 소녀는 다음 달에 무엇을 할 것인가?

(A) 영화를 본다

(B) 가족과 외식한다

(C) 새집으로 이사한다

(D) 가족과 여행간다

풀이　'We are going to move to another city next month.'를 통해 소녀의 가족이 다음 달에 이사할 예정임을 알 수 있으므로 (C)가 답이다.

17. B: John is late to class almost every day recently.

G: He's a good student but is acting strangely these days.

B: Is there anything we can do for John?

Q: How do the boy and girl feel about John?

(A) happy

(B) nervous

(C) worried

(D) surprised

해석　소년: John은 요새 거의 매일 수업에 지각해.

소녀: 그는 좋은 학생이지만 요즘 이상하게 행동하고 있어.

소년: John을 위해 우리가 할 수 있는 게 있을까?

질문: 소년과 소녀가 John에 대해 어떻게 느끼는가?

(A) 행복한

(B) 초조한

(C) 걱정스러운

(D) 놀란

풀이 John이 요새 매일 수업에 지각하는 등 이상하게 행동하고 있다고 하자 John을 위해 할 수 있는 일에 대해 말하고 있으므로 소년과 소녀는 John을 걱정하고 있다는 것을 알 수 있다. 그러므로 (C)가 답이다.

[18–19]

B: There will be a school market from 10 to 4 o'clock tomorrow. My classmates and I are all going to wear yellow and green- our school colors. We are going to sell books and notebooks. I hope we can make a lot of money and have fun.

18. What will he do tomorrow?

(A) He will sell books.

(B) He will make books.

(C) He will buy notebooks.

(D) He will paint the school.

19. Why will he wear yellow and green?

(A) because he wants to paint

(B) because he wants to go to school

(C) because they are his school colors

(D)because they are his favorite colors

해석 소년: 내일 10시부터 4시까지 학교 장터가 있을 것이다. 반 친구들과 나는 모두 우리 학교의 색깔인 노란색과 초록색 옷을 입을 것이다. 우리는 책과 공책을 팔 것이다. 나는 우리가 많은 돈을 벌고 재밌는 시간을 보냈으면 좋겠다.

18. 그는 내일 무엇을 할 것인가?

(A) 그는 책을 팔 것이다.

(B) 그는 책을 만들 것이다.

(C) 그는 공책을 살 것이다.

(D) 그는 학교에 페인트를 칠할 것이다.

19. 그는 왜 노란색과 초록색 옷을 입을 것인가?

(A) 그가 칠하고 싶어서

(B) 그가 학교에 가고 싶어서

(C) 그것들이 그의 학교의 색깔이어서

(D) 그가 가장 좋아하는 색이어서

풀이 'we are going to sell books'라고 했으므로 18번은 (A)가 답이다.

'wear yellow and green- our school colors'를 통해 학교의 색깔이기 때문에 노란색과 초록색 옷을 입을 예정임을 알 수 있으므로 19번은 (C)가 답이다.

[20–21]

G: Yesterday was very cold. I went to the snow park with my family. There were a lot of people. It was hard to sled with so many people. I saw some classmates there, and I had a great time with them. It was a good way to enjoy the cold weather.

20. Where did the girl go?

(A) a school

(B) a snow park

(C) a department store

(D) an amusement park

21. Which is NOT true about the girl?

(A) She saw her friends.

(B) She enjoyed the hot weather.

(C) She had a great time yesterday.

(D) She did not go to school yesterday.

해석 소녀: 어제는 매우 추웠다. 나는 가족과 스노우 파크에 갔다. 많은 사람들이 있었다. 이렇게 많은 사람들과 함께 썰매를 타는 것은 힘들었다. 나는 거기서 몇몇 반 친구들을 봤고 그들과 좋은 시간을 보냈다. 그것은 추운 날씨를 즐기는 좋은 방법이었다.

20. 소녀는 어디에 갔는가?

(A) 학교

(B) 스노우 파크

(C) 백화점

(D) 놀이공원

21. 소녀에 대해 사실이 아닌 것은 무엇인가?

(A) 그녀는 그녀의 친구를 보았다.

(B) 그녀는 더운 날씨를 즐겼다.

(C) 그녀는 어제 좋은 시간을 보냈다.

(D) 그녀는 어제 학교에 가지 않았다.

풀이 'I went to the snow park'라고 했으므로 20번은 (B)가 답이다.

지문에서 'enjoy the cold weather'라며 추운 날씨를 즐겼다고 했으므로 더운 21번은 날씨를 즐겼다고 하는 (B)가 답이다.

[22–23]

G: My mom is a writer. She has written many books, and most of her books are popular. She always tells me to think positively. My mom also enjoys reading a lot of books. I like reading books with her. I am very proud of my mom.

22. What does the girl's mom do?

(A) She draws books.

(B) She writes books.

(C) She teaches children.

(D) She makes books at school.

23. Which is NOT true about the girl and her mom?

(A) They like reading books.

(B) The girl is proud of her mom.

(C) The girl's mom tells the girl to be positive.

(D) The girl's mom does not read books to her.

해석 소녀: 우리 엄마는 작가이다. 그녀는 많은 책을 썼다. 그리고 그녀의 책 대부분은 인기가 있다. 그녀는 항상 나에게 긍정적으로 생각하라고 말씀하신다. 우리 엄마는 또한 많은 책 읽는 것을 좋아하신다. 나는 그녀와 함께 책을 읽는 것을 좋아한다. 나는 내 엄마가 정말 자랑스럽다.

22. 소녀의 엄마는 어떤 일을 하는가?

(A) 그녀는 책을 그린다.

(B) 그녀는 책을 쓴다.

(C) 그녀는 아이들을 가르친다.

(D) 그녀는 학교에서 책을 만든다.

23. 소녀와 그녀의 엄마에 대해 사실이 아닌 것은 무엇인가?

(A) 그들은 책 읽는 것을 좋아한다.

(B) 소녀는 그녀의 엄마를 자랑스러워한다.

(C) 소녀의 엄마는 소녀에게 긍정적으로 생각하라고 말한다.

(D) 소녀의 엄마는 그녀에게 책을 읽어주지 않는다.

풀이 그녀의 엄마가 작가라고 언급하며 'she has written many books'라고 했으므로 22번은 (B)가 답이다.

'I like reading books with her.'라고 했으므로 23번은 이와 맞지 않는 (D)가 답이다.

[24-25]

B: There will be a soccer game between my school and Auckland Elementary School this weekend. My classmates and I are all going to the stadium to cheer loudly. I am sure my school team will win.

24. What is the best title for this passage?

(A) Stadium

(B) Soccer Match

(C) School Break

(D) Elementary School

25. Where will the boy go on the weekend?

(A) a park

(B) a bank

(C) a stadium

(D) a classmate's house

해석 소년: 이번 주말에 우리 학교와 오클랜드 초등학교 간의 축구 경기가 있을 것이다. 내 반 친구들과 나는 모두 큰 소리로 응원하기 위해 경기장에 갈 것이다. 나는 내 학교 팀이 이길 거라고 확신한다.

24. 이 지문에 가장 좋은 제목은 무엇인가?

(A) 경기장

(B) 축구 시합

(C) 학교 방학

(D) 초등학교

25. 소년은 주말에 어디에 갈 것인가?

(A) 공원

(B) 은행

(C) 경기장

(D) 반 친구의 집

풀이 자신의 학교와 오클랜드 초등학교 사이의 축구 경기가 있어서 응원하러 가려고 한다는 지문이므로 24번은 (B)가 답이다.

주말에 축구 시합이 있다고 말하면서 'my classmates and I are all going to the stadium'이라고 했으므로 25번은 (C)가 답이다.

Part C. Listen and Speak (p. 77)

26. M: Do you want a single or double scoop of ice cream?

G: Double please!

M: Alright. What flavors?

G: _____

(A) I think it's too big.

(B) Do I get a discount?

(C) Strawberry and chocolate.

(D) There are 25 different flavors here.

해석 남자: 아이스크림 한 스쿱 드릴까요 두 스쿱 드릴까요?

소녀: 두 스쿱 주세요!

남자: 알겠습니다. 어떤 맛으로 드릴까요?

소녀: _____

(A) 나는 그게 너무 크다고 생각해.

(B) 할인을 받을 수 있나요?

(C) 딸기와 초콜릿이요.

(D) 여기 25개의 다른 맛들이 있어요.

풀이 어떤 맛을 원하는지 물어봤으므로 딸기와 초콜릿 맛으로 달라고 하는 (C)가 답이다. .

27. M: Would you like some water or some juice?

G: May I get some water, please?

M: Sure, anything else?

G: _____

(A) No, I am hungry.

(B) Yes, well-done, please.

(C) Yes, that's everything.

(D) No, I am okay for now.

해석 남자: 물이나 주스 좀 드릴까요?

소녀: 물 좀 주시겠어요?

남자: 네, 더 필요하신 것 있으신가요?

소녀: _____

(A) 아뇨, 저는 배고파요.

(B) 네, 웰던으로 주세요.

(C) 네, 그게 다예요.

(D) 아뇨, 지금은 없어요.

풀이 남자가 더 필요한 것이 있냐고 물어봤으므로 지금은 없다고 부정하는 (D)가 답이다.

28. G: Did you find the paint?

B: There was a little bit of red and yellow.

G: Did you see the blue?

B: _____

(A) Blue is my favorite.

(B) The sky has turned gray.

(C) I couldn't find it in the paint box.

(D) Mixing red and yellow makes orange.

해석 소녀: 너 그 페인트 찾았어?

소년: 빨간색과 노란색 페인트가 조금 있었어.

소녀: 파란색은 봤어?

소년: _____

(A) 파란색은 내가 가장 좋아하는 색이야.

(B) 하늘이 흐려졌어.

(C) 나는 페인트 상자에서 그것을 찾을 수 없었어.

(D) 빨간색과 노란색을 섞으면 주황색이 돼.

풀이 파란색 페인트를 봤냐고 물어봤으므로 보지 못했다고 대답하는 (C)가 답이다.

29. B: Great game today!

G: Thank you. You were a big help making that goal.

B: Oh, it was nothing.

G: _____

(A) You should practice more.

(B) I hope it never happens again.

(C) Do you need help with anything?

(D) I couldn't have done it without you.

해석 소년: 오늘 훌륭한 경기였어!

소녀: 고마워. 그 골을 넣는 데 네가 큰 도움이 됐어.

소년: 오, 별거 아니었어.

소녀: _____

(A) 너는 더 연습해야 해.

(B) 나는 그게 다시 일어나지 않기를 바라.

(C) 도움이 필요해?

(D) 네가 없었다면 그걸 하지 못했을 거야.

풀이 소년이 큰 도움이 아니라고 대답했으므로 네 도움이 없었다면 골을 넣지 못했을 거라고 대답하는 (D)가 답이다.

30. W: What's that noise?

M: It looks like they're playing some loud music next door.

W: Again? I should go say something.

M: _____

(A) Music was my favorite subject in school.

(B) Maybe you should wait for just a little bit.

(C) How do you not know what's happening?

(D) The neighbors brought by the most delicious pie.

해석 여자: 저 소음은 뭐야?

남자: 옆집에서 시끄러운 음악을 틀어놓은 것 같아.

여자: 또? 내가 가서 뭐라도 말해봐야겠어.

남자: _____

(A) 음악은 학교에서 내가 가장 좋아하는 과목이었어.

(B) 잠시만 기다려 봐.

(C) 어떻게 무슨 일이 일어나는지 모를 수가 있어?

(D) 이웃이 가장 맛있는 파이를 가져왔어.

풀이 시끄러운 음악을 튼 이웃에게 가서 말을 해야겠다고 했으므로 잠시 기다려 보라고 말리는 (B)가 답이다.

Part A. Sentence Completion (p. 80)

1. A: _____ is my coat?

B: It is in the closet.

(A) How

(B) When

(C) Whom

(D) Where

해석 A: 내 코트 어딨어?

B: 옷장에 있어.

(A) 어떻게

(B) 언제

(C) 누구

(D) 어디에

풀이 B가 코트의 위치에 대해 말하고 있기 때문에 (D)가 정답이다.

2. A: Do you and Tom like fish?

B: I like fish, but Tom _____.

(A) do

(B) does

(C) don't

(D) doesn't

해석 A: 너랑 Tom은 생선을 좋아해?

B: 나는 좋아해, 그렇지만 Tom은 좋아하지 않아.

(A) 하다

(B) 하다

(C) 하지 않다

(D) 하지 않다

풀이 자신은 좋아한다고 말한 뒤 역접 접속사 'but'을 사용했기 때문에 Tom은 좋아하지 않는다는 내용이 나와야 하고, Tom은 3인칭 단수이므로 (D)가 답이다.

3. A: How long did it take you to walk to school?

B: It _____ me 25 minutes.

(A) take

(B) took

(C) to take

(D) will take

해석 A: 네가 학교까지 걸어가는데 얼마나 걸렸니?

B: 25분 걸렸어.

(A) 걸리다

(B) 걸렸다

(C) 걸리는

(D) 걸릴 것이다

풀이 주어 'It' 다음에 동사가 나와야 하고, 과거형으로 질문했으므로 과거형인 (B)가 답이다.

4. A: Can you go to the movies with me after school?
   B: I want to go _____ I can't.
      (A) if
      (B) so
      (C) and
      (D) but

해석 A: 방과 후에 나랑 영화보러 갈 수 있어?
     B: 나 가고 싶지만 갈 수 없어.
     (A) 만약 ~하면
     (B) 그래서
     (C) 그리고
     (D) 그러나
풀이 빈칸 앞 뒤 내용이 대조되므로 (D)가 정답이다.

5. A: Look at the snow! Everything is all white!
   B: It started _____ around midnight.
      (A) snow
      (B) snowed
      (C) snowing
      (D) to snowing

해석 A: 저 눈을 봐! 모든 것이 다 하얀색이야!
     B: 자정쯤에 눈이 내리기 시작했어.
     (A) 눈이 내리다
     (B) 눈이 내렸다
     (C) 눈이 내리는 것
     (D) 틀린 표현
풀이 'start' 동사의 목적어로 to부정사나 동명사가 와야 하므로 (C)가 정답이다.

Part B. Situational Writing (p. 81)

6. The policeman is _____ the old lady cross the street.
      (A) help
      (B) helped
      (C) to help
      (D) helping

해석 그 경찰은 할머니가 길을 건너도록 돕고 있다.
     (A) 돕다
     (B) 도왔다
     (C) 돕기 위해
     (D) 돕고 있는
풀이 진행을 나타낼 때는 'be 동사+~ing'를 사용하므로 (D)가 답이다.

7. Jack is making a presentation _____ of the class.
      (A) in
      (B) on top
      (C) in front
      (D) in the first

해석 Jack은 교실 앞에서 발표를 하고 있다.

     (A) ~ 안에
     (B) ~ 위에
     (C) ~ 앞에
     (D) 처음에
풀이 교실 학생들 앞에서 발표를 하고 있으므로 (C)가 답이다. (A)의 경우 빈칸 뒤에 'of'라는 전치사가 이미 나와있으므로 오답이다.

8. They are cleaning the leaves _____ the street.
      (A) at
      (B) to
      (C) on
      (D) for

해석 그들은 거리 위에 낙엽을 치우고 있다.
     (A) ~에서
     (B) ~로
     (C) ~위에
     (D) ~를 위해
풀이 거리 위에 있는 낙엽을 치우고 있으므로 (C)가 답이다.

9. A man is _____ on the treadmill.
      (A) getting out
      (B) moving out
      (C) blowing out
      (D) working out

해석 한 남자가 러닝머신 위에서 운동하고 있다.
     (A) 나가는
     (B) 이사가는
     (C) 꺼지는
     (D) 운동하는
풀이 남자가 러닝머신 위에서 운동하고 있으므로 (D)가 답이다.
Words and Phrases treadmill 러닝머신 | blow out (불꽃등이) 꺼지다 | work out 운동하다

10. The boy is _____ the door.
      (A) talking to
      (B) carrying on
      (C) knocking on
      (D) walking down

해석 그 소년은 문을 노크하고 있다.
     (A) 말하는
     (B) 나르는
     (C) 노크하는
     (D) 걸어 내려가는
풀이 소년이 문을 노크하고 있으므로 (C)가 답이다.

Part C. Practical Reading and Retelling (p. 84)

[11–12]

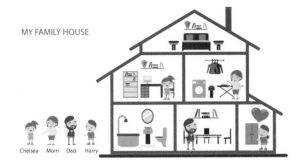

MY FAMILY HOUSE

Chelsea Mom Dad Harry

11. I am on the second floor. I am doing laundry. Who am I?

(A) Dad

(B) Mom

(C) Harry

(D) Chelsea

12. I am holding a heart-shaped balloon. Where am I?

(A) in the kitchen

(B) in the bathroom

(C) at the front door

(D) in the living room

해석 11. 나는 2층에 있다. 나는 다리미질을 하고 있다. 나는 누구인가?

(A) 아빠

(B) 엄마

(C) Harry

(D) Chelsea

12. 나는 하트 모양의 풍선을 들고 있다. 나는 어디에 있는가?

(A) 부엌

(B) 화장실

(C) 앞문

(D) 거실

풀이 2층에서 빨래를 하고 있는 사람은 엄마이므로 11번은 (B)가 답이다. 하트 모양의 풍선을 들고 있는 사람은 1층 앞문에 있으므로 12번은 (C)가 답이다.

[13–14]

Table of Contents

13. Which chapter is on page 66?

(A) Chapter 4

(B) Chapter 5

(C) Chapter 6

(D) Chapter 7

14. Looking at the table of contents, what is this book probably about?

(A) math

(B) music

(C) science

(D) social studies

해석

13. 66쪽에 있는 장은 무엇인가?

(A) 4장

(B) 5장

(C) 6장

(D) 7장

14. 목차를 보면, 이 책은 아마 무엇에 관한 것인가?

(A) 수학

(B) 음악

(C) 과학

(D) 사회

풀이 7장이 64페이지부터 72페이지까지 있으므로 13번은 (D)가 답이다. 힘, 운동, 중력, 에너지 등에 대해 다루고 있으므로 과학에 대한 책임을 알 수 있다. 그러므로 14번은 (C)가 답이다.

Words and Phrases conduction 전도 | convection 대류

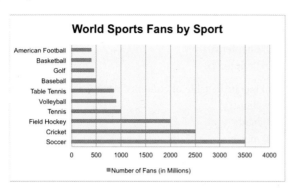

15. Which sport has the most fans in the world?

(A) soccer

(B) cricket

(C) tennis

(D) American football

16. How many fans does baseball have?

(A) 500

(B) 500,000

(C) 500,000,000

(D) 500,000,000,000

해석 15. 세계에서 가장 많은 팬을 가지고 있는 스포츠는 무엇인가?

(A) 축구

(B) 크리켓

(C) 테니스

(D) 미식 축구

16. 야구는 얼마나 많은 팬을 가지고 있는가?

(A) 500

(B) 500,000

(C) 500,000,000

(D) 500,000,000,000

풀이 축구의 팬 수가 35억명으로 가장 많으므로 15번은 (A)가 답이 다. 야구 의 팬 수는 5억명이므로 16번은 (C)가 답이다. 단위가 백만명인 것을 놓치지 않도록 한다.

Words and Phrases american football 미식축구

[17–18]

17. Which of the following is against these discussion rules?

(A) speaking loudly

(B) discussing other topics

(C) looking at other people

(D) listening to other people

18. What are these rules probably for?

(A) home life

(B) classrooms

(C) police stations

(D) shopping centers

해석

토론 규칙
1. 조용히 기다리세요.
2. 크게 말하세요.
3. 논점을 벗어나지 마세요.
4. 눈을 맞추세요.
5. 당신의 동료를 보세요.
6. 그들의 말을 들으세요.

17. 다음 중 이 토론 규칙에 어긋나는 것은 무엇인가?

(A) 크게 말하기

(B) 다른 주제를 토론하기

(C) 다른 사람을 보기

(D) 다른 사람의 말을 듣기

18. 이 규칙은 무엇을 위한 것인가?

(A) 가정 생활

(B) 교실

(C) 경찰서

(D) 쇼핑 센터

풀이 다른 주제에 대해 토론하는 것은 세 번째 규칙 'Stick to the point.'와 어 긋나는 내용이므로 17번은 (B)가 답이다. 토론할 때 지켜야 하는 규칙 이므로 선지 중 교실이 가장 적절하다. 그러므로 18번은 (B)가 답이다.

[19–20]

19. What does this poster ask you to do when you find the dog?
   (A) feed the dog
   (B) wash the dog
   (C) call the police
   (D) call the number

20. What is NOT a characteristic of this dog?
   (A) It is a boy.
   (B) It is a brave dog.
   (C) It was lost on July 19th.
   (D) It is small and has long legs.

해석

개를 찾습니다

작음
갈색 수컷 치와와
긴 다리

마지막에 "CHAMP"라고 적힌 빨간 목줄을 하고 있었음
매우 소심하고 낯선 사람이 있으면 불안해함

7월 19일 Harbor 공원 근처에서 마지막으로 목격됨
개를 발견하면 전화주세요: 123-556-5511
어떠한 도움이라도 감사하겠습니다!!

19. 당신이 개를 발견할 때 이 포스터가 당신에게 부탁하는 것은 무엇인가?
(A) 개에게 먹이를 준다
(B) 개를 씻긴다
(C) 경찰에 전화한다
(D) 번호로 전화한다
20. 이 개의 특징이 아닌 것은 무엇인가?
(A) 수컷이다.
(B) 용감한 개이다.
(C) 7월 19일에 실종되었다.
(D) 작고 긴 다리를 가지고 있다.

풀이 'please call when you find the dog:123-556-5511'을 통해 개를 찾으면 저 번호로 전화해 달라고 요청하고 있음을 알 수 있으므로 19번은 (D)가 답이다.
'very shy and nervous around strangers'를 통해 개가 용감하지 않다는 것을 알 수 있으므로 20번은 (B)가 답이다.

Words and Phrases collar 목줄

Part D. General Reading and Retelling (p. 89)

[21~22]
Valentina Tereshkova was the first woman to fly into the space. She was born in a small village is Russia. After finishing school, she worked at a factory. She was very interested in flying, so she joined the Air Sports Club.
In 1961, she was chosen as one of five women for the space program. On June 16, 1963, she flew into space in a spaceship. She stayed in space for more than 70 hours and went around the Earth 48 times. She landed safely. Nowadays, she is a respected politician in Russia.

21. What was Valentina Tereshkova's job?
   (A) a doctor
   (B) a teacher
   (C) an astronaut
   (D) a police officer

22. How long did Valentina Tereshkova stay in space?
   (A) 40 hours
   (B) 50 hours
   (C) 60 hours
   (D) 70 hours

해석 Valentina Tereshkova는 우주 비행을 한 최초의 여성이었다. 그녀는 러시아의 작은 마을에서 태어났다. 그녀는 학교를 마친 후 공장에서 일했다. 그녀는 비행에 관심이 너무 많아서, 비행 스포츠 클럽에 가입했다. 1961년에, 그녀는 우주 프로그램을 위한 다섯 명의 여성 중 한 명으로 선정됐다. 1963년 6월 16일에, 그녀는 우주선을 타고 우주로 날아갔다. 그녀는 70시간 넘게 우주에 머물며 지구 둘레를 48바퀴나 돌았다. 그녀는 무사히 착륙했다. 오늘날에는, 그녀는 러시아의 존경받는 정치인이다.
21. Valentina Tereshkova의 직업은 무엇이었는가?
(A) 의사
(B) 선생님
(C) 우주 비행사
(D) 경찰관
22. Valentina Tereshkova는 우주에서 얼마나 오래 머물렀는가?
(A) 40시간
(B) 50시간
(C) 60시간
(D) 70시간

풀이 첫 문장 'Valentina Tereshkova was the first woman to fly into the space.'에서부터 그녀가 우주 비행사임을 알 수 있고 나머지 내용도 이를 뒷받침하고 있으므로 21번은 (C)가 답이다.
'she stayed in space for more than 70 hours'에서 우주에 70시간 정도 머물렀다는 사실을 알 수 있으므로 22번은 (D)가 답이다.
Words and Phrases spaceship 우주선 | land 착륙하다 | safely 무사히, 탈 없이 | respected 훌륭한, 존경받는

Gary's mother made twenty cupcakes for his class. Gary put red cherries on top on nineteen of them. Gary's friend Linda cannot eat cherries, so he put a strawberry on one of them instead. He dropped one cherry cupcake on the ground when he was walking. Gary, Linda, and his friends ate fifteen cupcakes. They also gave one cupcake to his teacher. Everyone thanked Gary and his mom for the delicious cupcakes.

23. Why did Gary put a strawberry on one cupcake?
    (A) because Gary ran out of cherries
    (B) because Linda cannot eat cherries
    (C) because Gary's mother made a mistake
    (D) because Gary wanted to try something different

24. How many cupcakes with cherries does Gary have left?
    (A) 0
    (B) 1
    (C) 3
    (D) 15

해석 Gary의 엄마가 그의 반을 위해 20개의 컵케이크를 만들었다. Gary는 그 중 19개의 컵케이크 위에 빨간 체리를 올렸다. Gary의 친구 Linda는 체리를 먹지 못한다. 그래서 그는 그 중 1개에 대신 딸기를 올렸다. 그는 걷다가 체리 컵케이크 하나를 땅에 떨어뜨렸다. Gary, Linda, 그리고 그의 친구들은 15개의 컵케이크를 먹었다. 그들은 또한 선생님에게 컵케이크 한 개를 드렸다. 모두가 Gary와 그의 엄마에게 맛있는 컵케이크에 대해 감사를 전했다.

23. 왜 Gary는 한 컵케이크에 딸기를 올렸는가?
(A) Gary에게 체리가 다 떨어졌기 때문에
(B) Linda가 체리를 먹지 못하기 때문에
(C) Gary의 엄마가 실수를 했기 때문에
(D) Gary가 다른 것을 시도해보려고 했기 때문에

24. Gary가 체리가 있는 컵케이크를 얼마나 남겼는가?
(A) 0
(B) 1
(C) 3
(D) 15

풀이 'Linda cannot eat cherries, so he put a strawberry on one of them'을 통해 Linda가 체리를 먹지 못해서 대신 딸기를 올렸음을 알 수 있으므로 23번은 (B)가 답이다.
Linda를 위한 딸기 컵케이크 1개와 체리 컵케이크 19개, 총 20개를 만들었다. 걷는 중 체리 컵케이크 1개를 떨어뜨렸다. Gary와 친구들이 체리 컵케이크 14개, Linda가 딸기 컵케이크 1개를 먹었다. 선생님이 체리 컵케이크 1개를 먹었다. 남은 체리 컵케이크는 3개, 딸기 컵케이크는 0개이다. 그러므로 24번은 (C)가 답이다.

In many countries, it is common to have a family name. However, this was very rare in history. Only powerful people used them. People in China were some of the first to have family names. Other countries started using them less than 200 years ago. Some countries and cultures still do not have them. Each country also has its own rules for how family names are given to children. Sometimes they get the father's, sometimes they get the mother's, and sometimes they get a whole new family name!

25. Before family names became common, which type of person probably used family names?
    (A) kings
    (B) farmers
    (C) fishermen
    (D) shoemakers

26. According to the passage, which statement is NOT true?
    (A) Family names used to be uncommon.
    (B) Some countries do not use family names.
    (C) Family names always come from the father.
    (D) People in China were some of the first to use family names.

해석 많은 나라에서, 성이 있는 것은 흔하다. 그러나, 이는 역사적으로는 매우 드물었다. 힘이 있는 사람만이 성을 썼었다. 중국 사람들은 성을 사용한 최초의 사람들 중 일부이다. 다른 나라들은 성을 쓰기 시작한지 200년도 되지 않았다. 몇몇 나라들과 문화권들은 여전히 성을 가지고 있지 않다. 각 나라는 또한 성이 아이들에게 주어지는 방식에 대한 그들만의 규칙을 갖고 있다. 때때로 그들은 아버지의 성을, 때때로 어머니의 성을 따르고, 때때로 아예 새로운 성을 갖기도 한다!

25. 성이 흔해지기 전에, 어떤 사람들이 성을 사용했겠는가?
(A) 왕
(B) 농부
(C) 어부
(D) 신발 제작자

26. 지문에 따르면, 다음 중 사실이 아닌 것은 무엇인가?
(A) 성은 흔하지 않았다.
(B) 몇몇 나라들은 성을 사용하지 않는다.
(C) 성은 항상 아버지로부터 온다.
(D) 중국 사람들은 성을 사용한 최초의 사람들 중 일부이다.

풀이 'Only powerful people used them.'을 통해 성이 흔해지기 전에는 힘이 있는 사람들만 성을 사용했다고 했으므로 보기 중 가장 힘이 있는 사람들인 (A)가 25번의 답이다.
'sometimes they get the mother's, and sometimes they get a whole new family name!'을 통해 어머니의 성을 따르기도, 아예 새로운 성을 깃기도 한다는 것을 알 수 있으므로 26번은 (C)가 답이다.

[27–28]

Do you know how to play the piano? If you do, you know how to play the most popular instrument in the world. The guitar is second, and the drums are third. Many people learn the piano from a very young age. One reason that the piano is popular is that it can play many types of music. From pop to rock to jazz, many people use the piano to make beautiful music.

27. What is the third most popular musical instrument to learn?
    (A) the flute
    (B) the piano
    (C) the guitar
    (D) the drums

28. According to the passage, why is the piano a popular instrument to learn?
    (A) It is comparatively easy to play.
    (B) The sound is very nice in concert halls.
    (C) It can play many different types of music.
    (D) It is cheap to buy from department stores.

해석 당신은 피아노를 연주하는 방법을 아는가? 만약 그렇다면, 당신은 세계에서 가장 인기있는 악기를 연주하는 방법을 아는 것이다. 기타가 두 번째이고, 드럼이 세 번째이다. 많은 사람들은 매우 어린 나이부터 피아노를 배운다. 피아노가 인기있는 이유 중 하나는 그것이 많은 종류의 음악을 연주할 수 있기 때문이다. 팝, 락부터 재즈까지, 많은 사람들은 피아노를 이용해 아름다운 음악을 만든다.

27. 세 번째로 배우는 데에 인기있는 악기는 무엇인가?
(A) 플루트
(B) 피아노
(C) 기타
(D) 드럼
28. 지문에 따르면, 왜 피아노는 배우는 데에 인기가 있는 악기인가?
(A) 비교적 연주하기 쉽다.
(B) 콘서트 홀에서 소리가 매우 좋다.
(C) 많은 다양한 종류의 음악을 연주할 수 있다.
(D) 백화점에서 저렴하게 살 수 있다.

풀이 'the drums are third'라고 했으므로 27번은 (D)가 답이다.
'One reason that the piano is popular is that it can play many types of music.'을 통해 피아노가 인기있는 이유는 많은 종류의 음악을 연주할 수 있기 때문임을 알 수 있으므로 28번은 (C)가 답이다.

[29–30]

Which is bigger in size: one kilogram of water or one kilogram of ice? The correct answer is ice. When water freezes it becomes larger. You can use your refrigerator freezer to do an experiment to see this. Fill a paper cup full of water. Then, put a lid on top. Put the cup of water in the freezer and wait a few hours. When you come back the cup will be ripped. The ice is larger than the water, so the cup cannot hold it.

29. Why does the cup of water in the freezer rip?
    (A) The ice is colder than the water.
    (B) The ice is bigger than the water.
    (C) The ice is harder than the water.
    (D) The ice is smoother than the water.

30. What do you NOT need to do the experiment in the passage?
    (A) a freezer
    (B) an ice pick
    (C) a paper cup
    (D) a top for a cup

해석 어떤 것이 크기가 더 큰가: 1킬로그램의 물 또는 1킬로그램의 얼음? 정답은 얼음이다. 물은 얼면 더 커진다. 당신은 이를 보기 위한 실험을 하기 위해 당신의 냉동 냉장고를 사용할 수 있다. 종이컵에 물을 가득 채워라. 그리고나서, 위에 뚜껑을 덮어라. 그 물컵을 냉동고에 넣고 몇 시간 기다려라. 당신이 돌아오면 그 컵은 찢어져있을 것이다. 얼음은 물보다 크다. 그래서 컵은 그것을 수용할 수 없다.

29. 왜 냉동고의 물컵이 찢어지는가?
(A) 얼음이 물보다 차갑다.
(B) 얼음이 물보다 크다.
(C) 얼음이 물보다 딱딱하다.
(D) 얼음이 물보다 부드럽다.
30. 지문에서 실험을 하기 위해 필요하지 않은 것은 무엇인가?
(A) 냉동고
(B) (얼음 깨는) 송곳
(C) 종이컵
(D) 컵 뚜껑

풀이 'The ice is larger than the water, so the cup cannot hold it.'을 통해 얼음이 물보다 커서 종이컵이 찢어진다는 것을 알 수 있으므로 29번은 (B)가 답이다.
얼음을 깨는 송곳에 대한 언급은 없었으므로 30번은 (B)가 답이다.

Words and Phrases rip 찢어지다, 찢다 | ice pick (얼음 깨는) 송곳

TOSEL JUNIOR

실전 4회

Section I Listening and Speaking

1 **(A)** 2 **(A)** 3 **(C)** 4 **(A)** 5 **(B)**
6 **(D)** 7 **(B)** 8 **(D)** 9 **(A)** 10 **(C)**
11 **(D)** 12 **(C)** 13 **(D)** 14 **(D)** 15 **(B)**
16 **(C)** 17 **(D)** 18 **(B)** 19 **(A)** 20 **(C)**
21 **(D)** 22 **(D)** 23 **(B)** 24 **(D)** 25 **(B)**
26 **(B)** 27 **(B)** 28 **(C)** 29 **(D)** 30 **(A)**

Section II Reading and Writing

1 **(D)** 2 **(A)** 3 **(C)** 4 **(D)** 5 **(D)**
6 **(C)** 7 **(D)** 8 **(A)** 9 **(C)** 10 **(C)**
11 **(D)** 12 **(D)** 13 **(D)** 14 **(D)** 15 **(B)**
16 **(C)** 17 **(D)** 18 **(C)** 19 **(B)** 20 **(C)**
21 **(D)** 22 **(C)** 23 **(A)** 24 **(A)** 25 **(C)**
26 **(C)** 27 **(C)** 28 **(C)** 29 **(A)** 30 **(C)**

SECTION I LISTENING AND SPEAKING

Part A. Listen and Respond (p. 102)

1. G: Can I borrow a pen?
   B: _____
   (A) Here you are.
   (B) Yes, I like a blue pen.
   (C) No, I can't take notes.
   (D) Your pencil is expensive.
   해석 소녀: 펜 좀 빌려줄래?
   소년: _____
   (A) 여기 있어.
   (B) 응, 나는 파란 펜을 좋아해.
   (C) 아니, 나는 필기하지 못해.
   (D) 네 연필은 비싸.
   풀이 펜을 빌려달라고 요청했으므로 여기 있다고 대답하는 (A)가 답이다.

2. B: The test was really difficult.
   G: _____
   (A) I felt the same.
   (B) Let's get started.
   (C) I will study for the test tonight.
   (D) The door was difficult to open.
   해석 소년: 그 시험은 정말 어려웠어.
   소녀: _____
   (A) 나도 그렇게 느꼈어.
   (B) 시작하자.
   (C) 나는 오늘 밤에 시험 공부를 할 거야.
   (D) 그 문을 열기 힘들었어.
   풀이 시험이 정말 어려웠다고 했으므로 자신도 그렇게 생각한다는 (A)가 답이다.

3. G: How do I get to the post office?
   B: _____
   (A) I just emailed you the receipt.
   (B) My office is just around the corner.
   (C) Go straight two blocks and turn left.
   (D) It took more than 10 minutes to get here.
   해석 소녀: 우체국에 어떻게 가?
   소년: _____
   (A) 방금 이메일로 너한테 영수증을 보냈어.
   (B) 내 사무실은 모퉁이만 돌면 바로 있어.
   (C) 두 블록 쭉 가서 왼쪽으로 꺾어.
   (D) 여기 오는데 10분 넘게 걸렸어.
   풀이 우체국에 가는 방법을 물어봤으므로 두 블록 가서 왼쪽으로 꺾으라고 대답하는 (C)가 답이다.

4. B: You're sitting on my jacket.
   G: _____
   (A) Oh, I am so sorry.
   (B) Please have a seat.
   (C) Oh, you can sit here.
   (D) Yes, I found it online.
   해석 소년: 너 내 재킷을 깔고 앉아 있어.
   소녀: _____
   (A) 어, 정말 미안해.
   (B) 앉으세요.
   (C) 오, 여기 앉아도 돼.
   (D) 응, 나는 그걸 온라인에서 찾았어.
   풀이 자신의 재킷 위에 앉아있다고 말했으므로 미안하다고 사과하는 (A)가 답이다.

5. G: Should we turn the lights on?
   B: _____
   (A) I think it's lighter than a book.
   (B) Not yet, it's still bright outside.
   (C) That's a basic right of being human.
   (D) Please take the one on your right.
   해석 소녀: 불을 켤까?
   소년: _____
   (A) 그건 책 한 권보다 가볍다고 생각해.
   (B) 아니 아직, 밖에 아직 밝아.
   (C) 그건 인간의 기본권이야.
   (D) 네 오른쪽에 있는 것을 가져가.
   풀이 불을 켜야 하냐고 물어봤으므로 밖이 아직 밝으니 켜지 않아도 된다고 대답하는 (B)가 답이다.

6. B: When do you have your flute lesson?

    G: _____

        (A) I had fun in the last session.

        (B) Flutes are musical instruments.

        (C) Today is the last day of the month.

        (D) I have the lesson this Friday at 4 PM.

해석 소년: 너는 플루트 수업 언제 해?

     소녀: _____

     (A) 나는 지난 세션에서 즐거운 시간을 보냈어.

     (B) 플루트는 악기야.

     (C) 오늘은 이달의 마지막 날이야.

     (D) 나는 이번 주 금요일 오후 4시에 수업이 있어.

풀이 수업이 언제냐고 물어봤으므로 금요일 4시에 있다고 대답하는 (D)가 답이다.

7. G: May I ask for a favor?

    B: _____

        (A) How long is this ruler?

        (B) What can I do for you?

        (C) My favorite flavor is vanilla.

        (D) This building is very famous.

해석 소녀: 도와줄 수 있어?

     소년: _____

     (A) 이 자는 얼마나 길어?

     (B) 뭘 도와줄까?

     (C) 내가 가장 좋아하는 맛은 바닐라야.

     (D) 이 건물은 매우 유명해.

풀이 도와줄 수 있냐고 물어봤으므로 무엇을 도와줄지 되묻는 (B)가 답이다.

8. G: What are you looking for today?

    B: _____

        (A) Sorry, I can't.

        (B) Of course, I will.

        (C) Look at my room.

        (D) I need new shoes.

해석 소녀: 오늘 무엇을 찾고 있어?

     소년: _____

     (A) 미안해. 난 못해.

     (B) 당연하지. 내가 할게.

     (C) 내 방을 봐.

     (D) 나는 새 신발이 필요해.

풀이 무엇을 찾고 있는 것인지 물어봤으므로 새 신발이 필요하다고 대답하는 (D)가 답이다.

9. B: Hey, chicken sandwiches are on sale!

    G: _____

        (A) Let's go grab some!

        (B) We don't need cheese.

        (C) Put it in the oven for ten minutes.

        (D) There are two chickens in the farm.

해석 소년: 야, 치킨 샌드위치가 할인 중이야!

     소녀: _____

     (A) 가서 조금 먹자!

     (B) 우리는 치즈가 필요 없어.

     (C) 그것을 10분 동안 오븐에 넣어.

     (D) 농장에 닭 두 마리가 있어.

풀이 치킨 샌드위치가 할인 중이라고 했으므로 가서 먹자는 (A)가 답이다.

10. G: How often do you go to the movies?

    B: _____

        (A) I loved that movie so much.

        (B) It costs 10 dollars on Tuesdays.

        (C) Probably once or twice a month.

        (D) The movie was about 3 hours long.

해석 소녀: 너는 얼마나 자주 영화 보러 가?

     소년: _____

     (A) 나는 그 영화를 정말 좋아했어.

     (B) 그건 화요일에는 10달러야.

     (C) 아마 한 달에 한두 번.

     (D) 그 영화는 약 3시간 길이야.

풀이 영화를 보러 가는 빈도를 물어봤으므로 한 달에 한두 번 보러 간다고 대답하는 (C)가 답이다.

Part B. Listen and Retell (p. 103)

11. B: I can't get enough sleep these days.

    G: Oh, why? What's bothering you?

    B: Friend issues are too complicated.

    Q: What is the boy's problem?

        (A) his health

        (B) his grades

        (C) his siblings

        (D) his friends

해석 소년: 난 요즘 잠을 충분히 자지 못해.

     소녀: 어, 왜? 뭐가 문제야?

     소년: 친구 문제가 너무 복잡해.

     질문: 소년의 문제는 무엇인가?

     (A) 그의 건강

     (B) 그의 점수

     (C) 그의 형제자매들

     (D) 그의 친구들

풀이 소녀가 뭐가 문제인지 물어보자 'friend issues'라고 대답했으므로 (D)가 답이다.

Words and Phrases   complicated 복잡한

12. W: Who's going to help me with the dishes?

    B: I'd be glad to give you a hand.

    W: Sam, that's very nice of you!

    Q: What is the boy going to do?

        (A) grill a steak

        (B) set the table

        (C) do the dishes

        (D) brew some coffee

해석 여자: 누가 나 설거지하는 걸 도와줄 거니?

소년: 제가 도와드릴게요.

여자: Sam, 정말 착하구나!

질문: 소년은 무엇을 할 것인가?

(A) 스테이크를 굽는다

(B) 식탁을 차린다

(C) 설거지를 한다

(D) 커피를 내린다

풀이 여자가 누가 설거지를 도와줄 건지 물어보자 소년이 자신이 도와주겠다고 했으므로 (C)가 답이다.

Words and Phrases give a hand 거들어주다

13. B: Could you stop by the department store?

G: I thought you went there yesterday.

B: I did but I need to exchange this sweater for another color.

Q: What does the boy want to do?

(A) stop by the library

(B) get something to eat

(C) get a refund on the sweater

(D) stop by the department store

해석 소년: 백화점에 들를 수 있어?

소녀: 네가 어제 거기 갔다고 생각했는데.

소년: 그렇긴 한데 이 스웨터를 다른 색으로 교환해야 해.

질문: 소년은 무엇을 하고 싶어 하는가?

(A) 도서관에 들른다

(B) 먹을 것을 산다

(C) 스웨터를 환불한다

(D) 백화점에 들른다

풀이 스웨터를 다른 색으로 교환하기 위해 소년이 소녀에게 백화점에 들를 수 있냐고 물어 봤으므로 (D)가 답이다.

14. G: What kind of painting is it?

B: It's a watercolor painting of flamingos.

G: Great choice of colors. I'm impressed!

Q: What did the boy draw?

(A) a model

(B) a mango

(C) a waterfall

(D) a flamingo

해석 소녀: 그건 어떤 종류의 그림이야?

소년: 그건 플라밍고 수채화 그림이야.

소녀: 색 선택을 잘 했다. 인상적이야!

질문: 소년이 그린 것은 무엇인가?

(A) 모델

(B) 망고

(C) 폭포

(D) 플라밍고

풀이 소년이 'painting of flamingos'라고 했으므로 (D)가 답이다.

Words and Phrases watercolor 수채화 | waterfall 폭포

15. B: Did you see my slippers?

G: Didn't you put them under the table next to your bed?

B: Oh, right. I did. Thank you!

Q: Where would the boy most likely find his slippers?

(A) under the sofa

(B) in his bedroom

(C) next to his bag

(D) in the living room

해석 소년: 내 슬리퍼 봤어?

소녀: 네 침대 옆 탁자 밑에 두지 않았어?

소년: 아, 맞아. 그랬지. 고마워!

질문: 소년이 그의 슬리퍼를 어디서 찾을 수 있는가?

(A) 소파 밑에서

(B) 그의 침실에서

(C) 그의 가방 옆에서

(D) 거실에서

풀이 소녀가 침대 옆에 있는 탁자 밑에 두지 않았냐고 하자 그랬다고 대답했으므로 슬리퍼를 그의 침실에서 찾을 수 있음을 알 수 있다. 그러므로 (B)가 답이다.

16. G: Jane seems to be upset with me.

B: Why? Do you know the reason?

G: I think she's upset because I didn't go to her birthday party.

Q: Why does the girl think Jane is upset?

(A) because she tried to lie to her

(B) because she was late for class

(C) because she missed her birthday party

(D) because she didn't go shopping with her

해석 소녀: Jane이 나에게 화난 것 같아.

소년: 왜? 뭐 때문인지 알아?

소녀: 내 생각엔 내가 그녀의 생일 파티에 가지 않아서 그녀가 화난 것 같아.

질문: 왜 소녀는 Jane이 화났다고 생각하는가?

(A) 그녀가 Jane에게 거짓말을 하려고 해서

(B) 그녀가 수업에 지각해서

(C) 그녀가 Jane의 생일 파티에 가지 않아서

(D) 그녀가 Jane과 쇼핑을 가지 않아서

풀이 소녀의 마지막 말 'she's upset because I didn't go to her birthday party'를 통해 소녀가 생일파티에 가지 않아서 Jane이 화가 났다고 생각하고 있음을 알 수 있으므로 (C)가 답이다.

17. B: When is Henry leaving for Paris?

G: He already left two days ago.

B: What? He didn't even say goodbye?

Q: When did Henry leave?

(A) last week

(B) yesterday

(C) last month

(D) the day before yesterday

해석 소년: Henry는 언제 파리로 떠나니?

소녀: 그는 이미 이틀 전에 떠났어.

소년: 뭐? 작별인사도 안하고?

질문: Henry는 언제 떠났는가?

(A) 지난주

(B) 어제

(C) 지난달

(D) 그저께

풀이 이틀 전에 떠났다고 했으므로 (D)가 답이다.

[18–19]

M: Did you know that giraffes' tongues are very unique? They are almost 18 to 20 inches long! With their long tongues, giraffes can reach their favorite leaves hanging high on trees. Giraffes' tongues are also dark in color. Many assume that this is for protecting their tongues from getting sunburnt as giraffes spend much time during the day eating.

18. How can giraffes' tongues be best described?

(A) They are long and light.

(B) They are long and dark.

(C) They are short and dark.

(D) They are short and light.

19. What is true about giraffes?

(A) They eat for a long time during the day.

(B) They actually cannot reach food in tall trees.

(C) Their tongues are easily damaged by sunlight.

(D) Their tongues are only eight to twelve inches long.

해석 남자: 기린의 혀가 매우 특이하다는 걸 아는가? 그것은 거의 18에서 20인치나 된다! 긴 혀로, 기린은 나무 높이 걸려있는 그들이 좋아하는 잎에 닿을 수 있다. 기린의 혀는 색이 어둡다. 많은 사람들은 기린이 낮 동안 많은 시간을 먹는 데에 보내기 때문에 이것이 그들의 혀를 화상으로부터 보호하기 위한 것이라고 추정한다.

18. 기린의 혀를 어떻게 가장 적절하게 설명할 수 있는가?

(A) 그것들은 길고 밝다.

(B) 그것들은 길고 어둡다.

(C) 그것들은 짧고 어둡다.

(D) 그것들은 짧고 밝다.

19. 기린에 대해 사실인 것은 무엇인가?

(A) 그들은 낮 동안에 오래 먹는다.

(B) 그들은 사실 높은 나무에 있는 먹이에 닿지 못한다

(C) 그들의 혀는 햇볕에 쉽게 손상된다.

(D) 그들의 혀는 8에서 12인치 길이이다.

풀이 'their long tongues', 'dark in color'를 통해 기린의 혀가 길고 어두운 색임을 알 수 있으므로 18번은 (B)가 답이다. 'giraffes spend much time during the day eating'을 통해 기린이 낮 동안에 많은 시간을 먹는 데에 보낸다는 것을 알 수 있으므로 19번은 (A)가 답이다.

Words and Phrases get sunburnt 햇볕에 타다

[20–21]

W: James and I are planning to travel across Europe this summer. We want to visit historical sites that we learned about in our history class. James's uncle will guide us in Europe. His uncle lived in Rome for more than 10 years, and he studied European history in university. I can't wait to go. I think I will learn a lot from the trip.

20. Where are James and the girl going this summer?

(A) Japan

(B) Africa

(C) Europe

(D) the US

21. According to the passage, what is true?

(A) James's aunt planned the trip.

(B) James lived in Europe for 10 years.

(C) The girl studied history in the university.

(D) The girl expects this trip to be educational.

해석 소녀: James와 나는 이번 여름 유럽을 여행하려고 계획 중이다. 우리는 역사 수업에서 배웠던 유적지를 방문하고 싶다. James의 삼촌이 유럽에서 우리를 안내할 것이다. 그의 삼촌은 10년 넘게 로마에서 살았고, 대학교에서 유럽 역사를 공부했다. 나는 정말 가는 것을 고대하고 있다. 나는 여행을 통해 많이 배울 수 있다고 생각한다.

20. James와 소녀가 이번 여름 갈 곳은 어디인가?

(A) 일본

(B) 아프리카

(C) 유럽

(D) 미국

21. 지문에 따르면, 사실인 것은 무엇인가?

(A) James의 이모가 여행을 계획했다.

(B) James는 유럽에서 10년 동안 살았다.

(C) 소녀는 대학교에서 역사를 공부했다.

(D) 소녀는 그의 여행이 교육적일 거라고 기대한다.

풀이 'travel across Europe'이라고 했으므로 20번은 (C)가 답이다. 'I think I will learn a lot from the trip.'을 통해 소녀가 여행을 통해 많은 것을 배울 수 있을 것이라 생각함을 알 수 있으므로 21번은 (D)가 답이다.

Words and Phrases historical 역사적인

[22–23]

M: It is common to get fortune cookies in Chinese restaurants in the United States. In the cookie, there is a piece of paper with a message of fortune or Chinese phrases. Although it is not clear how the Chinese restaurants in the United States started this custom, it is said that the Japanese immigrants started to serve these cookies in the 19th century.

22. According to the passage, what is in the fortune cookie?

(A) fried eggs

(B) lucky numbers

(C) Japanese images

(D) **Chinese messages**

23. According to the passage, in what place can you find fortune cookies?

(A) French restaurants

(B) **Chinese restaurants**

(C) Japanese restaurants

(D) Mexican restaurants

해석 남자: 미국에 중국 식당에서는 포춘 쿠키를 받는 것이 흔하다. 쿠키 안에는, 행운의 메시지나 중국 관용구가 적혀 있는 종이 한 장이 들어있다. 비록 어떻게 미국의 중국 식당에서 이 관습을 시작했는지는 분명하지 않지만, 일본인 이민자들이 19세기에 이 쿠키들을 대접하기 시작했다고 전해진다.

22. 지문에 따르면, 포춘 쿠키 안에는 무엇이 있는가?

(A) 달걀 프라이

(B) 행운의 숫자

(C) 일본 그림

(D) 중국어 글귀

23. 지문에 따르면, 포춘 쿠키를 찾을 수 있는 장소는 어디인가?

(A) 프랑스 식당

(B) 중국 식당

(C) 일본 식당

(D) 멕시코 식당

풀이 'In the cookie, there is a piece of paper with a message of fortune or Chinese phrases.'를 통해 포춘 쿠키 안에 중국어 글귀가 쓰여 있음을 알 수 있으므로 22번은 (D)가 답이다. (B)의 경우 행운의 숫자가 아니라 행운의 메시지가 적혀있다고 했으므로 오답이다.

'get fortune cookies in Chinese restaurants'라고 했으므로 23번은 (B)가 답이다.

[24~25]

W: Taking a cold shower in the morning may sound unpleasant to some people. However, it actually can help improve your day. Once you run cold water onto your body, your heart rate increases, and blood travels more quickly. This makes you be more alert and boosts your energy. That's why it is recommended to add a cold shower in your morning routine.

24. What is the talk mainly about?

(A) how to make cold beverage

(B) how to avoid heart problems

(C) how to set up alarms in the morning

(D) **how a cold shower is good for your health**

25. According to the passage, what is true?

(A) A cold shower can decrease the heart rate.

(B) **A cold shower can boost blood circulation.**

(C) A cold shower can increase body temperature.

(D) A cold shower can prevent high blood pressure.

해석 여자: 아침에 찬물로 샤워하는 것은 몇몇 사람들에게는 불쾌하게 들릴 수도 있다. 그러나, 그것은 사실 당신의 하루를 개선하는 데에 도움을 줄 수 있다. 일단 차가운 물을 몸에 끼얹으면, 심장 박동수가 올라가고, 피가 더 빨리 돌게 된다. 이것은 당신을 더 기민하게 만들어주고 당신의 에너지를 증진시킨다. 그것은 당신의 아침 일상에 차가운 물로 샤워를 하는 것이 권장되는 이유이다.

24. 주로 무엇에 관한 이야기인가?

(A) 어떻게 차가운 음료를 만드는가

(B) 어떻게 심장 질환을 피하는가

(C) 어떻게 아침에 알람을 설정하는가

(D) 어떻게 찬물 샤워가 건강에 좋은가

25. 지문에 따르면, 사실인 것은 무엇인가?

(A) 찬물 샤워는 심장 박동수를 줄일 수 있다.

(B) 찬물 샤워는 혈액 순환을 증진시킬 수 있다.

(C) 찬물 샤워는 체온을 높일 수 있다.

(D) 찬물 샤워는 고혈압을 예방할 수 있다.

풀이 찬물 샤워가 심장 박동수를 증가시키고, 혈액이 빠르게 돌게 해서 에너지를 증진시킬 수 있다는 내용이므로 24번은 (D)가 답이다. 'blood travels more quickly'를 통해 찬물 샤워가 혈액 순환을 촉진한다는 것을 알 수 있으므로 25번은 (B)가 답이다.

Words and Phrases heart rate 심장 박동수 | alert 기민한; 정신이 초롱초롱한

PART C. Listen and Speak (p. 107)

26. G: How does this blue skirt look?
M: It looks really good on you.
G: I think it's a bit tight. Do you have a bigger size?
M: _____

(A) Sure, it's all we have.

(B) **Sure, I'll look for one.**

(C) Sorry, it's the lightest color.

(D) Sorry but two is greater than one.

해석 소녀: 이 파란 치마 어때요?

남자: 정말 잘 어울려요.

소녀: 제 생각엔 약간 딱 붙는 것 같아요. 더 큰 사이즈 있나요?

(A) 그럼요, 그게 전부예요.

(B) 그럼요, 찾아볼게요.

(C) 죄송해요. 그게 가장 밝은 색이예요.

(D) 죄송해요. 하지만 두 개가 하나 보다 좋잖아요.

풀이 더 큰 사이즈가 있냐고 물어봤으므로 긍정으로 답한 후 찾아보겠다는 (B)가 답이다.

27. B: Did you watch the soccer match last night?
G: Yes, I watched the game from the beginning to the end.
B: How did the game turn out?
G: _____

(A) Not a lot of fans turned out.

(B) **The game ended in a tie, 1 to 1.**

(C) He is not good at passing the ball.

(D) My sister didn't make it to the end.

해석 소년: 어젯밤에 축구 경기 봤어?

소녀: 응, 처음부터 끝까지 경기를 봤어.

소년: 경기 결과가 어떻게 됐어?

(A) 팬들이 많이 오지는 않았어.

(B) 경기는 무승부, 일대일로 끝났어.

(C) 그는 공을 잘 패스하지 못해.

(D) 내 여동생은 마지막까지 가지 못했어.

풀이 경기 결과를 물어봤으므로 무승부로 끝났다고 대답하는 (B)가 답이다.

28. G: I don't think I've heard this music before.

B: It's a new album.

G: Who's the artist?

B: _____

(A) It's about three dollars.

(B) It's such a nice picture of you.

(C) It's Rick Samuels' latest work.

(D) It's an abstract painting by Douglas.

해석 소녀: 나는 전에 이 음악을 들어본 적이 없는 것 같아.

소년: 그건 새 앨범이야.

소녀: 아티스트가 누군데?

(A) 그건 약 3달러야.

(B) 네 사진 정말 멋지다.

(C) 그건 Rick Samuels의 최근 작품이야.

(D) 그건 Douglas의 추상화야.

풀이 음악을 만든 아티스트가 누구냐고 물어 봤으므로 Rick Samuels의 최근 작품이라고 대답하는 (C)가 답이다.

Words and Phrases abstract painting 추상화

29. B: Is it raining outside?

G: No, it's been sunny all day.

B: Then why did you bring your umbrella?

G: _____

(A) It's my umbrella.

(B) It's raining very hard.

(C) It's going to rain all day.

(D) I'm returning it to Kelly.

해석 소년: 밖에 비가 와?

소녀: 아니, 하루종일 맑아.

소년: 그러면 너는 우산을 왜 가져왔어?

(A) 그건 내 우산이야.

(B) 비가 정말 많이 오고 있어.

(C) 하루종일 비가 올 거야.

(D) 나는 그걸 Kelly에게 돌려줄 거야.

풀이 맑은 날씨에 왜 우산을 가져왔냐고 물어봤으므로 가져온 우산을 Kelly에게 돌려줄 거라고 말하는 (D)가 답이다.

30. G: I don't know what to wear for Halloween.

B: How about a Dracula costume?

G: I was Dracula last year.

B: _____

(A) Then, try something funny this year.

(B) A Dracula movie was on TV last night.

(C) Then, try the Dracula costume this year.

(D) Mexicans have their own traditional costume.

해석 소녀: 핼러윈에 뭘 입어야 할지 모르겠어.

소년: 드라큘라 의상은 어때?

소녀: 나는 작년에 드라큘라였어.

(A) 그러면, 올해는 웃긴 걸 시도해봐.

(B) 드라큘라 영화가 어젯밤 텔레비전에서 방영됐어.

(C) 그러면, 올해는 드라큘라 의상을 시도해봐.

(D) 멕시코인들은 그들 자신의 전통적인 의상을 가지고 있어.

풀이 작년에 드라큘라 의상을 입었다고 했으므로 올해에는 웃긴 것을 시도해보라고 말하는 (A)가 답이다.

SECTION II READING AND WRITING

Part A. Sentence Completion (p. 110)

1. A: Are these your books?

B: _____.

(A) Yes, it is.

(B) No, he isn't.

(C) Yes, they have.

(D) No, they aren't.

해석 A: 이거 네 책들이야?

B: 아니, 그것들은 아냐.

(A) 응, 그래.

(B) 아니, 그는 아냐.

(C) 응, 그들은 그래.

(D) 아니, 그것들은 아냐.

풀이 의문문의 주어가 복수형 'these'이고 be 동사 의문문이므로, 'these'를 'they'로 받고 be 동사를 사용해 대답한 (D)가 답이다.

2. A: How do you go to school?

B: I still _____ to school every day.

(A) walk

(B) walks

(C) walked

(D) walking

해석 A: 너 학교에 어떻게 가?

B: 나 아직도 매일 학교에 걸어가.

(A) 걷다

(B) 걷다(3인칭 단수)

(C) 걸었다

(D) 걷는

풀이 'every day'는 반복적인 일을 나타낼 때 사용하는 표현이며, 부사 'still'을 통해 매일 학교에 걸어가는 것이 계속해서 반복되고 있음을 알 수 있다. 따라서 빈칸에 동사 현재형을 써야 하므로 (A)가 정답이다.

3. A: _____ does Peter work?

B: At the post office.

(A) Who

(B) Why

(C) Where

(D) Whose

해석 A: Peter는 어디서 일해?

　　 B: 우체국에서.

　　 (A) 누구

　　 (B) 왜

　　 (C) 어디에

　　 (D) 누구의

풀이 B가 'post office(우체국)'라는 장소를 언급하고 있으므로 (C)가 정답이다.

4. A: She wore a new dress
   B: I want to have a similar one with _____.
   (A) its
   (B) she
   (C) her
   (D) hers

해석 A: 그녀는 새로운 원피스를 입었어.

　　 B: 나는 그녀의 것과 유사한 것을 가지고 싶어.

　　 (A) 그것의

　　 (B) 그녀

　　 (C) 그녀의

　　 (D) 그녀의 것

풀이 전치사의 목적어 역할을 수행하고, '～의 것'을 의미하는 소유대명사 (D)가 정답이다.

5. A: What is _____ building in the city?
   B: The JK building on Main Street.
   (A) more tall
   (B) most tall
   (C) taller than
   (D) the tallest

해석 A: 그 도시에서 가장 높은 건물은 뭐야?

　　 B: Main가에 있는 JK건물이야.

　　 (A) 틀린 표현

　　 (B) 틀린 표현

　　 (C) ～보다 높은

　　 (D) 가장 높은

풀이 비교급은 두 개의 대상을 비교할 때 쓰이는데, A의 물음에서 두 개의 대상이 나오지 않으므로 최상급을 써야 함을 알 수 있다. 'the+최상급 형용사+명사+한정어구' 형태가 되어야 하므로 (D)가 정답이다.

Part B. Situational Writing (p. 111)

6. The monkey is _____ on the branch.
   (A) walking
   (B) working
   (C) hanging
   (D) pushing

해석 그 원숭이는 나뭇가지에 매달려 있다.

　　 (A) 걷는

　　 (B) 일하는

　　 (C) 매달린

　　 (D) 미는

풀이 원숭이가 나뭇가지에 매달려 있으므로 (C)가 답이다.

7. The iceberg is _____.
   (A) riding
   (B) hiding
   (C) calling
   (D) melting

해석 그 빙하는 녹고 있다.

　　 (A) 타는

　　 (B) 숨는

　　 (C) 부르는

　　 (D) 녹는

풀이 빙하가 녹고 있으므로 (D)가 답이다.

8. The man is _____ the mirror.
   (A) looking in
   (B) looking for
   (C) showing in
   (D) showing for

해석 그 남자가 거울을 보고 있다.

　　 (A) 보는

　　 (B) 찾는

　　 (C) 나타나는

　　 (D) 보여주는

풀이 남자가 거울을 보고 있으므로 (A)가 답이다.

9. The cup is _____.
   (A) fulled
   (B) empty
   (C) almost full
   (D) almost empty

해석 그 컵은 거의 가득 찼다.

　　 (A) 가득 찬

　　 (B) 빈

　　 (C) 거의 가득 찬

　　 (D) 거의 빈

풀이 컵 안에 물이 거의 가득 차 있으므로 (C)가 답이다.

10. I just had _____ chocolate cake for dessert.
    (A) a bag of
    (B) a cart of
    (C) a piece of
    (D) a large of

해석 나는 디저트로 초콜릿 케이크 한 조각을 먹었다.

　　 (A) 한 봉지의

　　 (B) 한 수레의

　　 (C) 한 조각의

　　 (D) 많은

풀이 케이크 한 조각을 말할 때는 'a piece of'를 사용하므로 (C)가 답이다.

Part C. Practical Reading and Retelling (p. 114)

[11–12]

11. How much is one cheeseburger, one serving of potato chips, and a soda?

(A) $ 8.00
(B) $ 8.50
(C) $ 9.00
(D) $ 9.50

12. How much are two Pepperoni Pizzas, one Mini Garden Salad, and one serving of Apple Slices?

(A) $ 8.50
(B) $ 10.50
(C) $ 15.00
(D) $ 17.00

해석

Johnny의 구내식당 메뉴

메인 메뉴
미트볼 스파게티, 치즈버거, 치킨 샐러드, 페퍼로니 피자,
칠리 도그, 만두
6.50달러

세트메뉴
A세트: 1 메인 요리 + 1 사이드 요리 = 8.50달러
B세트: 2 메인 요리 + 1 사이드 요리 = 15.00달러
C세트: 1 메인 요리 + 2 사이드 요리 = 10.50달러
D세트: 2 메인 요리 + 2 사이드 요리 = 17.00달러

– 큰 탄산음료: 1.00달러
– 신선하게 갓 짠 주스(오렌지/사과): 1.50달러
– 생수 한 병: 1.00달러

사이드요리
감자 칩, 미니 채소 샐러드, 튀긴 양파, 옥수수 수프, 으깬 감자, 사과 조각
2.00달러

11. 치즈버거 한 개, 감자칩 한 개, 탄산음료 한 개는 얼마인가?
(A) 8.00달러
(B) 8.50달러
(C) 9.00달러
(D) 9.50달러

12. 페퍼로니 피자 두 개, 미니 채소 샐러드 한 개, 사과 조각 한 개는 얼마인가?
(A) 8.50달러
(B) 10.50달러
(C) 15.00달러
(D) 17.00달러

풀이 치즈 버거 한 개는 6.50달러, 감자칩 한 개는 2.00달러, 탄산음료 한 개는 1.00달러이므로 다 합하면 11번은 (D)가 답이다. 페퍼로니 피자 두 개는 13.00달러, 미니 채소 샐러드 한 개는 2.00달러, 사과 조각 한 개는 2.00달러이므로 다 합하면 12번은 (D)가 답이다.

Words and Phrases   dumpling 만두 | squeeze 짜내다, 짜다 | garden salad 채소 샐러드 | mash 으깨다

[13–14]

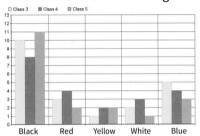

What Color Is Your Bag?

13. How many students are in Class 3?

(A) 18
(B) 19
(C) 20
(D) 21

14. Which bag color do the students carry the least?

(A) red
(B) blue
(C) black
(D) yellow

해석 13. 3반에는 몇 명의 학생들이 있는가?
(A) 18
(B) 19
(C) 20
(D) 21

14. 학생들이 가장 적게 들고 다니는 가방 색깔은 무엇인가?
(A) 빨간색
(B) 파란색
(C) 검은색
(D) 노란색

풀이 검은색 가방을 들고 다니는 3반 학생은 10명, 빨간색 가방은 3명, 노란색 가방은 1명, 하얀색 가방은 2명, 파란색 가방은 5명이므로 다 합하면 12번은 (D)가 답이다. 노란색 가방이 총 5명으로 제일 적으므로 14번은 (D)가 답이다.

15. What is this advertisement for?

    (A) a design fair

    (B) a competition

    (C) a computer lab

    (D) a science book

16. What will the winners NOT get?

    (A) prizes

    (B) medals

    (C) a certificate

    (D) a model airplane

해석

> 최종 종이 비행기 시합
>
> 자신의 종이 비행기를 디자인해 시합에 참가하세요!
> 과학 기술 공학 및 수학 원리에 대한 지식을 자신의 비행기를 디자인할 때 사용하세요.
> 개인 또는 3명의 팀으로 참가할 수 있습니다.
> 우승자들은 메달과 상을 받을 것입니다.
> 모든 참가자들은 모형 비행기를 받을 것입니다.

15. 이 광고는 무엇을 위한 것인가?

(A) 디자인 박람회

(B) 시합

(C) 컴퓨터실

(D) 과학책

16. 우승자들이 받지 않는 것은 무엇인가?

(A) 상

(B) 메달

(C) 증서

(D) 모형 비행기

풀이 'The Ultimate Paper Airplane Competition'을 통해 종이 비행기 시합에 대해 광고하고 있음을 알 수 있으므로 15번은 (B)가 답이다. 모든 참가자들은 모형 비행기를 받고, 우승자들은 상과 메달을 받는다고 했으므로 이에 포함되지 않은 (C)가 16번의 답이다.

Words and Phrases certificate 증서, 증명서

How to Brush Your Teeth

17. What do you do immediately after you clean your back teeth?

    (A) clean the gum line

    (B) clean the biting surfaces

    (C) clean the front lower teeth

    (D) clean the front upper teeth

18. According to these instructions, which is NOT the right step for brushing your teeth?

    (A) You should use up and down strokes for front teeth.

    (B) You should use back and forth strokes for back teeth.

    (C) You should use back and forth motions for front teeth.

    (D) You should use back and forth strokes for biting surfaces.

해석

> 이 닦는 법
> 1. 칫솔을 잇몸선을 향해 45도 각도로 놓으세요.
> 솔이 치아와 잇몸선에 닿아야 합니다.
> 2. 칫솔을 부드럽게 원을 그리듯 닦으세요.
> 3. 어금니 안쪽 표면을 앞뒤로 움직이면서 닦으세요.
> 4. 앞 위쪽 치아의 안쪽 표면을 위아래로 움직이면서 닦으세요.
> 5. 앞 아래쪽 치아의 안쪽 표면을 위아래로 움직이면서 닦으세요.
> 6. 씹는 표면을 앞뒤로 움직이면서 닦으세요.

17. 당신이 어금니를 닦은 후에 즉시 무엇을 하는가?

(A) 잇몸선을 닦는다

(B) 씹는 표면을 닦는다

(C) 앞 아래쪽 치아를 닦는다

(D) 앞 위쪽 치아를 닦는다

18. 이 지시사항에 따르면, 이를 닦을 때 올바른 단계가 아닌 것은 무엇인가?

(A) 앞니는 위아래로 닦아야 한다.

(B) 뒤쪽 치아는 앞뒤로 닦아야 한다.

(C) 앞니는 앞뒤로 닦아야 한다.

(D) 씹는 표면은 앞뒤로 닦아야 한다.

풀이 어금니를 닦는 단계는 3단계이므로 그 다음 4단계인 (D)가 17번의 답이다. 'front upper teeth using up and down strokes', 'front lower teeth using up and down strokes'를 통해 앞니는 위아래로 닦아야 함을 알 수 있으므로 이와 맞지 않는 (C)가 18번의 답이다.

Words and Phrases gum 잇몸 | surface 표면 | back tooth 어금니

[19–20]

Exploration Camp Schedule

Time	Mon	Tue	Wed	Thu	Fri
7:30 AM	Wake-up				
8:15 AM	Breakfast				
9:00 AM	Creative Painting	Paper Crafts	Creative Painting	Clay Sculpture	Swimming Exhibition Preparation
9:30 AM					
11:00 AM	Swimming	Games	Swimming	Games	
12:30 PM	Lunch				
1:15 PM	Rest Hour				Visitor's Day
2:30 PM	Nature Sketch	Modeling	Nature Sketch	Dance	
4:00 PM					
5:30 PM	Pick-up				

19. How many times do the students swim in a week?
(A) twice
(B) three times
(C) four times
(D) five times

20. How many kinds of art classes do the students have in a week?
(A) 3
(B) 5
(C) 6
(D) 8

해석

탐험 캠프 일정

시간	월	화	수	목	금
오전 7:30	기상				
오전 8:15	아침				
오전 9:00	창조적 그림	종이 공예	창조적 그림	클레이 조각	수영
오전 9:30					전시회 준비
오전 11:30	수영	게임	수영	게임	
오후 12:30	점심				
오후 1:15	쉬는 시간				방문의 날
오후 2:30	자연 스케치	조형	자연 스케치	춤	
오후 4:00					
오후 5:30	귀가				

19. 학생들은 일주일에 몇 번 수영하는가?
(A) 두 번
(B) 세 번
(C) 네 번
(D) 다섯 번

20. 학생들은 일주일에 얼마나 많은 종류의 미술 수업을 듣는가?
(A) 3
(B) 5
(C) 6
(D) 8

풀이 수영은 월. 수. 금 일주일에 세 번 하므로 19번은 (B)가 답이다. 학생들이 듣는 미술 수업은 'creative painting', 'nature sketch', 'paper crafts', 'modeling', 'clay sculpture', 'exhibition preparation'의 총 여섯 개이므로 20번은 (C)가 답이다.

Part D. General Reading and Retelling (p. 119)

[21–22]

Many people feel uneasy about speaking in front of other people. The biggest reason is that they are worried about making mistakes. Overcoming the fear of speaking in front of other people is very important. Experts recommend the following: first, make a team with people who have similar problems and give presentations in front of them. Then, let the team members point out your mistakes and problems. This can release stress and provide opportunities to practice, which will raise your confidence.

21. According to the passage, what is the biggest reason for people's uneasiness in making a public speech?
(A) small voices
(B) time management
(C) making eye contact
(D) fear for making mistakes

22. According to the passage, what does the expert suggest to overcome the uneasiness?
(A) to write down notes
(B) to speak more loudly
(C) to present in front of team members
(D) to read textbooks in an empty room

해석 많은 사람들은 다른 사람들 앞에서 말하는 것에 불편함을 느낀다. 가장 큰 이유는 그들이 실수하는 것을 걱정하기 때문이다. 다른 사람들 앞에서 말하는 것의 두려움을 극복하는 것은 매우 중요하다. 전문가들은 다음을 권장한다: 먼저, 비슷한 문제가 있는 사람들과 팀을 만들어서 그들 앞에서 발표해라. 그리고나서, 팀 구성원들에게 당신의 실수와 문제를 지적하게 해라. 이것은 스트레스를 해소하고 연습할 수 있는 기회를 주며, 당신의 자신감을 키워줄 것이다.

21. 지문에 따르면, 사람들 앞에서 말할 때 사람들이 불편함을 느끼는 가장 큰 이유는 무엇인가?
(A) 작은 목소리
(B) 시간 관리
(C) 눈 맞추기
(D) 실수에 대한 두려움

22. 지문에 따르면, 전문가들이 그 불편함을 극복하기 위해 제안한 것은 무엇인가?

(A) 필기하기

(B) 더 크게 말하기

(C) 팀 구성원 앞에서 발표하기

(D) 빈방에서 교과서 읽기

풀이 'The biggest reason is that they are worried about making mistakes.' 를 통해 사람들이 불편함을 느끼는 가장 큰 이유는 실수할까 봐 두려워하기 때문임을 알 수 있으므로 21번은 (D)가 답이다.

'make a team with people who have similar problems and give presentation in front of them'을 통해 비슷한 문제를 가진 사람들과 팀을 만들어 구성원 앞에서 발표하는 것이 불편함을 극복할 수 있음을 알 수 있으므로 22번은 (C)가 답이다.

Words and Phrases overcome 극복하다 | uneasiness 불편함

[23–24]

There is a famous story about the first president of the United States. When George Washington was young, his father bought him a small axe. Young Washington cut down his father's favorite cherry tree with the hatchet. Later when his father found out and got upset, Washington told him the truth. His father was impressed by Washington's honesty, and forgave him. Surprisingly, later it turned out to be a made-up story. Washington's biographer Mason Locke Weems said he made this up to make his book more interesting.

23. What did George Washington's father buy for him when he was young?

(A) a small axe

(B) a storybook

(C) a biography

(D) a cherry tree

24. Why was George Washington's father impressed by him?

(A) because he was honest

(B) because he was dishonest

(C) because he became president

(D) because he cut down the cherry tree

해석 미국의 초대 대통령에 대한 유명한 이야기가 있다. George Washington이 어렸을 때, 그의 아버지는 그에게 작은 도끼를 사주었다. 어린 Washington은 그 손도끼로 아버지가 가장 좋아하는 체리 나무를 베었다. 후에 그의 아버지가 알아서 화가 났을 때, Washington은 그에게 사실을 말했다. 그의 아버지는 Washington의 정직함에 감명받아서, 그를 용서해주었다. 놀랍게도, 후에 그것은 지어낸 이야기라는 것이 밝혀졌다. Washington의 전기 작가 Mason Locke Weems는 그의 책을 더 흥미롭게 만들기 위해 이 이야기를 지어냈다고 말했다.

23. George Washington이 어렸을 때 그의 아버지가 그에게 사준 것은 무엇인가?

(A) 작은 도끼

(B) 이야기책

(C) 전기

(D) 체리 나무

24. 왜 George Washington의 아버지는 그에게 감명받았는가?

(A) 그가 정직했기 때문에

(B) 그가 정직하지 않았기 때문에

(C) 그가 대통령이 되었기 때문에

(D) 그가 체리 나무를 베었기 때문에

풀이 'his father bought him a small axe'라고 했으므로 23번은 (A)가 답이다. 'his father was impressed by Washington's honesty'를 통해 Washington의 아버지가 그의 정직함에 감명받았음을 알 수 있으므로 24번은 (A)가 답이다.

[25–26]

Even though September is the ninth month of the year, it comes from the word septem, which means seven in Latin. Similarly, the word octo, whose meaning is eight, forms a part of the name October. November and December also come from Latin words nine and ten, respectively. What's the reason? In the Roman calendar, there were only ten months from March to December. The first two months were added when adopting the modern calendar we use today.

25. What is the origin of the word "November"?

(A) number seven

(B) number eight

(C) number nine

(D) number ten

26. Which month is NOT in the original Roman calendar?

(A) May

(B) April

(C) February

(D) December

해석 비록 9월은 그 해 아홉 번째 달이지만, 그것은 라틴어로 7을 뜻하는 단어 septem에서 유래했다. 비슷하게, 8을 뜻하는 단어 octo는 10월의 이름의 한 부분 이다. 11월과 12월 또한 각각 9와 10을 뜻하는 라틴어 단어에서 유래했다. 그 이유는 무엇일까? 로마력에서는, 3월부터 12월까지 오직 10개의 달 뿐이었다. 처음 2개의 달은 오늘날 우리가 사용하는 현대 달력을 채택할 때 추가되었다.

25. 단어 "November"의 어원은 무엇인가?

(A) 숫자 7

(B) 숫자 8

(C) 숫자 9

(D) 숫자 10

26. 원래 로마력에 있지 않았던 달은 무엇인가?

(A) 5월

(B) 4월

(C) 2월

(D) 12월

풀이 'November and December also come from Latin words nine and ten, respectively.'를 통해 'November'은 숫자 9를 뜻하는 라틴어에서 유래했음을 알 수 있으므로 25번은 (C)가 답이다.

'In the Roman calendar, there were only ten months from March to December.'을 통해 3월부터 12월까지는 로마력에 있었고, 1, 2월은 없었음을 알 수 있으므로 (C)가 답이다.

Words and Phrases respectively 각각 | adopt 채택하다

[27-28]

Some of the smallest birds in the world are hummingbirds. They got their name from the sound of their beating wings. They flap so fast that the sound can be heard by humans. Amazingly, they can flap from 12 to 90 times per minute. This enables them to fly at speeds over 54km/h. To maintain this rapid beating of their wings, they breathe 250 times per minute and their oxygen consumption is 10 times higher than that of human athletes.

27. Where did the hummingbird's name come from?
   (A) their chirping sound
   (B) the sound it makes during sleep
   (C) the flapping sound of their wings
   (D) the sound of it walking on branches

28. According to the passage, what is NOT true?
   (A) Hummingbirds can fly 54km/h.
   (B) Hummingbirds are known to be small birds.
   (C) Hummingbirds breathe 10 times per second.
   (D) Hummingbirds can beat their wings 50 times per minute.

해석 세계에서 가장 작은 새들 중 일부는 벌새이다. 그들은 그들의 퍼덕거리는 날개 소리 때문에 그 이름을 얻었다. 그들은 매우 빠르게 퍼덕거려서 그 소리가 인간에게도 들릴 수 있다. 놀랍게도, 그들은 1분에 12번에서 90번까지 퍼덕거릴 수 있다. 이것은 그들로 하여금 시속 54km가 넘는 속도로 날 수 있게 한다. 이 빠른 날개 퍼덕거림을 유지하기 위해, 그들은 1분에 250번 숨을 쉬고 산소 소비량은 운동선수들보다 10배 높다.

27. 벌새의 이름은 어디서 왔는가?
(A) 그들의 짹짹거리는 소리
(B 그것이 자는 동안 내는 소리
(C) 그들의 날개를 퍼덕거리는 소리
(D) 그것이 나뭇가지 위를 걸을 때 나는 소리

28. 지문에 따르면, 사실이 아닌 것은 무엇인가?
(A) 벌새는 시속 54km로 날 수 있다.
(B) 벌새는 작은 새로 알려져 있다.
(C) 벌새는 1초에 10번 숨 쉰다.
(D) 벌새는 그들의 날개를 1분에 50번 퍼덕거릴 수 있다.

풀이 'They got their name from the sound of their beating wings.'를 통해 벌새의 이름이 날개를 퍼덕거리는 소리로부터 왔음을 알 수 있으므로 27번은 (C)가 답이다. 'they breathe 250 times per minute'을 통해 벌새가 1분에 250번 숨 쉰다는 것을 알 수 있으므로 이와 맞지 않는 (C)가 28번의 답이다.

Words and Phrases hummingbird 벌새 | chirp 짹짹거리다

[29-30]

Since almonds are mostly seen in a bag at a supermarket, not many people know where they come from. Almonds are stone fruits in the rose family. This means, they grow on trees and are in the same family as peaches and apricots. The tree can grow up to 12 meters tall. Almond trees bear fruit every year, and the fruits are harvested at the end of summer. In scientific terms, they are not nuts but drupes. The almond tree is native to South Asia and the Middle East.

29. According to the passage, what is NOT in the rose family?
   (A) peanuts
   (B) peaches
   (C) apricots
   (D) almonds

30. According to the passage, what is NOT true about almonds?
   (A) They are a type of fruit.
   (B) Almonds grow on tall trees.
   (C) Almonds are only sold in supermarkets.
   (D) Originally, almonds are from South Asia.

해석 아몬드는 대개 슈퍼마켓에 있는 봉지에서 볼 수 있기 때문에, 많은 사람들은 그들이 어디서부터 왔는지 알지 못한다. 아몬드는 장미과의 핵과류이다. 이것은 그들이 나무에서 자라고 복숭아와 살구와 같은 과라는 것을 의미한다. 나무는 12미터까지 자랄 수 있다. 아몬드 나무는 매해 열매를 맺고, 그 열매는 여름이 끝나갈 때 수확된다. 학명으로, 그들은 견과가 아니라 핵과이다. 아몬드 나무는 남아시아와 중동이 원산지이다.

29. 지문에 따르면, 장미과에 없는 것은 무엇인가?
(A) 땅콩
(B) 복숭아
(C) 살구
(D) 아몬드

30. 지문에 따르면, 아몬드에 대해 사실이 아닌 것은 무엇인가?
(A) 그들은 과일의 한 종류이다.
(B) 아몬드는 큰 나무에서 자란다.
(C) 아몬드는 슈퍼마켓에서만 판다.
(D) 원래, 아몬드는 남아시아산이다.

풀이 'in the same family as peaches and apricots'를 통해 아몬드, 복숭아, 살구가 같은 장미과에 속한다는 것을 알 수 있으므로 이에 포함되지 않은 (A)가 29번의 답이다. 아몬드를 주로 슈퍼마켓에서 볼 수 있다고 했지 슈퍼마켓에서만 판다고 하지는 않았으므로 30번은 (C)가 답이다.

Words and Phrases stone fruits 핵과류 | family 과(科) | scientific name 학명 | drupe 핵과

TOSEL JUNIOR

실전 5회

Section I Listening and Speaking

1 **(C)** 2 **(A)** 3 **(D)** 4 **(D)** 5 **(C)**
6 **(A)** 7 **(B)** 8 **(A)** 9 **(D)** 10 **(C)**
11 **(D)** 12 **(D)** 13 **(C)** 14 **(D)** 15 **(B)**
16 **(D)** 17 **(B)** 18 **(C)** 19 **(B)** 20 **(A)**
21 **(A)** 22 **(A)** 23 **(A)** 24 **(A)** 25 **(B)**
26 **(C)** 27 **(D)** 28 **(A)** 29 **(C)** 30 **(C)**

Section II Reading and Writing

1 **(B)** 2 **(C)** 3 **(C)** 4 **(D)** 5 **(C)**
6 **(A)** 7 **(D)** 8 **(A)** 9 **(C)** 10 **(D)**
11 **(B)** 12 **(C)** 13 **(D)** 14 **(B)** 15 **(D)**
16 **(C)** 17 **(A)** 18 **(C)** 19 **(A)** 20 **(C)**
21 **(C)** 22 **(A)** 23 **(B)** 24 **(A)** 25 **(B)**
26 **(D)** 27 **(A)** 28 **(B)** 29 **(D)** 30 **(C)**

SECTION I LISTENING AND SPEAKING

Part A. Listen and Respond (p. 132)

1. G: John, the computer is not working again.
   B: _____
   (A) We should get a new printer.
   (B) The coffee shop is closed today.
   (C) That machine definitely needs fixing.
   (D) My parents went back to work after the holidays.

해석 소녀: John, 컴퓨터가 또 작동이 안 돼.
   소년: _____
   (A) 우리는 새로운 프린터를 사야 해.
   (B) 그 커피숍은 오늘 문을 닫아.
   (C) 그 기계는 확실히 수리가 필요해.
   (D) 내 부모님이 휴일이 끝나고 다시 일하러 가셨어.

풀이 컴퓨터가 작동이 안 된다고 했으므로 수리가 필요하다고 말하는 (C)가 답이다.

2. B: Dogs are not allowed here.
   G: _____
   (A) Oh, I didn't know.
   (B) They fight like cats and dogs.
   (C) I rearranged the dog's house a bit.
   (D) My dog is brown with white spots.

해석 소년: 개는 여기 들어오면 안 돼.
   소녀: _____
   (A) 오, 몰랐어.
   (B) 그들은 심하게 싸웠어.
   (C) 나는 개집을 조금 재배치했어.
   (D) 내 개는 갈색에 하얀 점박이야.

풀이 개는 여기에 들어올 수 없다고 했으므로 몰랐다고 대답하는 (A)가 답이다.

Words and Phrases fight like cats and dogs 심하게 싸우다

3. G: Should we turn left or right here?
   B: _____
   (A) I think you are right.
   (B) It's not the place to speak.
   (C) I will choose the light one.
   (D) Neither, we should go straight.

해석 소녀: 우리 여기서 왼쪽으로 돌아야 해 오른쪽으로 돌아야 해?
   소년: _____
   (A) 나는 네가 맞다고 생각해.
   (B) 여기는 말할 장소가 아니야.
   (C) 나는 가벼운 것을 선택할 거야.
   (D) 둘 다 아냐, 우리는 직진해야 해.

풀이 왼쪽인지 오른쪽인지 가야 하는 방향을 물어봤으므로 둘 다 아니고 앞으로 곧장 가야 한다고 말하는 (D)가 답이다.

4. B: I failed on my history exam.
   G: _____
   (A) That's a great idea.
   (B) When's the history exam?
   (C) Are you ready for the exam?
   (D) You will do better next time.

해석 소년: 나는 역사 시험에 떨어졌어.
   소녀: _____
   (A) 좋은 생각이야.
   (B) 역사 시험 언제야?
   (C) 시험 준비됐어?
   (D) 너는 다음번에 더 잘 할 거야.

풀이 시험에 떨어졌다고 했으므로 다음번에는 잘할 거라고 격려하는 (D)가 답이다.

5. G: Do you mind if I use your ruler?
   B: _____
   (A) That book is mine.
   (B) Sure, I'll mind him.
   (C) Not at all, go ahead.
   (D) My mind is in other places.

해석 소녀: 너의 자를 사용해도 될까?
   소년: _____
   (A) 그 책은 내 거야.
   (B) 응. 내가 그를 신경 쓸게.
   (C) 물론, 사용해.
   (D) 내 마음은 다른 곳에 있어.

풀이 자를 사용해도 되냐고 요청했으므로 사용하라고 말하는 (C)가 답이다.

6. B: My grandma is getting me a new bicycle for my birthday.

G: _____

(A) Wow, good for you!

(B) The bicycle is getting repaired.

(C) My grandsons are five and seven.

(D) Yes, my birthday was a week ago.

해석 소년: 할머니께서 내 생일선물로 새 자전거를 사주신대.

소녀: _____

(A) 와, 좋겠다!

(B) 그 자전거는 수리 중이야.

(C) 내 손자들은 다섯 살, 일곱 살이야.

(D) 응, 내 생일은 일주일 전이었어.

풀이 할머니가 선물로 새 자전거를 사주신다고 했으므로 좋겠다고 대답하는 (A)가 답이다.

7. G: What are we having for dinner?

B: _____

(A) What color is it?

(B) How about some steak?

(C) What time do you get up?

(D) How many chairs are there?

해석 소녀: 우리 저녁으로 뭘 먹을까?

소년: _____

(A) 그건 어떤 색깔이야?

(B) 스테이크 어때?

(C) 너는 언제 일어나?

(D) 의자가 몇 개 있어?

풀이 저녁으로 어떤 걸 먹을지 물어봤으므로 스테이크가 어떠냐고 제안하는 (B)가 답이다.

8. G: I ran into Bob in the library today.

B: _____

(A) Oh, why was he there?

(B) Sure, can I come along?

(C) I rented an apartment near the library.

(D) You can take the subway to the library.

해석 소녀: 오늘 도서관에서 우연히 Bob을 만났어.

소년: _____

(A) 오, 그가 왜 거기 있었어?

(B) 그래, 내가 같이 가도 돼?

(C) 나는 도서관 근처 아파트에 세들었어.

(D) 너는 도서관에 지하철을 타고 갈 수 있어.

풀이 도서관에서 우연히 Bob을 만났다고 했으므로 왜 그가 도서관에 있었냐고 물어보는 (A)가 답이다.

Words and Phrases run into ~를 우연히 만나다

9. B: I am so glad the semester is almost over.

G: _____

(A) When does the semester start?

(B) Which color candy would you like?

(C) I am sorry that your uncle passed away.

(D) Me too, then we can take a long holiday.

해석 소년: 나는 학기가 거의 끝나서 정말 기뻐.

소녀: _____

(A) 학기가 언제 시작해?

(B) 어떤 색깔 사탕을 먹을래?

(C) 네 삼촌이 돌아가셔서 유감이다.

(D) 나도, 그때는 긴 휴일을 보낼 수 있어.

풀이 학기가 거의 끝나가서 기쁘다고 했으므로 끝나면 긴 휴일을 보낼 수 있어 자신도 기쁘다고 대답하는 (D)가 답이다.

Words and Phrases pass away 돌아가시다, 죽다

10. G: How often do you work out?

B: _____

(A) The power goes out often.

(B) Susan used to go out with Dan.

(C) I work out usually two times a week.

(D) That old lady has been working here for 13 years.

해석 소녀: 너는 얼마나 자주 운동해?

소년: _____

(A) 전원이 종종 나가.

(B) Susan은 Dan과 사귀었어.

(C) 나는 보통 일주일에 두 번 운동해.

(D) 그 노부인은 13년간 여기서 일해왔어.

풀이 얼마나 자주 운동을 하는지 그 빈도를 물어봤으므로 일주일에 두 번 한다고 대답하는 (C)가 답이다.

Words and Phrases work out 운동하다 | go out with ~와 교제하다, 사귀다

Part B. Listen and Retell (p. 133)

11. B: Mom, can you help me with my math homework?

W: Alright. I think you made a mistake here.

B: Oh, did I? I'll try again.

Q: What will the boy do next?

(A) get a cup of tea

(B) bring his English notes

(C) finish his household chores

(D) solve the math problem again

해석 소년: 엄마, 제 수학 숙제 도와주실 수 있나요?

여자: 그래. 내 생각에 네가 여기서 실수를 한 것 같네.

소년: 아, 그래요? 다시 해볼게요.

질문: 소년이 다음에 할 일은 무엇인가?

(A) 차 한 잔을 가져온다

(B) 그의 영어 공책을 가져온다

(C) 그의 집안일을 끝낸다

(D) 수학 문제를 다시 푼다

풀이 'I'll try again.'이라고 했으므로 (D)가 답이다.

12. G: Do you know who's invited to the family party?

B: I think it's just our family and Suzie's.

G: Oh, Uncle Peter's family's not coming?

Q: Whose family is probably NOT coming to the party?

　(A) Suzie's family

　(B) the girl's family

　(C) the boy's family

　(D) Uncle Peter's family

해석　소녀: 가족 파티에 누가 초대되었는지 알아?

　　　소년: 내 생각엔 우리 가족이랑 Suzie네 가족만일 거야.

　　　소녀: 오, Peter 삼촌네 가족은 안 와?

　　　질문: 누구의 가족이 아마도 파티에 오지 않을 것인가?

　　　(A) Suzie네 가족

　　　(B) 소녀의 가족

　　　(C) 소년의 가족

　　　(D) Peter 삼촌네 가족

풀이　소년이 자신의 가족과 Suzie네 가족만 파티에 온다고 하자 소녀가 Peter 삼촌네 가족은 안 오냐고 물어봤으므로 파티에 오지 않을 가족은 Peter 삼촌네 가족임을 알 수 있다. 그러므로 (D)가 답이다.

13. B: These apples look really fresh.

G: I went over to the farmer's market to pick them up.

B: Great! Let's make apple pie for dessert.

Q: What will the boy and the girl do?

　(A) go to the farm

　(B) go to the market

　(C) make pie for dessert

　(D) buy apple pie from a bakery

해석　소년: 이 사과들 정말 신선해 보여.

　　　소녀: 나는 농산물 직판장에 가서 그걸 가져왔어.

　　　소년: 좋아! 디저트로 사과 파이를 만들자.

　　　질문: 소년과 소녀가 할 일은 무엇인가?

　　　(A) 농장에 간다

　　　(B) 시장에 간다

　　　(C) 디저트로 파이를 만든다

　　　(D) 빵집에서 사과 파이를 산다

풀이　소년이 'Let's make apple pie for dessert.'라고 제안했으므로 (C)가 답이다.

Words and Phrases　farmer's market 농산물 직판장

14. G: Eric, I am really sorry but I don't think I can make it on Thursday.

B: What? You're not coming to the game?

G: Yes, I just found out that I have a test on Friday.

Q: Why can't the girl go on Thursday?

　(A) because she has a game

　(B) because she is not feeling well

　(C) because she has a visitor at home

　(D) because she has a test on Friday

해석　소녀: Eric, 정말 미안한데 목요일 날 가지 못할 것 같아.

　　　소년: 뭐? 경기에 안 온다고?

　　　소녀: 응. 방금 금요일에 시험이 있는걸 알았어.

　　　질문: 왜 소녀는 목요일에 올 수 없는가?

　　　(A) 경기가 있어서

　　　(B) 아파서

　　　(C) 집에 손님이 있어서

　　　(D) 금요일에 시험이 있어서

풀이　'found out that I have a test on Friday'을 통해 금요일에 시험이 있어서 목요일에 가지 못하게 되었음을 알 수 있으므로 (D)가 답이다.

Words and Phrases　make it 시간 맞춰 가다

15. B: Did you find the book you were looking for?

G: No, the book was not in the school library.

B: You should try the city library, then.

Q: What does the boy suggest the girl do?

　(A) go to the bookstore

　(B) go to the city library

　(C) go to the school library

　(D) borrow the book from a friend

해석　소년: 네가 찾던 책 찾았어?

　　　소녀: 아니, 그 책은 학교 도서관에 없었어.

　　　소년: 그러면 시립 도서관에 가봐.

　　　질문: 소년이 소녀에게 제안한 것은 무엇인가?

　　　(A) 서점에 간다

　　　(B) 시립 도서관에 간다

　　　(C) 학교 도서관에 간다

　　　(D) 친구에게 책을 빌린다

풀이　소년이 'try the city library'라고 제안했으므로 (B)가 답이다.

16. G: Let's go out and get some fresh air!

B: Good idea. We've been working in this room for hours!

G: I know we really need to get some rest.

Q: What will the boy and the girl do next?

　(A) go to bed

　(B) study in the room

　(C) get something to eat

　(D) go outside and take a rest

해석　소녀: 나가서 신선한 공기를 쐬자!

　　　소년: 좋은 생각이야. 우리는 이 방에서 몇 시간을 일했다고!

　　　소녀: 우리는 정말 휴식을 취해야 된다니깐.

　　　질문: 소년과 소녀가 다음에 할 일은 무엇인가?

　　　(A) 잠을 잔다

　　　(B) 방에서 공부한다

　　　(C) 먹을 것을 가져온다

　　　(D) 밖에 나가 휴식을 취한다

풀이　소녀가 바람을 쐬자고 했고, 'we really need to get some rest'를 통해 밖에 나가 휴식을 취할 예정임을 알 수 있으므로 (D)가 답이다.

17. B: How much did you pay for this bag?

G: It was on sale this week. It was only half the price.

B: When I looked last week, it was 50 dollars.

Q: How much did the girl pay for the bag?

(A) $ 15

(B) $ 25

(C) $ 50

(D) $ 100

해석 소년: 이 가방에 얼마를 지불했어?

소녀: 이번 주에 할인했어. 겨우 반값이었어.

소년: 내가 지난주에 봤을 땐, 50달러였어.

질문: 소녀는 가방에 얼마를 지불했는가?

(A) 15달러

(B) 25달러

(C) 50달러

(D) 100달러

풀이 소녀가 이번 주에 할인 중이어서 반값에 샀다고 하자 소년이 지난주에 는 50달러였다고 했으므로 소녀가 25달러에 가방을 샀음을 알 수 있 다. 그러므로 (B)가 답이다.

[18-19]

B: We have a new student at our school today. Her name is Jennifer. She is from a school in Canada. She can speak both English and French. She loves to play baseball. She has a pet iguana, named Lizzy. She said she will bring Lizzy to class if the teacher allows her. I think she is very cool. I can't wait to get to know her more.

18. Where is Jennifer from?

(A) France

(B) England

(C) Canada

(D) Mexico

19. According to the talk, what is NOT true?

(A) Jennifer loves to play baseball.

(B) Jennifer has a sister named Lizzy.

(C) Jennifer can speak two languages.

(D) Jennifer is a new student at school.

해석 소년: 우리 학교에 오늘 새로운 학생이 왔다. 그녀의 이름은 Jennifer 이다. 그녀는 캐나다의 학교에서 왔다. 그녀는 영어와 프랑스 어 둘 다 할 수 있다. 그녀는 야구하는 걸 좋아한다. 그녀에겐 Lizzy라는 이름의 애완 이구아나가 있다. 그녀는 선생님이 허락 하면 Lizzy를 수업에 데려오겠다고 말했다. 나는 그녀가 정말 멋지다고 생각한다. 그녀에 대해 더 알고 싶다.

18. Jennifer는 어디 출신인가?

(A) 프랑스

(B) 영국

(C) 캐나다

(D) 멕시코

19. 말에 따르면, 사실이 아닌 것은 무엇인가?

(A) Jennifer는 야구하는 것을 좋아한다.

(B) Jennifer에게는 Lizzy라고 불리는 여동생이 있다.

(C) Jennifer는 두 개의 언어를 말할 수 있다.

(D) Jennifer는 학교의 새로운 학생이다.

풀이 'She is from a school in Canada.'라고 했으므로 18번의 답은 (C)이 다. 'She has a pet iguana, named Lizzy'를 통해 Lizzy는 여동생이 아 니라 애완동물 이름인 것을 알 수 있으므로 19번의 답은 (B)이다.

Words and Phrases name 이름을 붙이다

[20-21]

W: Welcome to Children's Science Museum. We'd like to invite all of our visitors to the special 4D animation film at the Einstein Theater, titled "Humans and Planet Earth." It's a very educational and entertaining film. It plays every hour and runs 30 minutes per session. Don't miss this fun experience!

20. What is this announcement about?

(A) a science movie

(B) a new 4D camera

(C) history of the Earth

(D) science competition

21. How long is the movie?

(A) 30 minutes

(B) 60 minutes

(C) 90 minutes

(D) 120 minutes

해석 여자: 어린이 과학박물관에 오신 걸 환영합니다. 저희는 모든 방문객 들을 아인슈타인 극장에서 "인간과 행성 지구"라는 제목의 특 별한 4D 애니메이션 영화로 초대합니다. 매우 교육적이고 재미 있는 영화입니다. 매 시간 상영하고 세션마다 30분간 상영합니 다. 재밌는 경험을 놓치지 마세요!

20. 무엇을 위한 안내인가?

(A) 과학 영화

(B) 새 4D 카메라

(C) 지구의 역사

(D) 과학 대회

21. 영화의 상영 시간은 얼마인가?

(A) 30분

(B) 60분

(C) 90분

(D) 120분

풀이 과학박물관에서 진행하는 4D 애니메이션 영화 상영에 대한 안내임을 알 수 있으므로 20번의 답은 (A)이다. 'runs 30 minutes per session' 이라고 했으므로 21번의 답은 (A)이다.

Words and Phrases invite 초대하다 | planet 행성

[22–23]

M: Many artists use different kinds of materials to create their own art. Some artists even use ashes from fire or natural color from plants to paint. Nowadays, there are artists who use sounds, video and photographs to create their art. There is no limit to the kinds of things that you can use to express your imagination.

22. What is the man mainly talking about?
(A) types of materials for art
(B) types of musical instruments
(C) types of plants used for paints
(D) types of popular songs nowadays

23. According to the talk, what is true?
(A) Any material can be used to create art.
(B) Artists that use fire are called magicians.
(C) Paper should always be used to make art.
(D) Paint is not used anymore to paint pictures.

해석 남자: 많은 화가들은 자기 자신의 작품을 만들기 위해 다양한 종류의 재료를 사용한다. 어떤 화가들은 심지어 그림을 그리기 위해 불의 재나 식물의 천연 색소를 사용하기도 한다. 요즘, 자신의 작품을 만들기 위해 소리, 영상과 사진을 사용하는 화가들이 있다. 상상력을 표현하기 위해 사용할 수 있는 것들의 종류에는 한계가 없다.

22. 남자가 주로 무엇에 관해 말하는가?
(A) 작품을 위한 재료의 종류
(B) 악기의 종류
(C) 물감에 사용되는 식물의 종류
(D) 요즘 인기 있는 노래의 종류

23. 말에 따르면, 사실인 것은 무엇인가?
(A) 어떤 재료라도 작품을 만드는 데 사용될 수 있다.
(B) 불을 이용하는 화가들은 마술사라고 불린다.
(C) 예술/그림을 만드는데 항상 종이가 사용되어야 한다.
(D) 물감은 더이상 그림을 그리기 위해 사용되지 않는다.

풀이 첫 문장 'Many artists use different kinds of materials to create their own art.'를 통해 다양한 종류를 사용하여 작품을 만들어낸다는 이야기를 하고 있음을 알 수 있으므로 22번의 답은 (A)이다. 'there is no limit to the kinds of things'를 통해 작품을 만드는 데 어떠한 재료도 사용될 수 있다는 것을 알 수 있으므로 23번의 답은 (A)이다.

Words and Phrases material 재료, 물질 | imagination 상상

[24–25]

M: The Khasis people are an Indian tribe. They live deep inside the valleys in northeast India, near rivers and streams. They are famous for creating 'living bridges' made of tree roots. The root bridges were a solution to wooden bridges which kept on breaking. The bridge takes about 15 years to get strong enough to carry people, and more than 50 people can use the bridge at the same time. Some are more than 100 years old and the tradition continues today.

24. What is true about the Khasis people?
(A) They live near rivers.
(B) They build iron bridges.
(C) They are an Australian tribe.
(D) They can be found in mountains.

25. How long does it take for a bridge to carry people?
(A) 10 years
(B) 15 years
(C) 50 years
(D) 100 years

해석 남자: 카시족은 인도의 부족이다. 그들은 인도 북동쪽 골짜기 안쪽 깊은 곳에서 강과 개울 근처에서 산다. 그들은 나무 뿌리로 만든 '살아 있는 다리'를 만드는 것으로 유명하다. 그 뿌리 다리는 계속 부러지는 목재 다리에 대한 해결책이었다. 그 다리가 사람들을 나를 수 있을 정도로 강해지는 데에는 15년이 걸린다. 그리고 50명이 넘는 사람들이 동시에 그 다리를 이용할 수 있다. 몇몇은 100년이 넘었으며 그 전통은 오늘날까지 계속되고 있다.

24. 카시족에 대해 사실인 것은 무엇인가?
(A) 그들은 강 근처에서 산다.
(B) 그들은 철 다리를 짓는다.
(C) 그들은 호주의 부족이다.
(D) 그들을 산에서 찾을 수 있다.

25. 다리가 사람들을 나르는 데 얼마나 걸리는가?
(A) 10년
(B) 15년
(C) 50년
(D) 100년

풀이 'they live (...) near rivers'를 통해 강 근처에서 살고 있음을 알 수 있으므로 24번의 답은 (A)이다. 'the bridge takes about 15 years to get strong enough to carry people'을 통해 사람을 나를 수 있을 때까지 15년이 걸린다는 것을 알 수 있으므로 25번의 답은 (B)이다.

Words and Phrases tribe 부족

Part C. Listen and Speak (p. 137)

26. G: How's the weather like in Spain at this time of the year?
B: It's usually rainy and cloudy.
G: Oh, is it also cold?
B: _____
(A) Yes, I've been coughing all day.
(B) No, the window seat is still open.
(C) Yes, it is colder than the summer season.
(D) No, the rain stopped before we headed out.

해석 소녀: 매년 지금쯤 스페인 날씨가 어때?
소년: 보통 비가 오고 흐려.
소녀: 오, 춥기도 해?
소년: _____

(A) 응, 나는 종일 기침했어.

(B) 아니, 창가 자리는 아직 비어있어.

(C) 응, 여름보다 추워.

(D) 아니, 우리가 가기 전에 비가 그쳤어.

풀이 소녀가 춥기도 하냐고 물어봤으므로 여름보다 춥다고 대답하는 (C)가 답이다.

27. M: Jill, do you want me to pick you up after school?

G: What time can you pick me up, Dad?

M: I can get there by four.

G: _____

(A) I picked a yellow ball.

(B) But you said four o'clock.

(C) I have lunch around noon.

(D) School finishes at four thirty.

해석 남자: Jill, 방과 후에 내가 너를 데리러 가기를 원해?

소녀: 언제 데리러 오실 수 있는데요, 아빠?

남자: 네 시까지 갈 수 있어.

소녀: _____

(A) 저는 노란 공을 골랐어요.

(B) 그렇지만 네 시 정각이라고 말씀하셨잖아요.

(C) 저는 정오쯤에 점심을 먹어요.

(D) 학교는 4시 30분에 끝나요.

풀이 네 시까지 학교에 데리러 올 수 있다고 했으므로 학교가 4시 30분에 끝난다고 말하는 (D)가 답이다.

28. G: You're sleepy, aren't you?

B: Yeah, I didn't get enough sleep last night.

G: What happened?

B: _____

(A) I watched TV till very late.

(B) I am very happy to hear that.

(C) "The Sleeping Beauty" is my favorite movie.

(D) Walking 30 minutes a day is enough for a day.

해석 소녀: 너 졸리지, 그치?

소년: 응, 어젯밤에 충분히 잠을 자지 못했어.

소녀: 무슨 일 있었어?

소년: _____

(A) 엄청 늦게까지 텔레비전을 봤어.

(B) 그걸 들어서 매우 기쁘구나.

(C) "잠자는 숲속의 공주"는 내가 가장 좋아하는 영화야.

(D) 하루에 30분 걸으면 충분해.

풀이 소녀가 왜 잠을 충분히 자지 못했냐고 물어봤으므로 늦게까지 텔레비전을 봐서 못 잤다고 대답하는 (A)가 답이다.

29. B: What's that you are eating?

G: Oh, it's an apple pie my mom baked.

B: Wow, looks very yummy.

G: _____

(A) Who made the pie?

(B) What are you eating?

(C) Would you like a piece?

(D) What are you looking for?

해석 소년: 네가 먹고 있는 그거 뭐야?

소녀: 오, 내 엄마가 구워준 사과 파이야.

소년: 와, 정말 맛있어 보여.

소녀: _____

(A) 누가 파이를 만들었어?

(B) 너 뭘 먹고 있어?

(C) 한 조각 먹을래?

(D) 너 뭘 찾고 있어?

풀이 소년이 정말 맛있어 보인다고 했으므로 한 조각 먹어보라고 권하는 (C)가 답이다.

30. G: You look handsome in that suit.

B: Thank you. This is only for special occasions.

G: What's the occasion?

B: _____

(A) It's five dollars per box.

(B) You look very pretty, too.

(C) My aunt is getting married.

(D) How are you getting there?

해석 소녀: 너 그 정장 입으니까 잘생겼다.

소년: 고마워. 이건 특별한 행사에만 입어.

소녀: 무슨 행사야?

소년: _____

(A) 상자당 5달러야.

(B) 너도 정말 예쁘다.

(C) 내 이모가 결혼해.

(D) 너는 거기 어떻게 가고 있어?

풀이 소녀가 특별한 일이 무엇이냐고 물어봤으므로 이모가 결혼한다고 대답하는 (C)가 답이다.

SECTION II READING AND WRITING

Part A. Sentence Completion (p. 140)

1. A: How long is _____ summer vacation?

B: It's two months.

(A) you

(B) your

(C) yours

(D) yourselves

해석 A: 네 여름 방학은 얼마나 길어?

B: 2달이야.

(A) 너

(B) 너의

(C) 너의 것

(D) 너희들 자신

풀이 A가 B의 여름 방학이 얼마나 긴지 물어보고 있으므로 2인칭 소유격 인칭대명사인 (B)가 정답이다.

2. A: This is your jacket, _____?

B: No, mine's over here.

(A) is this

(B) are they

(C) isn't this

(D) aren't they

해석 A: 이거 네 재킷이지, 그렇지?

B: 아니, 내 것은 여기 있어.

(A) 그렇지(단수형 부정문 부가의문문)

(B) 그렇지(복수형 부정문 부가의문문)

(C) 그렇지(단수형 긍정문 부가의문문)

(D) 그렇지(복수형 긍정문 부가의문문)

풀이 문장의 주어와 동사가 'this is'이므로 부가의문문으로는 'isn't this'가 와야 한다. 그러므로 (C)가 답이다.

3. A: Dinner is almost ready.

B: Thank you! I was _____!

(A) starve

(B) starves

(C) starving

(D) has been starved

해석 A: 저녁 거의 준비됐어.

B: 고마워! 난 정말 배고팠어!

(A) 굶주리다

(B) 굶주리다(3인칭 단수)

(C) 굶주린

(D) 굶주려왔다

풀이 B가 자신이 굶주렸다는 상황을 나타내고 있으므로 현재분사인 (C)가 정답이다.

Words and Phrases starve 굶주리다

4. A: Where did you get your necklace?

B: This _____ me on my birthday by Amy.

(A) given

(B) giving

(C) was given

(D) was given to

해석 A: 너 목걸이 어디서 났어?

B: 이거 Amy가 내 생일에 준 거야.

(A) 잘못된 표현

(B) 잘못된 표현

(C) 잘못된 표현

(D) 맞는 표현(4형식 문장의 수동태)

풀이 4형식 문장의 수동태에서 직접목적어가 주어로 쓰이고 있다. '주어+수동태 동사+전치사+간접 목적어'의 형태가 되어야 하므로 (D)가 정답이다.

5. A: Do you know _____ this rain will stop?

B: Probably an hour later.

(A) how

(B) who

(C) when

(D) which

해석 A: 너 이 비가 언제 그칠지 알아?

B: 아마 한 시간 뒤에.

(A) 어떻게

(B) 누구

(C) 언제

(D) 어떤

풀이 B의 대답은 시간과 관련되어 있으므로 'when(언제)'인 (C)가 정답이다.

Part B. Situational Writing (p. 141)

6. The man is _____ heavy boxes.

(A) lifting

(B) crying

(C) looking

(D) enjoying

해석 그 남자가 무거운 상자를 들고 있다.

(A) 들고 있는

(B) 울고 있는

(C) 보고 있는

(D) 즐기고 있는

풀이 남자가 상자를 들고 있으므로 (A)가 답이다.

7. The women are _____ clothes.

(A) selling at

(B) leaving for

(C) carrying out

(D) shopping for

해석 그 여자들이 옷을 쇼핑하고 있다.

(A) ~에서 파는

(B) ~로 떠나는

(C) ~을 수행하는

(D) ~을 쇼핑하는

풀이 여자들이 옷을 쇼핑하고 있으므로 (D)가 답이다.

Words and Phrases carry out 수행하다

8. The sky is _____.

(A) blue and clear

(B) green and crisp

(C) grey and stormy

(D) blue and cloudy

해석 그 하늘은 파랗고 맑다.

(A) 파랗고 맑은

(B) 초록색이며 바삭한

(C) 회색이며 폭풍우가 치는

(D) 파랗고 구름이 낀

풀이 하늘이 파랗고 맑으므로 (A)가 답이다.

Words and Phrases crisp 바삭한

9. The police officer is standing _____ the police car.

    (A) beside

    (B) behind

    (C) on top of

    (D) in front of

해석 그 경찰은 경찰차 위에 서 있다.

    (A) 옆에

    (B) 뒤에

    (C) 위에

    (D) 앞에

풀이 경찰이 경찰차 위에 있으므로 (C)가 답이다.

10. The boy is observing the butterfly _____.

    (A) fastly

    (B) largely

    (C) seemly

    (D) closely

해석 그 소년은 나비를 가까이서 관찰하고 있다.

    (A) 틀린 표현

    (B) 크게

    (C) 적절한

    (D) 가깝게

풀이 소년이 나비를 가까이서 관찰하고 있으므로 (D)가 답이다.

Words and Phrases seemly 적절한, 점잖은

Part C. Practical Reading and Retelling (p. 144)

[11–12]

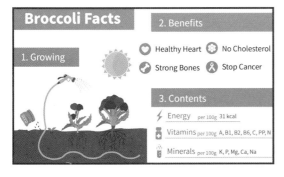

11. What is NOT required to grow broccoli?

    (A) sun

    (B) trees

    (C) earth

    (D) water

12. What can be inferred from above information?

    (A) Broccoli can help increase cancer risks.

    (B) Broccoli has a high content of cholesterol.

    (C) Broccoli contains more than five kinds of vitamins.

    (D) Broccoli contains fewer than three kinds of minerals.

해석

브로콜리에 대한 사실
1. 재배
2. 효능
건강한 심장. 콜레스테롤 없음. 튼튼한 뼈. 암 진행 중단
3. 함유량
에너지 100g당 31칼로리
비타민 100g당 A, B1,B2, C, PP, N
미네랄 100g당 K, P, Mg, Ca, Na

11. 브로콜리를 재배하는 데 필요하지 않은 것은 무엇인가?

    (A) 햇빛

    (B) 나무

    (C) 흙

    (D) 물

12. 위 정보에서 추론할 수 있는 것은 무엇인가?

    (A) 브로콜리는 암 위험을 높이는 데 도움을 준다.

    (B) 브로콜리는 콜레스테롤 함량이 높다.

    (C) 브로콜리에는 다섯 종류보다 많은 비타민이 함유되어 있다.

    (C) 브로콜리에는 세 종류 미만의 미네랄이 함유되어 있다.

풀이 그림에 햇빛, 흙, 물이 그려져 있고, 나무는 나와 있지 않으므로 11번의 답은 (B)이다. 브로콜리가 함유하고 있는 비타민은 A, B1, B2, B6, C, PP, N의 일곱 종류이므로 12번의 답은 (C)이다. (A)는 암의 진행을 막아준다고 했으므로 오답이다.

Words and Phrases contain ~이 함유되어 있다

[13–14]

Favorite Movie Genres, by Age Group

Age 10-19	10	9	6	3	2
Age 20-29	8	9	5	5	3
Age 30-39	5	7	7	7	4

☐ Sci-fi   ☐ Action   ☐ Romantic Comedy   ☐ Drama   ☐ Others

13. According to the chart, which of the following is true?

    (A) The preference of the sci-fi genre increases with age.

    (B) Action is the most popular movie genre in all age groups.

    (C) One third of respondents aged 10 to 19 like romantic comedy.

    (D) The drama genre is more popular in the 30s age group than in the 20s.

14. Overall, what's the most popular movie genre?

    (A) sci-fi

    (B) action

    (C) drama

    (D) romantic comedy

해석 나이별 가장 좋아하는 영화 장르

	공상 과학	액션	로맨틱 코미디	드라마	기타
나이 10–19	10	9	6	3	2
나이 20–29	8	9	5	5	3
나이 30–39	6	7	7	7	4

13. 도표에 따르면, 다음 중 사실인 것은 무엇인가?

(A) 공상 과학 영화에 대한 선호도는 나이에 따라 올라간다.

(B) 액션은 모든 연령대에서 가장 인기가 많은 영화 장르이다.

(C) 10–19세 응답자의 1/3이 로맨틱 코미디를 좋아한다.

(D) 20대 그룹보다 30대 그룹에서 드라마 장르가 더 인기있다.

14. 종합적으로, 가장 인기가 많은 영화 장르는 무엇인가?

(A) 공상과학

(B) 액션

(C) 드라마

(D) 로맨틱 코미디

풀이 드라마를 좋아하는 인원은 10대에서 3명, 20대에서 5명, 30대에서 7명이다. 연령이 더 높은 그룹일수록 드라마 장르를 좋아하는 사람이 많아지고 있으므로 13번의 답은 (D)이다. 액션 영화를 좋아하는 인원은 총 25명으로 가장 많으므로 14번의 답은 (B)이다.

[15–16]

15. What is the final step in buying a cupcake from the Cupcakes Machine?

(A) choosing a size

(B) making payment

(C) baking a cupcake

(D) taking the cupcake out

16. Which of the following is most expensive?

(A) a mini size red velvet cupcake with no toppings paid in cash

(B) a standard size strawberry cupcake with sugar pearls paid by credit card

(C) a large size chocolate cupcake with chocolate sprinkles paid with no membership

(D) a standard size red velvet cupcake with nuts and sugar pearls with a membership

해석

컵케이크 기계 언제나 오븐에서 갓 꺼낸 컵케이크를 즐기세요! 크기 소(1인치) 1.5달러 표준(2인치) 2달러 대(2.5인치) 2.5달러 * 회원으로 등록하여 모든 구매에 10% 회원 할인을 받으세요.	맛 바나나 0.3달러 초콜릿 0.3달러 딸기 0.5달러 레몬 0.5달러 계피 0.3달러 레드벨벳 0.5달러 토핑 (각 0.5달러 추가) 레인보우 스프링클 콘페티 스프링클 설탕 가루 하트 스프링클 초콜릿 스프링클 견과류	〈설명〉 1. "시작" 버튼을 누르세요. 2. 컵케이크 크기를 고르세요: 소(1인치), 표준(2인치), 대(2.5인치) 3. 가장 좋아하는 맛을 고르세요. 4. 현금 또는 신용 카드로 결제하세요. 5. 컵케이크가 만들어질 때까지 2분 기다리세요. 6. "준비" 등이 켜지면, 컵케이크를 받고 맛있게 드세요!

15. 컵케이크 기계에서 컵케이크를 사는 마지막 단계는 무엇인가?

(A) 크기 선택하기

(B) 결제하기

(C) 컵케이크 굽기

(D) 컵케이크 꺼내기

16. 다음 중 가장 비싼 것은 무엇인가?

(A) 현금으로 결제한 토핑이 없는 소 크기의 레드벨벳 케이크

(B) 신용 카드로 결제한 설탕 가루를 뿌린 표준 크기의 딸기 케이크

(C) 멤버십 없이 결제한 초콜릿 스프링클을 뿌린 대 크기의 초콜릿 케이크

(D) 멤버십으로 결제한 견과류와 설탕 가루를 뿌린 표준 크기의 레드벨벳 케이크

풀이 마지막인 6번 단계가 컵케이크를 받고 먹기이므로 15번의 답은 (D)이다. (A)는 2달러, (B)는 3달러, (C)는 3.3달러, (D)는 3.15달러이므로 가장 비싼 16번의 답은 (C)이다.

Words and Phrases instruction 설명, 지시사항

8 Ways to Help Your Hair Grow Faster

1. Use castor oil.
2. Take vitamin and herbal supplements.
3. Massage your scalp.
4. Comb your hair upside down.
5. Stay stress-free.
6. Whip up an egg mask.
7. Infuse your hair with herbs.
8. Eat a healthy diet rich in protein, vitamins, and minerals.

17. According to the passage, what is NOT an ingredient that helps your hair to grow faster?

(A) canola oil
(B) vitamin pills
(C) whipped eggs
(D) mineral water

18. If each recommendation helps hair grow the same amount, whose hair will grow the fastest?

(A) Sam, massages his foot with castor oil and eats eggs regularly
(B) Judy, drinks protein shakes every day and gets stressed from work
(C) Marilyn, brushes her hair upside down and puts on an egg mask at night
(D) Todd, drinks vitamin water and massages his shoulders with herbal extract

해석

머리카락이 빠르게 자라는 데 도움을 주는 여덟 가지 방법
1. 피마자 오일을 사용하세요.
2. 비타민과 약초 보조제를 섭취하세요.
3. 두피를 마사지하세요.
4. 머리카락을 거꾸로 빗으세요.
5. 스트레스를 받지 마세요.
6. 달걀 팩을 섞으세요.
7. 머리카락에 허브를 바르세요.
8. 단백질, 비타민, 미네랄이 풍부한 건강한 음식을 먹으세요.

17. 지문에 따르면, 머리카락이 빨리 자라는 데 도움을 주는 재료가 아닌 것은 무엇인가?
(A) 카놀라유
(B) 비타민 정
(C) 휘저은 달걀
(D) 미네랄 생수

18. 각각의 추천사항이 머리를 같은 길이만큼 자라게 한다면 누구의 머리가 가장 빠르게 자랄 것인가?
(A) Sam, 캐스터 오일로 발을 마사지하고 규칙적으로 달걀을 먹는다
(B) Judy, 매일 단백질 셰이크를 마시고 일 때문에 스트레스를 받는다
(C) Marilyn, 거꾸로 머리를 빗고 밤에 달걀 팩을 한다
(D) Todd, 비타민 물을 마시고 허브 추출물로 어깨를 마사지한다

풀이 카놀라유에 대한 언급은 없으므로 17번의 답은 (A)이다. 머리를 빨리 기르기 위한 여덟 가지 방법 중 두 가지를 실천하고 있는 18번의 답은 (C)이다.

Words and Phrases scalp 두피 | whip up 휘저어 거품을 일게 하다 | infuse 스미다, 불어넣다 | supplement 보충제

[19–20]

19. Where should the students sign up for Robotics?

(A) on the website
(B) at the auditorium
(C) in the science lab
(D) in classroom 124

20. According to the above information, what is true?

(A) Classes begin on March 5th.
(B) All classes are offered in the school.
(C) Two Drone and RC car classes are offered in a week.
(D) There are 10 different kinds of subjects in the afterschool program.

해석

Sommer 중학교 방과후 프로그램
– 등록은 3월 5일부터 학교 웹사이트에서 할 수 있습니다.
– 각 프로그램당 학생 20명이 허용됩니다.
– 승마는 학교 밖에서 합니다. 학교 버스 서비스가 정문에서 제공될 것입니다.
– 학생 오케스트라의 경우, 학생들은 회원이 되기 전에 오디션에 참가해야 할 수도 있습니다.

	월	화	수	목	금
3:00	컴퓨터 코딩 124호	드론 및 RC 자동차 가동 과학 실험실1	컴퓨터 코딩 124호	로봇 공학 과학 실험실2	컴퓨터 코딩 124호
4:30	영어로 시 쓰기 355호	유기농 식품 요리 학교 요리실	패션 디자인 227호	승마 Bran 목장	드론 및 RC 자동차 가동 과학실험실1
6:00	학생 오케스트라 강당		로봇 공학 과학실험실2		학생 오케스트라 강당

19. 어디서 학생들은 로봇 공학을 등록해야 하는가?

(A) 웹사이트에서

(B) 강당에서

(C) 과학 실험실에서

(D) 교실 124호에

20. 위 정보에 따르면, 사실인 것은 무엇인가?

(A) 수업은 3월 5일에 시작한다.

(B) 모든 수업은 학교 안에서 제공된다.

(C) 드론 및 RC 자동차 수업이 일주일에 두 번 제공된다.

(D) 방과후 프로그램에는 10개의 다른 과목이 있다.

풀이 'Registration opens on Mar. 5th on school website.'를 통해 수업 등록은 웹사이트에서 해야 함을 알 수 있으므로 19번의 답은 (A)이다. (C)는 수업이 진행되는 장소이기 때문에 오답이다. 드론 및 RC 자동차 가동수업은 화요일, 금요일에 두 번 제공되므로 20번의 답은 (C)이다. (B)의 경우 승마는 학교 밖에서 진행된다고 했으므로 오답이다.

Words and Phrases lab(=laboratory) 실험실 | robotics 로봇 공학 | ranch 목장

Part D. General Reading and Retelling (p. 149)

[21–22]

Films made before the 1920s are a different form of art than today. The films were mostly silent films. They had no sound. To be exact, the films do not contain any spoken lines but the theater plays music in the background. No speech sounds are present in the film. Instead, actors act with exaggerated gestures and facial expressions for audiences to follow their story line. In some cases, written information such as title cards or intertitles was added to help convey the message. Due to the lack of technology, the ways to communicate were more creative and rule breaking.

21. According to the passage, what is true about films made before 1920s?

(A) They had no actors.

(B) They used a form of spoken language.

(C) They sometimes had written information.

(D) The theater design was very old fashioned.

22. According to the passage, what can be inferred about actors in the silent films?

(A) They acted more dramatically.

(B) They played musical instruments.

(C) The actors mostly used monologues.

(D) There was only one actor in one movie.

해석 1920년대 이전에 만들어진 영화는 오늘날과는 다른 형식의 예술 장르이다. 그 영화는 대개 무성 영화였다. 그것들은 소리가 나지 않았다. 정확히 말하면, 영화에는 말로 하는 대사는 없지만, 극장에서 배경 음악을 틀어준다. 영화에서 말소리는 존재하지 않는다. 대신에, 관중들이 줄거리를 따라올 수 있게 배우들이 과장된 손짓과 표정으로 연기한다. 어떤 경우에는, 제목과 자막 같은 글로 표현된 정보들이 메시지를 전달하는 것을 돕기 위해 추가된다. 기술의 부족 때문에, 전달 방식은 더 창의적이고 파격적이었다.

21. 지문에 따르면, 1920년대 이전에 만들어진 영화에 대해 사실인 것은 무엇인가?

(A) 배우가 없었다.

(B) 음성 언어 형식을 사용했다.

(C) 때때로 글로 표현된 정보들이 있었다.

(D) 극장 디자인이 매우 구식이었다.

22. 지문에 따르면, 무성 영화 속 배우들에 대해 추론할 수 있는 것은 무엇인가?

(A) 그들은 더 극적으로 연기했다.

(B) 그들은 악기를 연주했다.

(C) 배우들은 대부분 독백을 사용했다.

(D) 한 영화에 한 명의 배우만이 있었다.

풀이 'written information such as title cards or intertitles were added'를 통해 어떤 경우에는 글로 표현된 정보들이 있었다는 것을 알 수 있으므로 21번의 답은 (C)이다. 'actors act with exaggerated gestures and facial expressions'를 통해 배우들이 소리가 없는 대신 더 과장되게 연기했음을 알 수 있으므로 22번의 답은 (A)이다.

Words and Phrases exaggerate 과장하다 | intertitle 자막 | musical instrument 악기 | monologue 독백

[23–24]

Can frogs live on land? The answer is both yes and no. Frogs can live both on land and in water. Frogs lay eggs in the water. They spend most of their time in the water when they are very young. As they become adults, they mostly live on land. However, they remain close to the water because their skin dries out very easily. For this reason, frogs are called amphibians. The term means two-lives, and signifies that they can live both in water and on land. Toads, newts, and salamanders are also amphibians.

23. According to the passage, which of the following sentences is true?

(A) Frogs spend most of their lives in water.

(B) Frogs live near water to keep their skin wet.

(C) Some frogs live only in land and some only in water.

(D) Frogs are called amphibians because of how they look.

24. Based on context from the passage, what is an amphibian?

(A) It is a kind of animal that lives in two places.

(B) It is a kind of animal that lives deep in the ocean.

(C) It is a kind of animal that changes homes based on place.

(D) It is a kind of animal that changes colors based on temperature.

해석 개구리는 육지에서 살 수 있을까? 답은 예 아니오 둘 다이다. 개구리는 육지와 물 속 모두에서 살 수 있다. 개구리는 물 속에 알을 낳는다. 그들은 매우 어릴 때 대부분의 시간을 물속에서 보낸다. 그들이 성체가 되면, 대개 육지에서 산다. 하지만 그들의 피부가 쉽게 건조해지기 때문에 물 가까이에 남아있는다. 이러한 이유로, 개구리는 양서류라고 불린다. 그 용어는 두 개의 삶을 뜻하고, 그들이 물 속과 육지 모두에서 살 수 있다는 것을 의미한다. 두꺼비, 영원류, 도롱뇽 또한 양서류다.

23. 지문에 따르면, 다음 중 사실인 것은 무엇인가?
(A) 개구리는 그들의 삶 중 대부분을 물속에서 보낸다.
(B) 개구리는 피부를 마르게 하지 않기 위해 물 근처에서 산다.
(C) 일부 개구리는 육지에서만 살고 일부 물속에서만 산다.
(D) 개구리는 그들의 생김새 때문에 양서류라고 불린다.

24. 지문의 맥락에 근거하여, 양서류는 무엇인가?
(A) 두 장소에서 사는 동물의 종류이다.
(B) 바다 깊이 사는 동물의 종류이다.
(C) 장소에 따라 서식지를 바꾸는 동물의 종류이다.
(D) 온도에 따라 색을 바꾸는 동물의 종류이다.

풀이 'they remain close to the water because their skin dries out very easily'을 통해 개구리들의 피부가 쉽게 건조해지기 때문에 물 근처에서 산다는 것을 알 수 있으므로 23번의 답은 (B)이다. (A)의 경우 개구리는 매우 어릴 때만 물속에서 대부분의 시간을 보낸다고 했으므로 오답이다. 'The term means two-lives, and signifies that they can live both in water and on land.'를 통해 물속과 육지 모두에서 살 수 있는 동물을 양서류라고 칭한다는 것을 알 수 있으므로 24번의 답은 (A)이다.
Words and Phrases amphibian 양서류 | signify 뜻하다, 의미하다 | newts 영원류 | salamander 도롱뇽

[25-26]
On August 21st 1911, one of the most famous paintings in the world by Leonardo da Vinci, the *Mona Lisa* was stolen from the Louvre Museum in Paris. It was not until twenty four hours later that someone noticed the painting was missing. There were many suspects. Among the many suspects was Pablo Picasso. No evidence was found. Two years later, the real thief was caught. He was an Italian man, named Vincenzo Peruggia, who worked at the Louvre. Since then, the *Mona Lisa* has hung in the Louvre safely.

25. Who stole Mona Lisa?
(A) Pablo Picasso
(B) Vincenzo Peruggia
(C) Leonardo da Vinci
(D) Guillaume Apollinaire

26. According to the passage, what is true?
(A) The painting was recovered in 1911.
(B) Mona Lisa was painted by a French artist.
(C) The thief was caught after twenty four hours.
(D) The painting still hangs in the Louvre till this day.

해석 1911년 8월 21일, 세계에서 가장 유명한 작품 중 하나인 Leonardo da Vinci의 모나리자가 파리의 루브르 박물관에서 도난됐다. 24시간이 지난 후에야 누군가 그림이 없어졌다는 것을 알아챘다. 많은 용의자가 있었다. 많은 용의자 중에는 Pablo Picasso가 있었다. 증거는 발견되지 않았다. 2년 후에, 진범이 잡혔다. 그는 루브르에서 일했던 Vincenzo Perugia라는 이탈리아 남성이었다. 그때부터, 모나리자는 루브르에 안전하게 걸려있다.

25. 누가 모나리자를 훔쳤는가?
(A) Pablo Picasso
(B) Vincenzo Perugia
(C) Leonardo da Vinci
(D) Gullaume Apollinaire

26. 지문에 따르면, 사실인 것은 무엇인가?
(A) 그림은 1911년에 되찾았다.
(B) 모나리자는 프랑스 화가에 의해 그려졌다.
(C) 도둑은 24시간 후에 잡혔다.
(D) 그 그림은 오늘날까지 여전히 루브르에 걸려있다.

풀이 진범은 'Vincenzo Perugia'라고 했으므로 25번의 답은 (B)이다. 'Mona Lisa is hung in the Louvre safely'를 통해 여전히 루브르에 걸려있음을 알 수 있으므로 26번의 답은 (D)이다.
Words and Phrases suspect 용의자

[27-28]
An idiom that describes a heavy rain is the phrase "raining cats and dogs". Of course, it does not mean cats and dogs fall down from the sky. Although there seems to be many origins, the most recognized origin dates back to the 17th century. In London, there were many homeless cats and dogs in the streets. When it rained hard, they would drown or float around in the water. Having seen this sight after a heavy rain, people made up this idiom.

27. When do you use the expression, "It's raining cats and dogs."?
(A) when it rains really hard
(B) when cats and dogs float in water
(C) when the rain stops all of a sudden
(D) when cats and dogs play together in rain

28. In which place did the expression likely originate?
(A) in Austria
(B) in London
(C) in Saltsburg
(D) in Amsterdam

해석 장대비를 묘사하는 관용구는 "raining cats and dogs"이다. 당연히, 그것은 고양이와 개가 하늘에서 떨어진다는 것을 의미하지 않는다. 비록 많은 기원이 있는 것 같지만, 가장 인정받는 기원은 17세기로 거슬러 올라간다. 런던에서, 길에 많은 떠돌이 고양이와 개가 있었다. 비가 심하게 내렸을 때, 그들은 물속에서 익사하거나 떠다녔을 것이다. 장대비가 내린 후 이 광경을 보고, 사람들은 이 관용구를 만들어냈다.

27. 언제 당신은 "비가 억수같이 내리고 있다"라는 표현을 쓰는가?

(A) 비가 매우 심하게 올 때

(B) 고양이와 개가 물에 떠다닐 때

(C) 비가 갑자기 멈출 때

(D) 고양이와 개가 빗속에서 같이 놀 때

28. 표현이 유래한 장소는 어디인가?

(A) 오스트리아

(B) 런던

(C) 잘츠부르크

(D) 암스테르담

풀이 'An idiom that describe a heavy rain is "raining cats and dogs".'을 통해 비가 많이 내릴 때 사용하는 표현임을 알 수 있으므로 27번의 답은 (A)이다. 런던에서 비가 많이 와 고양이와 개들이 익사하거나 물에 떠다니는 광경에서 유래되었다고 했으므로 28번의 답은 (B)이다.

Words and Phrases idiom 관용구, 숙어 | rain cats and dogs 비가 억수같이 내리다 | date back to ~까지 거슬러 올라가다 | originate 유래하다, 비롯되다

[29–30]

Fast food is a common term these days that most people use in everyday life. But have you heard of the term, slow food? Slow food emerged as a movement against fast food chains, in the mid 1980's. With the growth of global food chains, significant sectors of local food production and supply systems were upset. In response to fast food, slow food promotes healthy traditional recipes and cooking styles. Although some people argue that it adds extra burden for people when preparing food, it contributes to sustainable food systems and healthy diets.

29. According to the passage, what is the benefit of slow food?

(A) It is more convenient to prepare.

(B) It is a more global way of eating.

(C) It uses less energy and is eco-friendly.

(D) It revives traditional food culture and styles.

30. What can be inferred about the food of fast food chains?

(A) The food is very difficult to prepare.

(B) The food promotes local agriculture.

(C) The food is not beneficial for one's health.

(D) The food is cooked with traditional recipes.

해석 패스트 푸드는 오늘날 대부분의 사람들이 일상생활에서 사용하는 일반적인 용어이다. 그러나 당신은 슬로우 푸드라는 용어를 들어본 적이 있는가? 슬로우 푸드는 1980년대 중반 패스트 푸드 체인에 대항하는 운동으로 등장했다. 세계적인 푸드 체인의 성장과 함께, 지역 음식 생산과 공급 체계의 상당 부문이 침체되었다. 패스트 푸드에 대항해, 슬로우 푸드는 건강한 전통 조리법과 요리 방식을 장려한다. 비록 몇몇 사람들은 그것이 사람들이 음식을 준비할 때 추가적인 부담을 더 지게 한다고 주장하지만, 그것은 지속 가능한 음식 체계와 건강한 식단에 기여한다.

29. 지문에 따르면, 슬로우 푸드의 이점은 무엇인가?

(A) 준비하기 더 편리하다.

(B) 더 세계적인 식사법이다.

(C) 에너지를 덜 사용하고 환경친화적이다.

(D) 전통적인 음식 문화와 방식을 회복한다.

30. 패스트 푸드 체인의 음식에 대해 추론할 수 있는 것은 무엇인가?

(A) 그 음식은 준비하기 매우 어렵다.

(B) 그 음식은 지역 농업을 촉진한다.

(C) 그 음식은 건강에 좋지 않다.

(D) 그 음식은 전통적인 조리법으로 요리된다.

풀이 'slow food promotes healthy traditional recipes and cooking styles'를 통해 슬로우 푸드가 전통적인 음식 문화와 방식을 회복한다는 것을 알 수 있으므로 29번의 답은 (D)이다. 슬로우 푸드가 건강한 조리법을 촉진시킨다고 했으므로 패스트 푸드는 건강에 좋지 않음을 추론할 수 있다. 그러므로 30번의 답은 (C)이다. (A), (B), (D)는 모두 슬로우 푸드에 대해 추론할 수 있는 내용이므로 오답이다.

Words and Phrases significant 중요한 | in response to ~에 응하여 | sustainable 지속 가능한

국제토셀위원회

TOSEL
심화문제집

JUNIOR